该著作受内蒙古农业大学马克思主义学院学科建设经费资助，为2018年度教育部人文社会科学研究青年基金项目：新时代中国特色社会主义话语体系的基本遵循与路径研究（项目编号：18YJC710041）的阶段性研究成果。

马克思诞辰200周年纪念文库
The 200ᵗʰ Anniversary Books for Karl Marx

国有企业产权制度改革的逻辑与新问题研究

刘明越 | 著

中央编译出版社
Central Compilation & Translation Press

图书在版编目（CIP）数据

国有企业产权制度改革的逻辑与新问题研究／刘明越著．—北京：中央编译出版社，2019.6
ISBN 978-7-5117-3654-3

Ⅰ．①国…
Ⅱ．①刘…
Ⅲ．①国有企业—经济体制改革—研究—中国
Ⅳ．①F279.241

中国版本图书馆 CIP 数据核字（2018）第 277422 号

国有企业产权制度改革的逻辑与新问题研究

出 版 人：	葛海彦
责任编辑：	李易明
责任印制：	刘　慧
出版发行：	中央编译出版社
地　　址：	北京西城区车公庄大街乙 5 号鸿儒大厦 B 座（100044）
电　　话：	（010）52612345（总编室）　　（010）52612339（编辑室）
	（010）52612316（发行部）　　（010）52612346（馆配部）
传　　真：	（010）66515838
经　　销：	全国新华书店
印　　刷：	三河市华东印刷有限公司
开　　本：	710 毫米×1000 毫米　1/16
字　　数：	294 千字
印　　张：	18
版　　次：	2019 年 6 月第 1 版
印　　次：	2019 年 6 月第 1 次印刷
定　　价：	85.00 元
网　　址：	www.cctphome.com　　邮　箱：cctp@ cctphome.com
新浪微博：	@ 中央编译出版社　　微　信：中央编译出版社（ID：cctphome）
淘宝店铺：	中央编译出版社直销店（https://shop108367160.taobao.com）（010）55626985

本社常年法律顾问：北京市吴栾赵阎律师事务所律师　　闫军　　梁勤
凡有印装质量问题，本社负责调换，电话：（010）55626985

序

产权是"财产权利"的简称。马克思主义制度经济学认为,产权本身是一种社会制度和社会关系,它主要通过社会的法律、习俗和道德,来建立人们社会交往和交易时的游戏规则,以及经济运行的规范。如何运用现代产权理论来解释中国经济转型的道路,以及指导国有企业产权制度改革是一个重大的理论问题和时代使命。

马克思认为,所有制是社会经济制度的核心和基础,决定着社会经济制度的性质。公有制为主体是中国特色社会主义生产关系区别于资本主义生产关系的根本特性。公有制是我国社会主义经济制度的基础和核心。毫不动摇地巩固和发展社会主义基本经济制度是坚持中国特色社会主义的根本之举。坚持和完善社会主义初级阶段的基本经济制度,必须毫不动摇地巩固和发展公有制经济,坚持公有制经济的主体地位,发挥国有经济的主导作用。公有制经济是我国社会主义现代化建设的支柱和国家进行宏观调控的主要物质基础,是社会主义经济性质的根本体现。坚持公有制的主体地位,对于发挥社会主义制度的优越性具有关键作用。坚持公有制的主体地位,发挥国有经济的主导作用,增强国有经济活力、控制力、影响力,对于完善社会主义市场经济体制和巩固社会主义基本经济制度,具有极为重要的意义。

所有制问题是马克思主义政治经济学领域的核心问题,巩固和发展公有制经济,必须积极地探索公有制的实现形式。所有制实现形式是采取怎样的经营方式和组织形式的问题。国有企业产权改革既是我国探索社会主义公有制实现形式的一个重要问题,也是关于所有制问题理论研究的热点问题。在文献综述方面，作者梳理了国内马克思主义产权理论关于国企产权制度改革的理论观点，层次清晰，理论较为全面，为国企产权制度改革的深入研究奠定了扎实的理论基础。作者指出，国企产权制度改革要坚持以社会主义的公有制性质为导向，坚决反对私有化的改革模式。作者以马克思主义产权理论为核心，结合西方产权理论、制度变迁理论、企业理论、委托代理理论作为研究的基础，为进一步深入研究国企产权制度改革提供了理论支撑。作者还从社会主义公有产权制度演化的路径对国企产权制度改革的历史发展脉络进行了条理清晰的梳理，对国企产权制度改革所面临的现实问题进行了多维度的分析，以问题为导向，倒逼国企产权制度改革的方向和解决方法，进而为新时期国企产权制度改革理清思路、找准方向，做出了有益探索。

在新时期，国企产权制度改革必须遵循习近平总书记关于建立中国特色现代企业制度的基本思想，在优化国有经济的战略布局的基础上，坚持"国民共进"的改革大方向。

国有企业是新中国成长的见证人，同新中国的成长同呼吸共命运。可以说，新中国的成长史，在某种意义上也是一部国有企业改革的宏大巨著。改革开放以来，国有企业经过40年改革的洗礼，已经成为"大国重器"和"中国名片"，成为巩固发展和公有制经济不可或缺的物质基础。党的十八届三中全会进一步指出，以公有制为主体、多种所有制经济共同发展的基本经济制度是中国特色社会主义制度的重要支柱，也是社会主义市场经济体制的根基。新时期，必须把国有产权制度放置在一个新的战略高度来对待，以科学谨慎的态度为国企产权制度改革进行制度设计，以实干兴邦的干劲切实推进国有企业产权制度革新。

就新时期深化国有企业产权制度改革的新问题研究层面，作者从构建完善国有企业公司治理结构和治理体系、完善国资监管体系、实现国企经营成果的社会分享、"做强做优做大"国有企业和国有资本、以发展混合所有制经济把脉国企产权制度改革五个方面切入。国有企业只有完善公司治理结构，才能成为独立运行的市场经济主体，才能保证其运行更有效率，能够实现更多的经济利润。切实把国有企业"做强做优做大"，是新时期深化国有企业改革的艰巨任务。

很高兴地看到作者以博士期间对国有企业改革的研究为基础，结合新时期国有企业"做强做优做大"的新思路坚持不懈地研究这一领域的新问题，这充分体现了作者对国企产权制度改革研究的持续关注，以及对经济转型中核心问题的高度责任感，期待有更高质量的研究成果。

是为序。

顾钰民

2018 年 10 月 18 日

目 录

第一章 国有企业产权制度改革的理论维度 … 1

第一节 产权制度概述 … 1
一、产权界定 … 1
二、产权的起源、产权结构与产权功能 … 9
三、经济学的产权和法学的产权 … 15

第二节 企业性质与企业产权理论 … 19
一、古典经济学企业理论——分工与企业的产生 … 19
二、新古典经济学企业理论——一般均衡理论和局部均衡理论 … 20
三、新制度经济学企业理论 … 20
四、企业家创新理论 … 27

第三节 企业制度（形态）的演变与企业产权结构变迁 … 29
一、企业制度的演变 … 29
二、现代企业（公司）的产权制度 … 36
三、现代企业制度与混合所有制 … 38
四、现代企业制度与公有制的结合 … 39

第二章 国有企业产权制度改革的演进 … 41

第一节 社会主义公有制实现形式与国有企业产权制度变迁 … 41
一、国有企业界定的理论探讨和实践 … 41

二、国有企业与国有经济及国有资本的关系 ……………………… 45
　　三、经典作家关于公有制实现形式的阐释和实践 ………………… 47
　第二节　国有企业产权制度改革的最初探索 ………………………… 51
　　一、利益约束机制下的国营企业制度改革——放权让利 ………… 51
　　二、契约约束机制下的国营企业改革——两权分离 ……………… 53
　第三节　产权约束下的国有企业产权制度变革 ……………………… 56
　　一、国企法人财产权的确立 …………………………………………… 57
　　二、现代企业制度下有限责任制度的形成 ………………………… 59
　　三、现代企业制度下国有企业产权结构的变化 …………………… 60

第三章　国企产权结构多元化与现代企业制度的确立 ………… 68
　第一节　国有企业产权结构多元化的逻辑和实现路径 …………… 68
　　一、国企股份制改革与产权结构多元化的推进 …………………… 68
　　二、"债转股"与国企产权结构多元化的实现程度 ………………… 86
　　三、股权分置改革对国有企业产权多元化的推进 ………………… 92
　第二节　国有企业与政府关系的演变 ………………………………… 100
　　一、政企关系的破冰 …………………………………………………… 100
　　二、政资关系的调整 …………………………………………………… 103
　　三、国有企业办社会职能的剥离 …………………………………… 106

第四章　国有企业产权制度改革的基本遵循 …………………… 109
　第一节　强化国有经济主导作用和控制力 …………………………… 109
　　一、公法与私法视阈内国有经济和国有企业的法律特征 ……… 109
　　二、国有经济是维护社会主义制度的基石 ………………………… 111
　　三、以增加全民福祉为目标 ………………………………………… 119
　　四、强化国企社会责任 ……………………………………………… 120
　　五、弥补"市场失灵"保障国民经济健康发展 …………………… 123
　第二节　反对私有化与增强国有经济的控制力 …………………… 124
　　一、反对国企产权制度改革的私有化倾向 ………………………… 124

二、优化国有经济布局、增强国有经济的控制力 …………… 136

　第三节　国企与民企协同发展的"国民共进"布局 …………… 141

　　一、"国进民退"和"国退民进"的争论 …………………… 141

　　二、国民共进 ……………………………………………… 145

第五章　深化国有企业产权制度改革的新问题研究 …………… 148

　第一节　完善国有企业公司治理结构和治理体系 ……………… 148

　　一、国企公司治理制度的演进 …………………………… 149

　　二、国企公司治理制度存在的问题及完善方向 ………… 158

　　三、国有企业外部治理机制的完善 ……………………… 163

　第二节　完善国资监管和国有资本投资运营体系 …………… 172

　　一、现行国有资产监管体系的架构 ……………………… 172

　　二、国有资产监管体制存在的问题 ……………………… 181

　　三、拥抱国有资产监管和国有资产授权经营的新时代 … 183

　第三节　实现国企经营成果的社会分享 ………………………… 197

　　一、自然垄断行业国企产权制度改革 …………………… 197

　　二、自然垄断行业国企产权制度改革方向 ……………… 203

　　三、强化国有资产监管、防止国有资产流失 …………… 209

　　四、建立国企经营成果共享机制 ………………………… 214

　第四节　"做强、做优、做大"国有企业和国有资本 ………… 227

　　一、国有企业"做强、做优、做大"的逻辑 …………… 227

　　二、"做强、做优、做大"国有资本是巩固和发展公有制经济的必然
　　　　要求 ………………………………………………… 233

　第五节　以混合所有制把脉国企产权制度改革 ………………… 236

　　一、深入和切实推进国企混合所有制改革 ……………… 236

　　二、新时期国企混合所有制改革的逻辑与路径 ………… 241

第六章　以国有企业产权制度变革实现国民财富共享 ………… 248

　　一、对马克思主义所有制理论的继承和创新 …………… 248

二、渐进式改革可以实现从"国富"到"民富"的转变 …………… 253

参考文献 ……………………………………………………………… 261

后　记 ………………………………………………………………… 272

表格目录

表格 1　国企改制现状　……………………………………………　78
表格 2　调查企业改制时间表　……………………………………　79
表格 3　国有企业国有产权转让方式央企和地方企业分布情况　…　80
表格 4　国有企业改制发起者分布情况　…………………………　81
表格 5　国有企业改制股权结构情况表　…………………………　82
表格 6　国有企业改制后形成的第一大股东控股模式情况　……　82
表格 7　国有企业改制后第一大股东在改制中持股情况与股权结构　…　84
表格 8　中国上市公司股权结构情况　……………………………　96
表格 9　国有资产管理体制变革及特征　…………………………　104
表格 10　中国已经建成高铁线路（部分线路）　…………………　115
表格 11　中国 4 万亿元政府主导性投资计划构成与来源　………　117
表格 12　中央政府 1.18 亿元规定投资分配表　…………………　118
表格 13　英美公司与日德公司治理模式特点　……………………　149
表格 14　国有企业所有权的四重含义及其理论与实践意义　……　151
表格 15　1998—2006 年国有和非国有上市公司资产、负债、净资产、净利润情况　……………………………………………　160
表格 16　2001—2008 年中国国有企业资金来源　………………　169
表格 17　各国国有资产管理体制模式的对比　……………………　179
表格 18　信贷金融管理公司业务形成　……………………………　192

第一章　国有企业产权制度改革的理论维度

第一节　产权制度概述

一、产权界定

（一）马克思主义政治经济学关于所有制与产权的阐述

从已有的马克思主义政治经济学关于产权的研究看，马克思关于产权的研究是先于西方制度经济学家的。在马克思的经济学著作中并没有出现产权的概念，而是把所有制作为研究产权和财产权、所有权的基础。从马克思关于所有制的研究中可以看出，产权是人们以财产为中介而形成的经济关系，财产是产权存在的基础，产权表现为人对物的关系。马克思的所有制理论是把财产关系中的所有制作为研究的重点，这对我国的国有企业产权制度改革具有指导意义。

马克思主义政治经济学是以唯物主义历史观为研究方法研究所有制和财产权关系的。产权的研究是以生产力发展展开的，也就是把生产力的发展作为产权关系研究的出发点。生产力发展水平决定了产权的发展程度，生产力发展水平发生变化，产权制度也就发生变化。[①] 马克思在《资本论》中采用了先研究劳资矛盾，后研究供需矛盾的方法，继承发展了古典经济学家劳动价值论的研究方法，同时把自己的财产权理论建立在这一理论的基础之上。

[①] 顾钰民：《马克思主义制度经济学——理论体系·比较研究·应用分析》，复旦大学出版社2005年版，第196页。

在马克思看来，财产权的范畴是具体的和历史的。所有制和财产权是密切联系的，所有制关系作为经济范畴是与物质生产的一定发展阶段相适应的，而财产权是所有制的集中体现。作为经济范畴的财产权，是生产关系在法律层面的集中体现。产权作为法律上层的概念，其实质性内涵是经济关系特别是生产资料所有制关系。① 马克思联系生产资料所有制的形式讨论财产权的内涵、财产权的形式。马克思主义经济学中的所有制概念不仅反映生产资料的占有关系，而且还包括人们在生产过程中的全部生产关系、分配关系和交换关系。产权可以分为生产资料私有制形式的"私有产权"和生产资料公有制形式的"公有产权"。从马克思对资本主义经济运行和发展的过程研究中发现，私有产权和公有产权是并存的。马克思还初步分析了由财产权所衍生的各种权利形式之间的关系，这些权利包括：所有权、占有权、支配权和使用权。马克思是通过生产资料和劳动者的关系、资本主义的劳资产权关系、土地产权关系、资本运行方式来分析财产权派生出的这些权能的。

马克思把生产资料和劳动者的关系作为分析财产权派生权利的起点。当生产资料和劳动者相结合时，劳动者是生产资料的所有者；而当两者分离时，劳动者变成了无产者。在财产权问题上，也就区分了"生产资料"和"生产要素"。

劳资产权关系，即资本主义生产条件下劳动力所有权和支配权的结合和分离。在资本主义条件下，劳动力所有者把劳动力作为商品出卖给雇主或资本家，劳动者本身不占有任何生产资料，仅仅拥有"劳动力"。资本家把劳动力商品投入生产当中，使劳动力的使用价值创造出新的价值。在这一过程中，资本家获得了劳动力的支配权，劳动者本身拥有出卖自身劳动力的所有权。

土地产权关系，即资本主义生产方式下土地所有权和使用权的结合和分离。在资本主义生产方式下，土地所有权和使用权相统一的情况就是农业资本家是土地的最终所有者。而土地所有权和使用权分离的情况是土地所有者拥有土地所有权，农民或产业工人拥有土地使用权，农业资本家拥有收益权，通过租地获得地租。

资本运行方式，即资本的所有权和使用权、收益权的结合和分离。马克思

---

① 陆剑杰：《广义经济结构论》，社会科学出版社2005年版，第256页。

对资本主义社会产权制度演变的分析是通过"资本积累"和"资本联合"两条路径展开的。首先是"资本积累的过程"。产业资本家和商业资本家在其资本充裕时,生产经营完全使用自有资本。而当产业资本家和商业资本家自有资本不能满足企业扩大再生产时,就需要借助借贷资本弥补资金缺口,来完成生产经营。借贷资本的出现标志着资本所有权与使用权相分离的情况的出现。另一个分析路径是"资本的联合"。股份制公司是资本集中和联合的集合体,股份制公司本质上是私人资本的联合。现代股份制公司又是资本的所有权和使用权分离的高级形态,股份公司的股东(出资人)拥有公司的所有权,而公司的经营者代理出资人拥有公司的经营权。出资人通过其股份获得红利和经营收入,经营者获得劳动收入。

顾钰民认为,马克思经济制度具有三个层次:生产资料所有制(根本的产权制度)、具体的产权制度(所有制的实现形式)和资源配置的调节机制。[①] 产权的内涵是生产关系,或者说产权是生产关系的法律表现形式,即产权是一种法律意义上的规范,内涵是生产关系,这种经济范畴的生产关系的基础和核心是所有制,所有制的发展变化又是以生产力的发展为依据,随着生产力的发展而变化的[②]。产权制度并不是微观层次制度中唯一的内容,因为微观层次的制度还包括分配制度、管理制度和竞争制度。

马克思主义经济学对所有制、产权制度的研究主要侧重于宏观角度,从发展的逻辑强调所有制与产权制度的革命[③],重在界定市场经济的本性及其历史地位,界定存在于其中的产权的本质及其历史地位[④]。西方产权理论侧重于微观角度的研究,从效率的角度关注产权的调整,提出私有产权制度本身调整的可能。[⑤] 西方产权理论的精髓对我国的产权制度改革具有借鉴意义的是撇开其个人主义局限性,就其产权安排对于资源配置效率的影响程度和效果而言的。

(二)制度经济学关于产权的界定

制度经济学源于19世纪40年代,由凡勃伦、奈特、康芒斯等经济学家开

---

① 顾钰民:《马克思主义制度经济学——理论体系·比较研究·应用分析》,复旦大学出版社2005年版,第20页。
② 顾钰民:《马克思主义制度经济学——理论体系·比较研究·应用分析》,复旦大学出版社2005年版,第198—199页。
③ 葛扬:《经济转型期公有产权制度的演化与解释》,人民出版社2009年版,第26页。
④ 陆剑杰:《广义经济结构论》,中国社会科学出版社2005年版,第268页。
⑤ 葛扬:《经济转型期公有产权制度的演化与解释》,人民出版社2009年版,第27页。

创了该理论。① 制度经济学的研究方法与新古典经济学存在差异，开辟了经济学研究的另一条蹊径，对经济学的研究方法起到了补充的作用。

现代西方产权理论是在对传统的西方微观经济学和福利经济学的研究方法的批判的基础上不断发展形成的。产权理论是制度经济学的基础，在这个学派中占有重要的地位。制度经济学的分析通常是从产权概念入手，以产权的界定、产权的内容、产权的交易以及产权的安排对经济活动和资源配置效率的影响为主要内容来展开其理论分析的。② 制度经济学家认为，产权的产生源于私有产权的出现。私有产权是最有效率的，并促进了资本主义经济的发展。制度经济学之所以认为私有产权是最有效率的，是因为私有产权是实现效率和福利最大化的一种制度性安排。

现代西方产权理论是由新制度经济学派创立的。它将产权制度、交易费用、经济组织和政府行为等要素作为研究经济增长和评估资源配置的关键性变量，并把研究效率与效益的性质和结果与这些变量相联系。

科斯是现代西方产权理论的奠基者和主要代表。③ 科斯在其早期的研究中虽然没有对产权进行直接的定义，但是他通过讨论交易费用和外部性问题，为其他学者研究和界定产权提供了研究方法。科斯在其《社会成本问题》④ 一文中提出了交易费用概念，市场交易费用的大小是生产者和权力相关者之间进行交易的前提条件，市场交易是产权运作最基本的方式。而且交易费用的大小与外部性问题成正相关，外部性越小，交易费用便会减少。权利的一种安排会比任何其他安排产生更高的产值，合法权利的初始界定会对经济制度运行效率产生影响。企业和政府在一定限度范围内是两种降低交易费用和外部性问题的有效

---

① 康芒斯（Commons）：市场交易的核心是产权，而建立和谐秩序市场交易需要在法律上确定较为明确的产权。奈特（Knight）：企业的产权制度对于制约企业所有者的冒险行为和机会主义具有重要作用。企业产权的重要功能在于使企业财产权的所有者的权利可以受到财产责任的限制和约束。凡勃伦（Weblen）：制度分为静态的制度和动态的制度。静态的制度源于原始的社会关系形成的财产关系，动态的制度源于技术进步产生的财产关系。财产私有制出现后，人与人之间开始争夺财产。因为获得财产可以表明其社会地位的高低，以此可以获得别人的尊重。

② 顾钰民：《马克思主义制度经济学——理论体系·比较研究·应用分析》，复旦大学出版社2005年版，第177页。

③ 科斯的产权理论形成分为两个阶段。第一阶段，科斯认为产权解释是市场运行过程中存在交易费用的有利证明，传统经济学存在此缺陷。第二阶段，科斯分析了产权的经济功能和作用，即产权可以降低社会成本和克服经济的外部性。

④ 参见［美］罗纳德·科斯：《社会成本问题》，见盛洪：《现代制度经济学（第二版）》上卷，中国发展出版社2009年版，第2—39页。

组织形式。因为在企业内部的科层制减少了因讨价还价而产生的成本，通过整合生产要素对生产进行重新安排。因此，企业以一种替代性的经济组织的身份提高了效率与效益。但如果企业运行成本过高，市场交易就会取代企业内部组织。相对于企业而言，政府是个超级企业，通过其行政决定影响生产要素的使用。政府通过制定法律和强制措施解决低效率和外部性问题，但政府行政机制本身也存在着交易成本的问题是不能回避的。科斯在1959年的《联邦通讯委员会》一文中，进一步提出"产权的界定是市场交易的基本前提"的观点。在产权界定清楚的情况下，人们就能够利用价格机制确定如何在众多提出权利要求的人之间配置稀缺资源。① 在产权界定不清晰的条件下，就会产生租值耗散的现象。科斯还认为，人们的交换实际上是一种权利。产权是一组权利束，还具有可分解性。权利的可分解性一方面提高了权利运作的效率，另一方面也大大增加了产权运行的成本。

依据科斯的研究成果，即交易成本与产权制度之间存在内在的联系，通过交易成本这个媒介可以将产权纳入经济分析当中，使交易成本和产权成为分析企业等微观经济主体行为的工具。新制度经济学沿着科斯关于产权理论的路径继续研究。德姆塞茨、阿尔奇安、巴泽尔、张五常、诺斯等分别从不同的角度对产权进行了细致深入的研究。

德姆塞茨把产权的起源归结于资源的稀缺性与相对价格的提高。只有不存在稀缺资源的地方，才有唯一理由采用零价格。私有产权在解决资源的稀缺性问题上具有较高的效率。产权的界定合理与否关系到市场的"外部性"效应定价和公共物品合理定价问题。另外，德姆赛茨强调权利的适当界定包含所有者或团体被获准行使权利的程度。德姆塞茨在其《关于产权的理论》一文中，对产权进行了界定。产权是一种社会契约，它规定了个人如何受益和受害，以及因而谁应该向谁付钱以调整人们的行为，即产权是用来界定人们在经济活动中如何受益和受损，以及如何进行补偿的市场规则。当外在性内在化时，产权就产生了。产权的基本功能就是引导更大程度上实现外部性的内部化的动力。②

阿尔奇安研究认为，产权就是一个社会所实施的选择一种经济品使用的权

---

① 胡庆龙：《罗纳德·哈里·科斯——新制度经济学创始人》，人民邮电出版社2009年版，第53页。
② 参见［美］哈罗德·德姆塞茨：《关于产权的理论》，见盛洪：《现代制度经济学（第二版）》上卷，中国发展出版社2009年版，第87—98页。

利。他强调产权是一种权利，而且这种权利是社会强制实施的，即这种权利是有法律法规明确规定的。①

巴泽尔则是通过人们附着在资产上的权利来界定产权的，个人对资产的取得、使用、处置的权利以及形成的产权关系。② 产权不是绝对的，而是能够通过个人的行动改变的。巴泽尔是从契约主义的角度出发对产权进行研究的，认为世界是由各种资产构成的，每一种资产都具有各种属性，但由于存在交易成本，资产的属性不会在契约中得到清晰的反映。如果没有订立契约的标准，那么利用资源的契约就不会产生。巴泽尔认为产权概念与交易成本概念密切相关，他把不能通过契约而获取的特性看成"公共领域"。

诺斯把产权界定为个人支配其自身劳动及其所拥有之物品与劳务的权利。这种支配权是法律规则、组织形式、实施机制以及行为规范的函数。③ 诺斯认为产权是制度的函数，产权的变化影响制度变迁和演化的程度，制度的结构又制约产权结构及产权结构的调整。产权对于人类减少信息成本、不确定性和技术压制是有效的。④ 产权还是国家和经济组织为了交易双方减少交易费用而期望出现的制度函数。

张五常认为，在社会的经济竞争中，无论是法律、制度，还是习俗，都是以有约束性的办法来界定人与人之间的权利。这种约束性的规则就是产权制度。概括来说，产权制度是竞争的游戏规则，也就是约束竞争行为的一种局限条件。张五常进一步认为产权就是资源的使用权、收益权和转让权的综合。其中，使用权实际上是排斥权，一人拥有某种资源的专有使用权就可以排斥他人使用，防止资源被滥用或过度使用；收入收益权是指获得从资源的使用中产生的收入权利；转让权是自由地转让资源的权利，这种权利使资源能够流动，保证资源的有效配置⑤。产权并不等于所有权，而且所有权并不重要。因为资源的所有者

---

① 顾钰民：《马克思主义制度经济学——理论体系·比较研究·应用分析》，复旦大学出版社2005年版，第178页。
② [美] Y. 巴泽尔：《产权的经济分析》，费方域、段毅才译，上海人民出版社2008年版，第2页。
③ [美] 道格拉斯·C. 诺斯：《制度、制度变迁与经济绩效》，杭行译，上海人民出版社2008年版，第46页。
④ [美] 道格拉斯·C. 诺斯：《经济史上的结构和变革》，厉以平译，北京：商务印书馆2010年版，第22页。
⑤ 参见张卫东：《现代产权理论及其在中国的应用——谈张五常教授的几个观点》，见向松祚、高小勇：《五常思想》，朝华出版社2006年版，第23—56页。

并不一定就是资源的使用者，而使用者也不一定是资源的所有者，如果所有权包括了使用权，就有一个明显的逻辑矛盾。

产权是人与人之间由于稀缺物品的存在而引起的，与其使用相关的关系。产权的这一定义是与罗马法、普通法、卡尔·马克思的著作和新制度经济学相一致的。平乔维奇认为这一定义忽略了人权，因为人权是产权的一部分，因此不能把人权与产权割裂开来。①

产权经济学家从不同维度的研究拓展了产权的概念，对产权概念的发展做出了各自的贡献。科斯关于产权研究的贡献在于恢复了经济学重视财产权利的传统，在其《企业的性质》和《社会成本问题》中提出了"交易成本"的概念，并以此概念作为界定产权的前提，认为它是市场交易和企业存在的前提。交易成本的概念是科斯在分析企业的起源和规模时引入经济学分析的。科斯认为，市场和企业这两种不同的方式组织生产都会产生成本。根据科斯的分析，交易成本视同运用市场价格机制的成本，包括发现相关价格的成本，即信息成本；在市场交易过程中，交易主体之间谈判、讨价还价和履行合同的成本。而企业规模的确定也依赖交易成本的大小，也就是企业规模取决于企业内部交易的边际成本等于市场交易的边际成本。交易成本的高低取决于企业产权界定的程度。

斯蒂格勒（Stigler）就科斯关于产权的理论研究进行了总结和归纳，并提出了"科斯定理"的概念。科斯第一定理：在交易费用为零的前提下，无论产权制度如何安排，都不会对资源配置效率产生影响。还可以表述为，在交易费用为零和对产权充分界定并加以实施的条件下，外部不经济不会引起资源的不合理配置。科斯第二定理：不同的产权制度安排能够增加或减少交易费用，因此又会诱致不同的资源配置效率；在交易成本不为零的条件下，交易成本的大小，经济效益的高低就直接决定于产权界定的程度。法律具有规范行为主体和解决经济问题的功能，法律规则对经济体系的运行产生影响，不同的法律框架影响交易成本的程度，并决定资源配置的效果。

德姆塞茨明确提出了产权的功能，即产权的首要功能就是促使人们实现外部性的内在化。德姆塞茨对产权经济学的重要贡献还表现为他提出了一个简明

---

① ［南］斯韦托扎尔·平乔维奇：《产权经济学——一种关于比较体制的理论》，蒋琳琦译，经济科学出版社1999年版，第29页。

的所有权经济学的框架。在零交易成本、零收入效应的情况下，外在性问题可以通过市场方式解决；在正交易成本、正收入效应情况下，外在性问题需要一种或一种以上方式解决。这种理论说明企业内部的科层组织、内部监督和制衡、剩余索取权方式以及资产专用性的纵向一体化更为有效。

阿尔奇安对私有产权、共有产权进行了明确的界定。① 私有产权和共有产权实际上是将权能界定给了不同主体，如个人、社区、社会团体、企业组织。产权经济学家张五常从合约选择的角度证明了科斯理论的普遍适用性。在其《佃农理论》中揭示了产权安排的重要性，及其与效率与效益的关系。租佃理论认为，产权界定明确是各种租约能实现资源的优化配置的前提。所有权决定财产归属权，使用权决定财富的创造，采取什么样的财产所有权，实行公有制或是私有制并不重要，重要的是使用权的独立和其与所有权的关系。

诺斯在其著名的《制度、制度变迁与经济绩效》著作中明确提出，作为社会行动的个人、组织特别是组织或企业内部的经济和政治企业家们为节省交易费用而诉诸的努力，是制度变迁的原动力和制度变迁理论的核心思想。诺斯强调，在经济活动中交易费用是普遍存在的，正是由于交易费用的存在，才出现了为了降低交易费用的产权制度安排。诺斯把产权分析以及私有财产制度视为他的制度变迁理论分析的基础，并把制度理解为产权本身。诺斯认为，西方经济发展史是以充分界定私有产权为主要特征的制度安排的社会过程，是西方近现代社会发展以及西方世界兴起的原因所在。诺斯强调了国家在界定产权结构中的作用。因为国家规定产权结构，所以国家最终需要对造成经济增长、停滞和衰退的产权结构的效率负责。国家所提供的基本服务，是一些根本性的竞争规则。国家首先规定了竞争和合作的基本规则，以便为统治者所得租金最大化提供一个产权结构；另外，国家为了获得最大化的租金，必须以较少的交易费用，促进社会产出的最小化，从而增加国家的税收。②

---

① 参见［美］阿尔曼·阿尔奇安：《产权经济学》，见盛洪：《现代制度经济学（第二版）》上卷，中国发展出版社2009年版，第73—86页。
② ［美］道格拉斯·C.诺斯：《经济史上的结构和变革》，厉以平译，商务印书馆2010年版，第21页。

二、产权的起源、产权结构与产权功能

（一）产权起源

产权起源可以从三个意义上理解：一是人类历史上产权最初的建立或起源；二是人类历史上任何一个时期因新的财产出现而需要新建立的产权；三是原有产权关系被否定或改变，需要建立一种新的产权关系。①

从产权经济学的前提和所要解决的问题可以看出，产权的起源可以归结为如何解决资源配置的问题。"资源稀缺性"是现实生活中普遍存在的现象。"资源稀缺性"是全部经济学的假设前提。"资源稀缺性"是相对的，其稀缺性受资源的开发利用程度、科学技术的进步、产业结构的调整和人们偏好等因素的影响而发生变化。在资源稀缺的社会中，为了使资源实现优化配置和尽其效用，需要建立资源使用和分配的约束机制，规范人们的行为，这种机制也就是产权制度。产权经济学同时也把产权制度本身作为资源来看待。资源的稀缺性决定了产权存在的必要性。

古典经济学和新古典经济学都认为，经济活动运行过程中"资源稀缺性"问题还会引致经济运行过程中的外在性问题，以及经济主体的"经济人""有限理性""信息不对称""非完全竞争"等问题。这些问题同时也成为新制度经济学进行产权研究和产权功能界定的假设前提。"外在性""经济人""有限理性""信息不对称""非完全竞争"等都会影响经营主体的行为和资源配置的效果。为了建立良序的市场秩序和规范人们的行为，需要一种行为规章制度，即产权制度来规范经济主体的行为，实现资源优化配置。产权的出现和产权明晰有助于减少外在性问题，降低交易成本，实现经济效益的最大化。

马克思关于财产权的范畴研究是基于历史唯物主义展开的，是从生产力和生产关系发展的规律出发，是具体的和历史的，而不是自然和永恒的范畴。财产权的起源在于生产力的不断发展。在原始社会时期，原始的公有产权关系是由当时的生产力水平决定的。由于原始社会生产力水平极其低下，所以劳动产品也只能是集体生产、集体占有、集体分配，由此形成了原始的公有产权形态。

---

① 余汉抛：《国有企业产权多元化的边际分析》，世界图书出版公司2011年版，第13页。

人类社会在未进入私有社会时，国家、法律尚未形成，人们也未意识到财产权的存在，也就是说在原始社会财产权是一种自然状态。马克思关于原始公有产权起源的论述，是自然起源说。

随着社会分工的分化和生产力的发展，劳动生产率大大提高，私有制逐渐出现并形成。原始家庭的分化和瓦解是私有制产生的基础。原始家庭的分化，尤其是一夫一妻制的家庭形式形成后，原始共有家庭经济形式的经济基础开始瓦解。一夫一妻制的家庭形式使财产具有了家庭占有和继承的可能。随着生产力的发展和分工的继续扩大，外来人口改变了原始共有经济的形态，原始家庭共有的经济形态被打破，共同体成员的关系也受到冲击。再加上劳动者之间的脑力和体力的差异、产品交换中的歧视、分工的进一步扩大等因素的影响，占有私有财产成为普遍现象。随着国家的形成和法律的出现，占有更多私有财产的群体利用国家和法律使占有私有财产渐渐变成特权，进而逐渐形成了私有产权。

对于资本主义的私有产权关系，马克思认为资本主义私有产权关系是通过"异化"的所有制关系形成的。一方面是劳动关系的"异化"，即生产资料归资本所有者私有，私有者对不占有生产资料的劳动者及其产品进行支配，劳动力仅归劳动者本身私有；另一方面是资本的"异化"，资本家成为资本的所有者占有资本，资本家通过手中资本雇佣劳动力为其生产，创造出剩余价值，以此循环生产并获得利润。在此过程中，劳动者从依附于劳动而逐渐变成依附于资本。马克思关于资本主义私有产权的阐述和研究使新的财产关系出现。通过马克思对资本主义私有制产权关系研究可以看出，财产权的起源在于生产力的发展。资本主义私有制的基本属性在于财产和资本对劳动和劳动者的支配。

（二）产权结构

产权结构的异同对经济运行效率具有差异性的影响。产权的界定实质上就是将产权的各项权能界定给不同的主体①，由此形成不同的产权结构，形成了私人产权（私有产权）、共有产权、国有产权和集体产权。一种产权结构是否有效

---

① 从产权界定的实践经验来看，界定产权的方式大致有三种：一是国家（政府）使用国家权力没收私有产权，以法律管制消除等级特权，约束人们使用资源的竞争行为和获益行为；二是共产制度，以人的等级地位、特权界定产权的归属；三是私有产权，以人拥有的资产界定产权的归属。参见张卫东：《现代产权理论及其在中国的应用——谈张五常教授的几个观点》，见向松祚、高小勇：《五常思想》，朝华出版社2006年版，第241页。

率，要看它是否在权能主体的支配下给权能主体提供激励，即实现外部性内在化。产权权能界定给不同的主体将导致资源配置效率、资源占有、产出结构和收入分配方式的不同。

私人产权（私有产权）是指社会承认所有者的权利，并拒绝其他人行使该权利[①]。阿尔奇安明确指出，私人产权是在某人私有财产的财物中选择任何用途这样一种排他性权威分配给他们，所有者可以不受限制地选择特殊商品的用途。私人财产所有者能够选择任何方式使用他们的财产。私人产权是所有者被约束于仅对物质属性的选择，不包括交换价值的影响，也不包括我以你认为不合适的行为使你承受痛苦而给你带来心理和感情上的影响。[②] 张五常认为，私有产权是资源的使用权、收益权和转让权归私人所有。私有产权制度之所以有效，在于交易成本的存在。从以上定义看，私有产权的关键是产权主体对所有权利能够行使完全的决策行为。产权经济学认为，私有产权在实现外部性内在化时所需要的交易成本较低。

共有产权是指在社区内或共同体内成员都拥有同样的权利，这种权利是一组权利，包括使用一种稀缺资源的权利，但不包括一种以排除其他人使用资源的"缺席者"的权利，也就是说除非占先或连续使用资源，否则无论国家或个人都不能排斥别人来使用资源。作为生活在任何一个有公共财产的社区内的成员，他就是一个公共财产的所有者，并且不能取走公共财产中属于自己的份额。[③] 在共有权利体系下，一旦获得或取得一种资源，每个人就拥有使用它的私人权利，但在取得它之前，对同一资源只是一种共有权利。共有权的所有者不能排除别人分享他努力的成果，也因此让所有人共同以最佳行为行事的谈判成本过高。在共有权利体系下，所有者数量的增加就是财产的共有程度的增加，这通常导致内部化费用的增加。[④] 诺斯同样认为，衡量资源的费用超过收益的地

[①] 参见［美］哈罗德·德姆塞茨：《关于产权的理论》，见盛洪：《现代制度经济学（第二版）》上卷，中国发展出版社2009年版，第87—98页。

[②] 参见［美］阿尔曼·阿尔奇安：《产权经济学》，见盛洪：《现代制度经济学（第二版）》上卷，中国发展出版社2009年版，第73—86页。

[③] 刘明越、刘明超：《牧区土地产权制度变革与牧业生产力发展研究》，载《理论界》，2012年第5期。

[④] 参见［美］哈罗德·德姆塞茨：《关于产权的理论》，见盛洪：《现代制度经济学（第二版）》上卷，中国发展出版社2009年版，第87—98页。

方,从来是共同财产资源存在的场合。①

在共有产权条件下,由于共同体内的每一位成员都有享有平分共同体收益的权利,排他性和可让渡性是不存在。② 共有权利的困难还在于它无助于精确衡量任何人使用资源所带来的成本,即缺乏排他性权利,使得拥有共有权利的人们会倾向于以全然不顾行为后果的方式去实现个人权利,由此产生的成本可能会让共同体内的其他成员来承担,所以常常会出现由于"搭便车"而提高了交易费用的问题。巴泽尔认为,利用未定价的属性就等同于置这些属性于公共领域内,这里的公共领域具有共有产权性质,即不能通过契约而获取的特性应该被看成是"公共领域"。共有产权具有交易的复杂性、度量和监督其属性成本高的特性,因此共有产权未定价的属性往往被过度利用。③ 共有产权否定了"使用财产付费的原则",因此导致了公共资源的过度使用和浪费,而"搭便车"问题使得经济运行效率较低。

马克思政治经济学联系生产资料所有制形式,来讨论产权的形式。同生产资料公有制相联系的是"公有产权"或产权的公有形式。公有产权是生产资料公共占有制在法律意义上的规定。④ 公有产权有多种实现形式:一种是产权的国有形式;另一种是产权的合作形式;还有一种是股份制的产权形式。国有产权是指国家在财产权利的使用中排除任何个人因素,而按照政治程序来使用国有财产。⑤ 国有产权还可以指国家对企业以各种形式投入形成的权益、国有以及国有控股企业各种投资所形成的享有的权益,以及依法认定为国家所有的其他权益。⑥ 马克思对私有产权和公有产权的关系是通过私有产权和公有产权的历史态、共时态和相互渗透来分析的。

对于公有产权和私有产权的效率之辩。制度经济学和产权理论认为,资本主义之所以能达到马克思论述的在不到 100 年的时间内创造的生产力比以前所

---

① [美]道格拉斯·C.诺斯:《经济史上的结构和变革》,厉以平译,商务印书馆 2010 年版,第 32 页。
② 余汉抛:《国有企业产权多元化的边际分析》,世界图书出版公司 2011 年版,第 37 页。
③ [美]Y.巴泽尔:《产权的经济分析》,费方域、段毅才译,上海人民出版社 2008 年版,第 89—90 页。
④ 陆剑杰:《广义经济结构论》,社会科学出版社 2005 年版,第 269 页。
⑤ 参见[美]哈罗德·德姆塞茨:《关于产权的理论》,见盛洪:《现代制度经济学(第二版)》上卷,中国发展出版社 2009 年版,第 87—98 页。
⑥ 葛扬:《经济转型期公有产权制度的演化与解释》,人民出版社 2009 年版,第 29 页。

有时代的总和还要多，其主要原因就在于实行了比较健全的私有产权制度。私有产权具有排他性和竞争性，能够激励个人利用信息优势、合同规则，降低交易成本，提高效率与效益。相对于私有产权，公有产权不具有排他性和竞争性，"搭便车"行为容易发生，并引起较高的交易成本，不能合理配置资源，导致资源租金的耗尽。① 分析不同产权的效率，必须就产权适用的经济运行环境来论证其效率的高低，不能绝对化。从效率与效益上说，资源的所有权是公有还是私有，并不重要，将公有资源界定私人所有，也一定能够得到有效的利用。在一定条件下，公有产权结构比私有产权结构更有效率。公有产权和私有产权之间界限已经不明确，存在着中间地带，形成了过渡性产权形式。②

（三）产权的功能

产权的功能是指产权作为一种社会强制性的制度安排所具有的界定、规范和保护人们的经济关系，形成经济生活和社会生活的秩序，调节社会经济运行的作用。③

1. 激励和约束功能

激励和约束是一对相互作用的功能，约束与激励是对称的。产权关系包含利益关系和责任关系。在较为完备的产权关系中，利益和责任缺一不可，并且一一对应。产权规定了人们如何受益，如何受损，以及受益者如何获得利益，受损者如何获得补偿。经济行为主体的利益通过明确产权得到保护，产权的激励功能便能通过利益传导机制得到实现，调整经济行为主体的行为。产权激励

---

① 张五常在《共有产权》中指出，公共财产由于其不具排他性使用权，对某项共有财产如果使用过度会导致其租金的机制或净利值降为零。奈特在《社会成本问题理解中的一些谬误》中认为，产权界定不清是租值消散的根本原因。奈特以优良道路的使用权的付费来解释租值消散的问题。租值之所以消散是因为不存在私有产权。道路被界定为私有财产，消费者根据道路通行价格来选择通行道路。公共财产是无权属资源时，任何人都可以使用而不用付费，导致资源的过度使用，资源价值下降。如果资源界定给私人，会产生排他性，可以尽少地避免因不付费而导致的竞争和使用的高成本。因此，理性的经济人会根据边际成本等于边际收益的原则来使用资源，使租值达到极大化。参见张卫东：《新制度经济学》，东北财经大学出版社2010年版，第83页。

② 混合产权，是经济性质上的混合。在"市场失灵"的领域是私有产权交易费用较高，经济运行效率较差的领域，在这些领域需要引入公有产权；在"政府失灵"的领域则是公有产权交易费用较高、经济运行较差的领域，需要引入私有产权。混合产权的经济优势在于弥补纯粹市场经济条件下出现的自然垄断所导致的经济无序，又可弥补纯粹国家管制下出现的缺乏竞争所导致的低效率和资源浪费。参见葛扬、林乐芬：《市场理性、国家理性与现代混合经济发展》，中国经济出版社2008年版，第28—38页。

③ 葛扬：《经济转型期公有产权制度的演化与解释》，人民出版社2009年版，第30页。

并非完全是行为主体的全部激励。产权的激励主要来源于"自激励",即行为主体的一种自我动力机制。产权的约束功能来自内部的约束和外部约束。

2. 外部性内在化功能

外部效应还可以称为外部性或外在性。外在性包括正效应和负效应。这一概念是由新古典经济学家马歇尔在20世纪60年代提出的。外部经济是指经济行为主体从事经济活动或其他活动时,其自身未受到任何损失而获得一定的经济利益,但同时使其他经济行为主体获损或付出经济代价。外部性问题在非完全竞争的条件下存在,现实的经济社会是非完全竞争的市场,因此外部性问题在经济活动中普遍存在,外部性的普遍存在影响经济运行效率,会产生较高的交易成本。德姆赛茨明确提出产权的首要功能就是促使人们实现外部性的内在化。具体而言,只有当内在化的收益大于内在化的成本时,产权的功能效应才能使经济活动中的外部性问题逐渐内在化。采取何种方式解决外部性问题还要就具体的经济环境、当事人的资质、法律的健全程度等因素来操作。

3. 资源配置功能

"资源稀缺性"是现实生活中普遍存在的现象。"资源稀缺性"是全部经济学的假设前提。"资源稀缺性"是相对的,其稀缺性受资源的开发利用程度、科学技术的进步、产业结构的调整和人们偏好等因素的影响而发生变化。在资源稀缺的社会中,为了使资源实现优化配置和经济效用,需要建立资源使用和分配的约束机制,规范人们的行为,这种机制也就是产权制度。产权的资源配置功能就是利用产权制度的安排调节来影响资源配置。马克思论述的原始的共有产权和公有产权的状态下,经济行为主体对资源稀缺性没有概念。当私有产权出现以后,经济行为主体开始意识到资源的稀缺性,尤其是进入到社会化大生产的资本主义时代,资源利用程度和速度日益加快,资源稀缺性的问题日益突出,并成为影响经济运行效率的因素之一。与经济运行环境相匹配的产权制度或产权安排,是资源有效利用和优化配置的基础。产权资源配置功能就是改变和影响资源的流向,使资源达到最大化的利用,实现帕累托最优。

4. 利益分配功能

张五常认为,产权不仅是竞争的规则,而且还可以用来解释人的行为,即在不同的产权规则下,人们有不同的行为,而不同的行为有不同的游戏规则来约束。产权是一种经济权利,是一个权利约束,可以分解为不同的权能,也就是使用权、所有权、收益权等权能,并形成对应的权、责、利关系。产权的不同配置意味着不同的收益分配规则。产权是收益分配的基本依据,生产要素的价值以及由生产要素价格进行的分配是由各生产要素的产权界定和产权安排来实现的。

三、经济学的产权和法学的产权

(一) 产权的双重属性

产权具有经济学和法学两重属性。产权的经济学属性是指产权主体因为天生对财产权所具有的权能而形成的某种经济利益关系,是一种经济关系,属于客观存在的经济基础的范畴。当需要法律来界定个人与个人、个人与组织、个人与国家之间权属,以及个人与个人、个人与组织、个人与国家之间的利益发生冲突时,产权的法律属性便发挥作用。产权的法律属性发挥作用需要运用国家权力以司法形式认可和进行法律保护,因此,产权的法权属性具有法律赋予的法定权利资格的特性,从属于上层建筑的范畴。马克思认为,体现一定经济职能和经济利益的财产权关系,在性质上属于经济基础的范畴。原始的财产权关系在法律出现之前就已经存在于人们的经济活动当中,只是,在社会生活中被无数次重复后,其运行规律和作用才被人们认知和被社会认可,并逐步上升为成文的法律条文或者成为非正式规范。马克思论述道:"财产最初无非是意味着这样一种关系:人们把他从事生产的自然条件看作是属于他的、看作是自己的、看作是与他自身的存在一起产生的前提。"[①] 财产仅仅是有意地把生产条件看作自己所有这样一种关系。古代生产关系在封建的财产关系中没落了,封建的财产关系又在资产阶级的财产关系中没落了。[②] "每当工业和商业的发展创造出新的交往形式,例如保险公司等的时候,法律不得不承认它们是获得财产的新方式。"[③]

从二者产生时序看,财产权的经济关系出现在先,而具有维护这种权利关系的法权关系产生在后。只有存在特定的经济权利关系,才可能出现和形成相

---

① 《马克思恩格斯全集》第46卷上,人民出版社1972年版,第491页。
② 《马克思恩格斯全集》第46卷上,人民出版社1972年版,第142页。
③ 《马克思恩格斯全集》第46卷上,人民出版社1972年版,第72页。

应的法律关系中的权利关系。作为经济关系的产权是来源，是本源性的关系，属于经济基础；作为法权的产权是经济关系的反映，属于上层建筑。产权的双重属性不能决定所有经济上的产权关系都完全获得法权的形式，这就导致经济上的产权关系与法权形式未必相一致。产权可以不因法律关系而自然存在，但可以获得法律认可而更为明确能够得到确认和保护。因此，产权纠纷可以依据相关法律而得到有效裁定。①

经济学研究的侧重点是作为经济关系的产权，包括不用法律界定的产权关系；法学研究的则是作为法权的产权，主要是通过司法界定的法律条文形成的处置因经济利益产生的产权纠纷。从经济学和法学两个层面研究产权才能够把握产权运动的规律。

马克思主义经济学是通过财产权和所有权的关系来阐述产权的经济属性和法权属性的。狭义的所有权是指单纯的所有权或法律上的所有权，其客体无论是从法律上或者意志上来讲，其权能都归终极所有权主体所有。广义的所有权，既具有所有权的法权意义，还涉及实际的占有权、支配权和使用权。马克思指出，所有权是指法对于生产关系的依存性，是财产所有者围绕或通过财产而建立和形成的经济利益关系，是一个随经济关系变化而变化的概念。所有权的基础是经济条件或生产关系，因此经济关系决定权利关系。所有权是规定人与人之间如何分配经济资源的制度工具。财产权利只能说明权利表现为权力，不能说明权利来源于权力。②

产权构成是指拥有不同权利的人形成的相对权利位置。产权构成不是稳定的，会随着经济关系变化而变化。所有权在法律出现以前就已经存在并发挥着作用，只是在无数次重复之后，被社会承认和保护，并上升为法律条文。从产生的先后顺序来看，先有财产权利的经济关系，然后才有相应的法律表现和法权。作为经济关系的产权总是先于作为法律关系的产权一步而变化。在研究产权构成变化时必须注意到非正式制度，以及对实际经济发生作用。③ 在经济学研

---

① 吴宣恭：《产权理论比较——马克思主义与西方现代产权学派》，经科学出版社2000年版，第5页。

② 石莹、赵昊鲁：《马克思主义土地理论与中国农村土地制度变迁》，经济科学出版社2007年版，第33页。

③ 石莹、赵昊鲁：《马克思主义土地理论与中国农村土地制度变迁》，经济科学出版社2007年版，第39页。

究中，尤其是在研究产权时，不能被法律"具名"束缚，应从产权的实际经济意义入手。从土地产权制度变迁的过程来看，土地产权制度是典型的产权从经济关系上升到法权关系的产权变迁过程。

纪坡民认为，产权是一门关于"民法学"的学科。产权是法学概念，也只能是法学概念。不可能有经济学上的概念。"财产关系"和"产权交易"的规则也是民法学的范畴。产权从法学的角度分析是一种权利。这种权利来源于法律，一切权利都是国家以法律的名义赋予的。一般的物质实体，只是"产权"作为"权利"的"标的"的物。[①]

（二）产权与所有权的关系

马克思关于财产权的论述认为，财产权是所有制的法律形态，产权的关系由所有制关系，特别是生产资料所有制的关系来决定。财产权以所有权为基础，所有权是最根本的，其他权能是由所有权派生出来的，所有权对其他权能的占有权、使用权、支配权等起决定性作用，而不是呈并列关系。而部分产权经济学家认为，产权派生出的各项权能的作用是相同的，否认生产资料的归属权对经济关系的决定作用。

从民法的角度讲，产权是"资产权利"的简称，是人们占有、使用、处分和分配稀缺而有用的经济资源的权利，是社会及其法律对人与人之间关于各种有用资源的权利上的一系列制度规定。[②] 人和资源之间的关系在经济学中被称为所有制或生产关系，在法学中被称为财产权利，其中本源和核心的财产权利是所有权。从历史的角度看，所有制是所有权的经济基础，一定的所有制决定一定的所有权，法律形态的所有权又对所有制起到规范作用和发展作用。[③]

产权偏重静态意义，所有权概念偏重动态意义。所有权在法律出现以前就已经存在，作为经济关系的产权总是先于法律关系的产权而发生变化。产权是所有权的具体历史形式。所有权的基础是经济条件或生产关系。马克思主义的所有权是指主体围绕或通过财产而建立和形成的经济权利关系，是一个随着经济关系变化而变化的概念。[④] 吴易风认为，在权利统一的前提下，拥有所有权就

---

① 纪坡民：《产权与法》，上海三联出版社2005年版，第23页。
② 李由：《公司制度概论》，经济科学出版社2010年版，第79页。
③ 李由：《公司制度概论》，经济科学出版社2010年版，第81页。
④ 石莹、赵昊鲁：《马克思主义土地理论与中国农村土地制度变迁》，经济科学出版社2007年版，第15页。

意味着拥有全部产权;而在权利分离的前提下,拥有所有权意味着只拥有部分产权。①

产权是外延最大的概念,即最高概念,属于范畴。产权的外延财产权,是"种概念",包括"物权"和"债权"两个"属概念"。"物权"是产权的静态规则,是指人们直接支配特定物、享受其利益、并同时排除他人对支配与享有利益的侵害干预的权利。而"物权"作为种概念,又可分为"自物权"和"他物权"两个"属概念"。②"自物权"又可称为"所有权",是资产所有者对自己所有的资产依法进行全面支配的物权,是原始的、自主的物权,是一切财产权利的基础和核心。所有权是最充分、最完全、基础性的产权,所以所有权是最充分最完全的物权。所有权是所有者独享的权利,因此被认为是一种绝对权利,狭义的财产权。

从产权的实体逻辑,即内在的本质联系来分析,"所有权"是一切权利的基础和核心,是"产权"全部范畴逻辑展开的最初始的出发点。"所有权"的"权能"的分割和转让,形成"他物权""所有权"的权属的转移,则形成"债权"。③ 所有权具有"占有""使用""收益""处分"四项权能。所有权的四项权能不是独立的,是由所有权衍生出来的权利能力,不能和所有权并列等同。

所有权概念主要是从根本上强调财产的最终归属关系,显示的是人与物之间的关系,是一种静态的概念。产权作为"所有权"的"行为权",是从资源配置角度来界定财产的占有权、支配权和使用权。强调的是支配运用财产时的适当规则,以使分别属于各种所有权关系的资源能够在整个国民经济范围内依据效率与效益、经济结构的演变、经济发展的需要进行调整。所有权侧重如何从方向上影响资源配置的结果,而不是资源配置过程中各种权能结构对最终结果的影响效果。④

---

① 吴易风、关雪凌:《产权理论与实践》,中国人民大学出版社2010年版,第15页。
② 纪坡民:《产权与法》,上海三联书店2005年版,第21页。
③ 纪坡民:《产权与法》,上海三联书店2005年版,第21页。
④ 徐传谌、郑贵廷:《国有经济资源优化配置系统论》,经济科学出版社2006年版,第209页。

第二节　企业性质与企业产权理论

企业是现代社会中人们进行生产、流通、交换等经济活动的一种主要组织形式，是现代经济中最基本的生产单位和经济单位，社会经济活动是以企业为主体展开的。企业还是一国经济中的微观主体和细胞。企业的成长和发展关系到经济发展的速度和效果。

一、古典经济学企业理论——分工与企业的产生

研究企业的产生和发展，首先需要研究的问题是分工与专业化。分工和专业化是企业产生的源泉，企业是伴随着社会分工与专业化的深化而发展的。斯密（Smith）在《国富论》中专门讨论了分工的问题。斯密认为，当市场规模和需求达到一定规模时，分工和专业化就产生了。也就是说，分工受到市场规模的限制，只有市场规模扩大，人们才有意愿进入市场。斯密描述了著名的制针工厂的分工生产工序劳动过程。他认为分工提高了生产力水平，"只要引入劳动分工，在任何企业中，劳动生产力都能相应提高"。劳动分工还使工人能够从事的工作量增加了，首先是因为各个工人熟练程度的提高；其次是节省了在转换工种中损失的时间；最后是大量机器的发明和使用节约了劳动力，使一个人能做许多人的工作。[①] 在生产过程中的分工，就像哲学这一学科的细化一样，每个人都能更加专注于本人研究和从事工作的领域，在完成工作的基础上，还增加了其工作的科学性。

马克思从历史唯物主义的角度考察了企业产生的起源，又从理论上分析了企业产生和发展的原因。马克思认为，生产组织是先于市场产生的。在出现市场之前，早已出现了为交换而产生的组织形式，或者说，某种生产组织已经完成了从自给性生产向生产性生产的过渡。[②] 马克思的企业理论认为，企业是以内

---

① 参见［美］路易斯·普特曼、兰德尔·克罗茨纳：《企业的经济性质》，孙经纬译，上海财经大学出版社2009年版，第3—12页。
② 周文：《分工、信任与企业成长》，商务印书馆2009年版，第7页。

部分工协作为基础的组织形式。简单的协作劳动是企业起源的最简单的组织形式。协作扩大了劳动的空间范围，减少了生产所需要的社会必要劳动时间。随着市场规模的不断扩大和生产力水平的不断提高，工场手工业逐渐取代了简单协作。工场手工业的最大特点就是以分工为基础形成的协作。以分工为基础的协作使生产进一步社会化。工场手工业使生产突破了原来的生产范围，产品是通过劳动者共同的协作而生产出来的。劳动生产率的不断提高和社会分工的不断深化，使企业的形式和内部结构不断升级。企业作为一个分工和专业化的经济组织，又反过来使社会分工和专业化不断细化和深化。

二、新古典经济学企业理论——一般均衡理论和局部均衡理论

新古典经济学的两个最基本行为模型是消费者行为的偏好选择和厂商行为理论。消费者在一定的消费偏好以及市场价格和收入等条件的约束下，能够实现个人效用的最大程度。而厂商在一定的技术条件和市场条件下，能够实现利润最大化和生产成本最小化。新古典微观经济学以"局部均衡"理论和"一般均衡"理论为工具研究市场交易行为：价格在平衡供求关系中的作用。厂商或企业被假定为一个以技术条件存在为前提的技术装置或所谓的"黑匣子"，在一定生产函数的约束下，选择一种技术可行的生产要素组合，以达到成本最小化或利润最大化。在微观经济学的厂商理论中，企业本质上是一种生产函数模型，平均成本函数的最小值决定其规模，即在一定的生产函数的集约下，选择生产要素的最佳组合。在新古典微观经济学理论中，企业模型的基础是生产函数，选择生产函数上的最佳点进行生产活动使收入和支出之间的差额实现利润最大化。企业只不过是一个投入产出实现利润最大化的集合，这种企业不用考虑企业产权结构问题，不论产权归属哪个所有者，完全的市场均衡能够保证最优的生产结果。

三、新制度经济学企业理论

（一）企业契约论

1. 企业与市场互补理论——间接定价理论

科斯打破了新古典经济学从生产的角度分析企业的束缚，开创了以交易费

用的角度分析企业制度的先河。1937年，科斯发表了著名的《企业的性质》①一文，开辟了对企业性质研究的新路径。在此文中，科斯认为企业的显著特征就是作为价格机制的替代物，而且资源的配置程度依赖于作为协调者的企业家。企业和市场是可以相互替代的两种调节经济活动的手段。在分析企业为什么存在的原因和企业的边界时，引入了交易费用的概念。②科斯认为，由于市场交易存在交易费用，采用像企业这种科层式的权威组织，可以使市场交易成本内在化，节省交易费用。因为在企业内部，不存在市场交易，复杂多样的市场交易是由企业家的权威来实现的。

科斯在《企业的性质》中论述道，市场运行是有成本的，科层组织具有代替市场的作用，并允许某个科层组织的权威来发号施令和支配资源，就能节约某些市场运行成本。企业内部的契约可以限定企业家的权限，通过限制企业家的权限可以更好地使其他生产要素发挥作用。在《社会成本问题》③一文中，科斯再次强调企业是一种替代性组织能以低于利用市场时的成本而达到增加产值的效果。使用价格体系交易是需要成本的，企业的出现是有益的，可以节约交易成本。在企业内部，各种互相协作的生产要素间的讨价还价被取消了，行政指令替代了市场交易。企业作为契约和合法权利的集成，能够使各种生产要素的所有者达成市场协定。企业就是一种节约交易费用的方式，就是用科层管理的方式代替了市场非人格化的价格运行机制。企业组织用内部的协调机制代替了市场合约，节省了交易费用。因此，企业这种组织形式实际上是价格机制的替代物。

但与此同时，企业的存在和运行同样存在交易成本，所以企业不能完全取代市场。市场运行需要交易费用，企业的生产和运行也同样需要运行成本。如果企业生产所需的费用大于市场组织交易的费用，就可以由市场来组织交易。企业规模决定的交易费用的大小决定了企业与市场的边界。

张五常认为，科斯的命题"制度运行成本（交易费用）的差别致使企业的

---

① 参见［美］罗纳德·科斯：《企业的性质》，见盛洪：《现代制度经济学（第二版）》上卷，中国发展出版社2009年版，第110—125页。

② 巴泽尔将交易费用（交易成本）定义为，与转让、获取和保护产权有关的成本。交易费用还可以指，在市场交易过程中，由于存在信息不对称和不确定性的情况，在进行交易谈判、价格发现以及合约（合同）履行过程中发生的费用。

③ ［美］罗纳德·科斯：《社会成本问题》，见盛洪：《现代制度经济学（第二版）》上卷，中国发展出版社2009年版，第2—39页。

出现取代了市场"不是完全的。① 企业的出现可以被看作由要素市场代替产品市场或商品市场。把企业看作对市场的代替,其实是一种合约方式代替另一种合约方式来节约交易费用。企业作为一种合约形式,也是由拥有两种不同资源的当事人共同选择的一种节约交易费用的合约方式。② 作为生产投入的私人所有者,每一个投入所有者可以有三种选择:第一种是自己生产并出售商品;第二种是出售他的生产投入;第三种是设计或进入一种合约安排,把投入的权利委托给代理人来获得代理人的经营收入。企业的产生与合约安排密切相关。在合约关系中,企业家或委托代理人拥有权威指挥生产活动,并不直接参与产品的定价,要素所有者必须服从权威企业家或委托代理人的指挥。产品市场和要素市场的界限是模糊的。合约安排是一种节约交易费用的机制。因为买者同时支付产品和投入所有者的贡献。将产品从要素市场中分离出来,需要代理人向投入所有者支付费用,同时从消费者那里获得对他交出的产品的报酬。

企业作为一种节约交易费用的合约安排,是劳动所有者、资源投入者、消费者相互之间的合约关系。张五常为了证明企业是一种节约交易费用的合约安排,假设产权界定清楚的,生产投入为私人所有,并且拥有:排除他人从而保证自己能单独决定其用途的权利;从其使用中汲取排他性收入的权利;将该财产(包括劳动)转让给他认为合适的任何人或与之进行交换的权利。③ 企业的这种契约安排使投入的使用权被授权给另一方,而使用投入生产出的商品出售给消费者。当投入者持有某种权利时,合约就成了一份结构性文件了。

杨小凯和黄有光对分工与企业成长理论的研究较为全面。两位经济学家以间接定价理论为分析框架,把分工作为企业成长的核心因素,突破了传统理论关于企业成长和规模扩大的论述,把企业合约理论发展为一个均衡的合约模型。通过研究,认为企业是从分工中内生的。杨小凯和黄有光从分工的演进过程和产品交易、产品定价与生产产品的劳动交易之间的比较来阐释企业制度的产生,

---

① 参见[美]张五常:《企业的契约性质》,见盛洪:《现代制度经济学(第二版)》上册,中国发展出版社2009年版,第149—167页。
② 参见易宪容:《企业性质与合约选择》,见向松祚、高小勇:《五常思想》,朝华出版社2006年版,第271—289页。
③ 参见[美]张五常:《企业的契约性质》,见盛洪:《现代制度经济学(第二版)》上册,中国发展出版社2009年版,第149—167页。

揭示了分工、中间产品和企业制度之间的内在联系,从而在分工、市场和企业制度的相互促进的意义上说明了企业组织与市场的互补性。① 随着分工在迂回生产方式中的拓展,市场的规模和层次随之扩大,人们可以在不同的市场中进行选择。

企业与市场互补理论认为,由于交易费用的存在导致发现价格使成本交易费用较高,而减少发现价格成本的有效方式就是用企业代替市场,或者对产品进行间接定价而不是市场直接定价。

2. 团队生产理论

继科斯从交易费用的角度阐释企业性质后,阿尔钦、德姆塞茨、威廉姆森等经济学家,继续从交易费用的维度对企业的契约性质进行研究,拓展和发展了企业的理论。

阿尔钦和德姆塞茨认为企业本质上是一种"团队生产"。企业的资源是个体成员投入形成的,而且所有被投入到企业生产的资源不属于一个人。企业作为"团队生产"运行的模式,使个体的合作投入不产生可辨认的、可分离的产品。团队生产是这样一种生产:一是使用几种类型的资源;二是产品不是每种合作资源的可分离的产出之和;三是所有被用于团队生产的资源不都属于一个人。②

团队生产还存在偷懒的困境,以及由偷懒产生的监督成本问题和激励机制问题。团队生产的产品是由成员共同完成的,但由于技术的不可分性和计量成本的存在,每个成员的贡献就不能精确地区分计量和分解③,也就是说,存在个人努力的外部性和劳动成果的公共性问题,这样就产生了团队成员偷懒的问题。为了减少企业内部的偷懒问题,需要对偷懒行为进行监督,而对偷懒行为进行监督是需要成本的。德姆塞茨认为,要使监督偷懒行为具有效力,必须与监督者签订契约,监督者也必须是企业的出资人之一,并赋予监督者一定剩余索取权。获取剩余报酬的管理者是该团队所有成员的监督者,为了减少团队成员机会主义行为,拥有剩余索取权的人拥有修改个体成员的契约条款与激励条款的

---

① 赵立卫:《企业人力资本生产——对企业教育功能的相关研究》,中国财政经济出版社2010年版,第75页。
② 参见[美]阿尔曼·阿尔奇安、哈罗德·德姆塞茨:《生产、信息成本与经济组织》,见盛洪:《现代制度经济学(第二版)》上卷,中国发展出版社2009年版,第126—148页。
③ 刘汉民:《企业理论、公司治理与制度分析》,上海人民出版社2007年版,第9页。

权力，同时没有必要终止或改变所有其他投入的契约。①

阿尔钦和德姆塞茨对企业内部偷懒监督的问题又引出了对企业的激励机制问题的探讨。两位经济学家还讨论了不同类型企业的激励机制。小规模企业尤其是合伙企业的组织形式和运行机制较大规模企业能够更有效地减少偷懒行为。因为作为企业的出资人，他们共同分担利润和风险，偷懒的动机与团队最佳规模呈正相关，而企业出资人承担无限责任。社会主义企业，由于行政手段限制了企业的组织形式，企业成员对剩余进行普遍的分享，缺少必要的收益评价标准，这样就增加了对管理者偷懒行为的激励。对剩余的普遍分享导致因监督者增加偷懒行为所带来的损失超过了分享剩余的雇员减少偷懒所带来的收益。② 公司制企业存在众多的股东，因此公司的决策权可以由所有权分散的股份持有者来实行，以减少管理成本。对于管理者的偷懒行为可以通过企业内部和市场的竞争压力来约束，股东通过其股份的投票权更换不合格的管理者。阿尔钦和德姆塞茨提出了企业是一种团队生产理论的新概念，由团队生产产生了监督与激励问题、监督者的剩余索取权问题。当把监督成本问题作为企业生产必须考虑的一个因素时，就扩展了对科斯关于企业存在理由的解释，以及如何界定企业的边界。

3. 资产专用性理论

威廉姆森对企业组织的研究是从对合同属性的分析介入的。经济组织的问题其实就是一个未达到某种特定目标而如何签订合同的问题。③ 企业的组织形式则由所签订合同的交易成本大小决定。签订的合同涉及的交易成本包括事前和事后成本。事前成本是指草拟合同、因合同谈判和确保合同得以履行的成本。事后成本包括：不适应成本，交易双方的经济行为偏离合约方向，造成交易双方偏离合约方向的那种成本；讨价还价成本，为纠正双方不合作而付出的成本；启动及运转成本，为解决合同纠纷并保持合同运转的成本；保证成本，为确保合同中各种条款和承诺得以履行而付出的成本。

---

① 参见［美］阿尔曼·阿尔奇安、哈罗德·德姆塞茨：《生产、信息成本与经济组织》，见盛洪：《现代制度经济学（第二版）》上卷，中国发展出版社2009年版，第126—148页。
② 参见［美］阿尔曼·阿尔奇安、哈罗德·德姆塞茨：《生产、信息成本与经济组织》，见盛洪：《现代制度经济学（第二版）》上卷，中国发展出版社2009年版，第126—148页。
③ ［美］奥利弗·E.威廉姆森：《资本主义经济制度》，段毅才、王伟译，商务印书馆2010年版，第33页。

威廉姆森将合同分为三类：古典式合同、垄断式合同和效率合同。古典式合同又称标准合同，以同一价格把产品卖给所有顾客，不存在任何限制。① 古典式合同是一种理想的市场交易方式。效率合同是强调激励组合，以节省交易成本为特征的合同。② 垄断合同就是以同一价格把产品卖给所有顾客，而不存在任何限制。

威廉姆森认为，一切市场交易问题都可以直接或间接地归结为合同或签约问题，不同性质的合同还可以归结为不同治理结构问题。市场治理适用于非专用的交易，包括偶然的合同与经常性的合同，市场治理与古典式合同相适应。在市场治理结构下，合同双方可以通过对他人购买相同产品的经验和获得的服务来做出判断，对于重复发生的交易，市场治理特别有效，由于交易是标准化的，所以，只需根据经验做出判断即可。③ 市场治理主要是保护双方，以此防范投机行为。三方治理适用于混合式的偶然交易和高度专用式的偶然交易，在这种治理结构中需要中介或者第三方维持交易关系，降低双方因纠纷产生的交易成本。新古典合同适用于三方治理。双方治理，即专用交易的双方治理，是建立在具有可靠承诺基础上的双方自主行事。纵向一体化是指将一个最终产品所需的中间产品纳入一个特定的、具有权威性的组织在内部进行生产的治理结构。④ 纵向一体化的优点在于它能适应一系列连续的变化，无须不断地寻找、设计或修改临时性协议。只要双方的所有权统一起来，就能保证双方都得到最大的利益。⑤ 在纵向一体化企业中，价格调整要比企业间交易中的价格调整更完全。⑥ 威廉姆森认为，纵向一体化能够减少资产专用性所产生的机会主义问题。导致纵向一体化的原因在于作为最终产品的投入物的各种资产具有专用性。企

---

① ［美］奥利弗·E. 威廉姆森：《资本主义经济制度》，段毅才、王伟译，商务印书馆2010年版，第38页。
② 激励组合理论主张采用新的产权形式解决激励机制问题，与其相关的理论是委托代理理论。节省交易成本理论主张通过降低交易成本而采取合约化形式解决治理结构问题和具体的测度问题。
③ 参见［美］奥利弗·E. 威廉姆森：《合同关系治理》，见［美］路易斯·普特曼、兰德尔·克罗茨纳：《企业的经济性质（第二版）》上卷，孙经纬译，上海财经大学出版社2009年版，第94—105页。
④ 赵立卫：《企业人力资本生产——对企业教育功能的相关研究》，中国财政经济出版社2010年版，第67页。
⑤ ［美］奥利弗·E. 威廉姆森：《资本主义经济制度》，段毅才、王伟译，商务印书馆2010年版，第112页。
⑥ ［美］奥利弗·E. 威廉姆森：《资本主义经济制度》，段毅才、王伟译，商务印书馆2010年版，第101页。

业的治理成本和生产成本决定了一种资产应该是在市场上购买还是由企业自己生产。

4."委托—代理"理论

代理理论所研究的代理关系主要是指由一人或数人（委托人）与另一代表委托人（代理人）订立或明或暗的契约。契约授予代理人公司事务的决策权。代理成本是制定、管理和实施这类契约的全部费用。① 代理合同关系存在的条件：一是代理人和委托人双方效益都是最大化；委托人设计合同规则，包括激励措施和监督措施约束代理人行为，降低自己的受损程度，而代理人必须通过保证成本支付损害委托人的行动成本或资源。二是代理人如果是一个风险中立者，即可以使代理人以承受完全风险的办法取得帕累托最优。代理成本包括：委托人的监督支出，代理人的保证支出和剩余损失。剩余损失是指委托人和代理人之间存在正的监督成本和保证成本，但由于代理人的决策未能达到委托人的最优决策而又执行了契约，产生了代理成本，这种代理成本的减少，使委托人可使用监督费用的数量减少了。詹森认为，代理成本取决于测度和评价经理（代理人）绩效的成本、取决于涉及和应用与所有者（委托人）的福利相关的经理报酬指标的成本、取决于涉及和实施具体的行为规则和政策成本。② 霍斯特罗姆认为激励代理人有效地为委托人工作，可以采取以下激励措施和工作设计：设计多维的工作任务以改变竞争方式，委托人通过选择代理人的任务组合管理代理人的外部活动，在代理人之间分配工作任务减少激励成本。

（二）巴泽尔的企业理论

巴泽尔认为，企业是具有众多属性的资产组合，往往被不同的所有权人所拥有。企业具有共同财产性质。巴泽尔指出，商品的所有权是分割的，而且随着技术进步和组织环境的变化，商品的所有权也发生变化。企业这种组织同样具有所有权或产权分割的性质，因为企业是由这些具有产权分割性质的产品和资产组成的。

巴泽尔还指出，为了防止参与分工合作的工人利用权利界定的模糊性对公

---

① 蒋自强、史晋川：《当代西方经济学流派》（第三版），复旦大学出版社2009年版，第118页。
② 参见[美]迈克尔·E.詹森、威廉姆·麦克林：《企业理论：经理行为、代理成本和所有权结构》，见[美]路易斯·普特、兰德尔·克罗茨纳：《企业的经济性质（第二版）》上卷，孙经纬译，上海财经大学出版社2009年版，第297—318页。

共领域内的资源进行攫取,必须出现企业这样的组织对个人的权利进行限制是企业存在的原因。而"共同财产"可以用来分析企业为什么存在和企业的边界问题。企业内部的资产所有权是分割的,属于不同所有者的子集,管理这些资产所有权人的有效组织就是企业,因为企业可以通过签订一系列的合约或合同降低分割所有权的交易成本和获取剩余索取权的监督成本。

巴泽尔同样认为企业是由一系列的合约或合同组成的。这种观点与张五常的观点相同,企业内部签订有效的合同能够起到内部治理的作用。组织是治理多种资源所有者经营的合同的集合。① 当企业资产的所有者签订合同后,所有者各方对企业的经营风险都承担相应的责任。在获取企业的剩余索取权时,合同各方为其行为担保,限制了各自的权限,资产所有者互相侵蚀对方利益的动机也就被抑制了。巴泽尔还认为,企业的功能和企业的内部治理结构是密切相关的。企业的资产所有者以其在企业的股权资本作为担保责任。也就是说企业可以看作是由股权资本担保的合同网。② 而且通过股权资本,所有者可以改善合同条款减少交易成本、监督费用。

四、企业家创新理论

对于企业家的概念和内涵,经济学家有不同的解释。萨伊认为,企业家是冒险家,能够把土地、劳动力、资本这三大生产要素结合在一起进行生产经营活动,而且还必须承担企业破产的风险。马歇尔认为,企业家是以自己的创造力、洞察力和统帅力,发现和消除市场的不均衡性,创造市场机会和效用,给生产过程指出方向,使生要素组织化的人。

奈特从企业家才能和不确定性的维度对企业的存在及其性质展开研究。奈特认为,企业家必须具备判断才能以适应不确定性给企业带来的风险,即自信和敢于冒风险的人通过保证多疑和胆小的人有一定的收入以换取对实际结果的拥有而"承担风险"或对后者"保险"。企业家是一个在不确定条件下对决策

---

① [美] Y. 巴泽尔:《产权的经济分析》,费方于、段毅才译,上海人民出版社2008年版,第76页。
② [美] Y. 巴泽尔:《产权的经济分析》,费方于、段毅才译,上海人民出版社2008年版,第81页。

做出判断的人。奈特提出的企业家判断将企业及其利润与不确定性联系在一起，因为没有一个可以依靠的市场来帮助企业家进行判断。由于判断是对资本资源的组合，所以没有资本资源的所有权的企业家不是真正意义上的企业家。企业家能通过介入资本或以其他方式扩大他的决策或估计范围，错误猜测和正确猜测彼此抵消的可能性就更大。在企业制度中，企业家作为生产者，是提供服务和保证资产所有者收入的特殊社会阶层。企业家的功能应该是为了生产合适的产品，在当前要素价格和未来产品的价格预期之下对不同投入组合进行选择。而且通过组合把不确定性转变为可测度的风险，从而减小不确定性以形成企业扩张经营规模的能力。也就是所谓的"分散化"和合并，对投资者来说，能通过组合进一步抵消风险，投资者所持有的公司的损失和收益相互抵消，从而使总收益有较高的稳定性和可预测性。① 奈特从冒险角度的分析认为，企业产权对于减少人们非理性行为、机会主义行为的副作用具有重要作用。而且只有企业家才能承担风险，并把风险与产权联系起来，并对企业资产承担财产责任。

继奈特之后，奥地利学派的熊彼特围绕企业家的创新功能及企业家和资本家的关系展开来分析企业家的功能。他认为企业家是具有创新特性的。企业家的主要任务就是把新的生产要素进行组合。熊彼特对企业家的定义具有明显的创新色彩，即把生产要素新组合的实现称为"企业"。而且企业家不一定是资本家、股东或技术发明者，他们是有效运用资本和技术等生产要素，把要素组合起来实行"创新"的特殊类型的人。② 熊彼特认为，与静态社会消费者的强势地位不同，在一个动态社会中，正是企业家主宰了正在发生的事情。③ 企业家是个职能概念，而非实体概念。因为不存在一个永恒的企业家，所以就不可能存在企业家阶级。④ 在论及利润与企业家的关系时，熊彼特认为利润不是来自对劳动者的剥削，而是来自企业家的创新，来自创新者的意识和知识。⑤ 另一位奥地

---

① 参见[美]弗兰克·奈特：《〈风险、不确定性和利润〉中的有关论述》，见[美]路易斯·普特曼、兰德尔·克罗茨纳：《企业的经济性质》，孙经纬译，上海财经大学出版社2001年版，第37—58页。

② 邓晓锋：《基于企业家行为的制度演化研究》，经济科学出版社2010年版，第63页。

③ 吴宣恭：《产权理论比较——马克思主义与西方现代产权学派》，经济科学出版社2000年版，第66页。

④ 袁辉：《约瑟夫·阿洛伊斯·熊彼特——创新经济学之父》，人民邮电出版社2009年版，第68页。

⑤ 袁辉：《约瑟夫·阿洛伊斯·熊彼特——创新经济学之父》，人民邮电出版社2009年版，第67页。

利学派学者柯兹纳认为，企业家是代理人，并具有"敏锐"的特性。企业家"敏锐的特性"可以使企业家更好地接近现有技术知识，更充分地利用现有的资源。企业家敏锐的特性是对企业家创新才能的扩展。

在论及企业家才能理论方面，奥地利学派的贡献尤为突出。奥地利学派认为，企业家才能与经济学的人的行为概念相一致。任何调整当前行为以实现未来目标的人都是在发挥企业家才能。① 企业家才能本质上是由发明或觉察机会来实现某个目的、去获得收益或利润，以及采取行动来利用环境中产生的这些机会所组成的。② 企业家才能的产生与知识、创造性和学习效应有关。企业家才能等同于隐含的不可言说的知识。企业家才能是创造性的，这种创造是无成本的。企业家的学习效应就是协调和调整功能。奥地利学派指出，要想真正的发挥企业家才能，必须为企业家提供良好的环境，对企业家不能随意地施加控制，所以他们坚信市场经济环境能做到这一点。

企业家是稀缺资源。各种生产要素没有企业家的组合、配置、挖掘，是不能有效地产生经济效益和创造财富的。由于存在市场的不确定性，没有企业家的协调、创新，抵御风险的能力，经济效益和财富不能完整地被创造出来。

第三节 企业制度（形态）的演变与企业产权结构变迁

一、企业制度的演变

冯苏京认为，企业形态的演变动力机制是生产力的发展，是市场、技术和制度因素共同作用的结果。企业是专业分工与协作的经济组织，分工协作水平决定企业的技术形态；企业内部的治理结构构成企业的制度形态。③ 市场是企业存在的环境，技术和制度是企业的载体。企业形态演变的决定机制是生产性成

---

① [西]赫苏斯·韦尔塔·德索托：《奥地利学派：市场秩序与企业家创造性》，朱海就译，浙江大学出版社2010年版，第19页。
② [西]赫苏斯·韦尔塔·德索托：《奥地利学派：市场秩序与企业家创造性》，朱海就译，浙江大学出版社2010年版，第20页。
③ 冯苏京：《企业1000年——企业形态的历史演变》，知识产权出版社2010年版，第39页。

本与交易成本的对立统一。企业生产性收益和内部交易成本之间的比较决定了企业形态的演变；而企业内部交易成本和市场交易成本之间的替代决定了企业的边界①。企业形态演变的实质是高效率企业形态不断更新低效率企业形态的过程，即企业形态演变过程是一个从量变到质变的过程，新的企业形态的出现源于一部分企业的技术创新，企业创新的过程被其他企业相继模仿。个别企业的成功模式逐步被其他企业所模仿而得到扩散，当达到某个临界点的社会认可与接受程度时，便会被全社会有意识地加以运用，甚至被上升为国家或地区的法律法规而推广。②先进技术逐渐在企业间扩散，企业技术更新速度加快，技术创新在企业间不断循环往复，并形成技术推动效应，技术推动效应推动了企业形态的演变。在一定历史时期，企业形态存在并存和共生的状态。一方面是旧企业形态和新企业形态并存的状态；一方面是不同规模企业共生的状态。企业形态的共生源于企业存在条件依然存在，而且各种类型企业在不断调整企业产权结构以适应市场环境的变化。

（一）企业制度的早期形态：古典企业

农业的发展是古典企业形成的前提条件。海上贸易的繁荣使商业化程度大大提高，农业的剩余产品交易程度也大大提高。而城市的发展也为农业产品的交换提供了交易的市场和社区，城市还吸引了大量的商人。商业和贸易活动为古典企业提供了市场条件和制度条件。海上贸易的繁荣催生了商业组织、手工工场、行会组织和金融资本的产生和发展，商业的迅速发展把众多经济区域联系起来，为企业产生和发展提供了空间。古典企业多为私人契约，以习惯法和商法来调节交易行为。国家对企业的设立采取放任的态度，企业的成立既无法律上的限制条件，也没有注册登记的程序。③古典企业的类型包括家庭企业、行会、包买商企业。马克思对古典企业的类型和产权制度研究比较全面。家庭企业包括家庭作坊和家族企业。行会具有企业的部分职能。包买商是分散的手工工场。从企业的制度形态上划分，古典企业主要以单一型企业、业主制企业和合伙企业为主。单一型企业、业主制企业和合伙企业是企业制度的早期形态。马克思在其《资本论》中，对这三种企业制度形态做了具体的研究。单一型企

---

① 冯苏京：《企业 1000 年——企业形态的历史演变》，知识产权出版社 2010 年版，第 44 页。
② 冯苏京：《企业 1000 年——企业形态的历史演变》，知识产权出版社 2010 年版，第 59 页。
③ 冯苏京：《企业 1000 年——企业形态的历史演变》，知识产权出版社 2010 年版，第 74 页。

业是指企业所有人拥有其投入的产品并负责组织企业的生产和销售。单一型企业主要是不存在雇佣关系的企业。企业的所有者既是所有者又是管理者。单一型企业的产生与商品经济制度紧密联系。单一型企业生产的产品具有使用价值和价值，其生产商品的劳动是具体劳动和抽象劳动的结合，生产商品的劳动是私人劳动和社会劳动的结合。① 商品经济制度决定了单一型企业的产权结构特点。单一型企业是所有企业类型中唯一不存在内部结构的企业，是一种形式十分简单的企业。单一型企业拥有企业生产资料的所有权、占有权、使用权，拥有劳动力的所有权、使用权。在企业中，企业所有者既是劳动者又是收益的占有人，不需要出卖自己的劳动力，也不需要购买其他劳动力来进行生产活动。单一型企业的生产资料和劳动力不能交易，拥有其产品或商品的交易权和使用权。业主制企业是资本主义制度下的一种企业组织类型，是自然人投资经营形成的企业，是单一型企业的扩展。企业所有者以其个人或家庭财产对企业和对外承担无限责任。马克思认为"货币转化为资本"形成的过程中劳动力的价值和劳动力在劳动过程中的价值增值是资本主义业主制企业形成的前提条件。马克思通过对劳动力使用价值的分析，创立了资本总公式（G—W—G′），并分析了资本总公式的科学意义。商品经济的高度发达使部分单一型企业积累了大量的货币，这部分企业用手中货币购买具有使用价值和价值的劳动力。这些劳动力在生产的商品中一方面创造了等量的劳动力价值，另外还创造了超过其自身价值的价值量，即剩余价值。企业主把具有价值增加量的商品出售实现了价值的增值，如此反复进行就实现了货币向资本的转化。在创造资本关系的过程中，只有实现劳动者和其他的劳动条件的所有权的分离，才能实现社会生活资料和生产资料转化为资本，参与生产的劳动才能转化为雇佣工人。

资本主义业主制企业使一些单一型企业必须和它的生产资料相分离，转化为雇佣工人，而少数单一型企业必须拥有生产资料，转化为资本家。② 马克思通过货币转为资本的过程为资本主义业主制企业的形成提供了逻辑线索。在货币转为资本的过程中，一部分单一型企业积累了一定量的货币成为资本家，而其

---

① 苏小芳、程保平：《马克思企业产权结构模式及应用研究》，经济科学出版社2006年版，第70—71页。

② 苏小芳、程保平：《马克思企业产权结构模式及应用研究》，经济科学出版社2006年版，第95页。

他单一型企业失去手中的货币，逐渐成为拥有劳动力所有权的雇佣工人，资本家通过购买劳动力投入生产，并通过商品流通实现剩余价值。

业主制企业所有者拥有企业生产资料的私人所有权、占有权、使用权。业主制企业所有者还拥有企业生产成果的收益权和处置权。由于业主制企业是资本主义制度下的一种企业组织类型，具有其内部的产权结构，而产权结构主要体现在劳资关系。劳动者不具有生产资料的私人所有权和占有权，具有生产资料的使用权，这种使用权仅限于企业主限定的范围。劳动者只具有其部分劳动收益的索取权，不具有生产成果的所有权。

合伙制企业是指两个以上的人共同出资从事某项经营活动的企业形式。早期合伙企业形式有两种：康孟达和所赛特。前者以商事契约为主，以企业所有者的财物为限作为风险担保给委托人。后者则是合伙人之间相互代理，彼此承担无限责任。合伙企业具有聚集资本、分散风险、降低交易成本的功能，能够形成一定程度的规模效益，具有共有产权的特点。

（二）企业制度的近代形态：工厂制度和近代公司①

工业革命为近代企业制度的形成提供了技术基础。资产阶级革命和民族国家的形成对企业和个人所有权的保护由习惯法上升为国家成文法，为私有产权的保护和市场交易提供了法律保障。信贷和资本市场的进一步发展为企业融资和资本流动、产品交易提供了信用平台。

工厂制度和近代公司是近代企业形态的主要形式，源于工业革命的技术创新。工业革命时期机器大工业代替了工场手工业生产方式，进入工厂制度时代。工厂制度以大量使用机器和企业独立形成核算单位为标志。工厂制度使生产突破了手工劳动生产方式的限制，扩大了企业的规模，由此提高的社会生产力表现为资本的生产力。因此，工厂制度实现了劳动力、自然力和科学力三个生产力的结合，他们在资本范围内实现结合而创造的社会生产力也表现为资本的生产力。② 马克思的研究认为，工厂制度的形成标志着资本主义剥削关系的形成，

---

① 关于公司的起源有三种观点：一是大陆起源说；二是海上起源说；三是综合说。大陆起源说认为公司起源于中世纪欧洲大陆的地中海沿岸，由家族营业团体发展而来。海上起源说认为公司起源于海上贸易，由船舶共有、康孟达等组织发展而来。综合说认为公司起源既源于大陆又源于海上贸易。

② 顾钰民：《马克思主义制度经济学——理论体系·比较研究·应用分析》，复旦大学出版社2005年版，第66页。

即在工厂制度企业内部存在资本主义劳资结构和劳资关系。工厂企业所有者拥有企业生产资料的私人所有权、占有权、使用权，还拥有企业生产成果的收益权和处置权。劳动者不具有生产资料的私人所有权和占有权，具有生产资料的使用权，这种使用权仅限于企业所有者限定的范围。劳动者只具有其部分劳动收益的索取权，不具有生产成果的所有权。

工厂制度的发展和完善使企业的产权结构逐渐向具有相对法人地位和多个产权主体有限责任的股份制过渡，近代公司模式逐渐形成。这一时期，业主制、合伙制向股份制公司过渡，出现了有限责任的股份有限公司。

近代公司的发展大致起源于 15 世纪末，止于 18 世纪末。这一时期，近代公司大致沿着两个线路发展，一是由家族企业发展和扩大成长为长期性组织；二是沿着 15 世纪意大利和德国发行可转让股票的合股公司的发展方向，标志性公司为"东印度公司"。近代公司在 16、17 世纪主要分布在对外贸易领域，以商业资本为主。17 世纪后期至 18 世纪近代公司广泛存在于银行、保险、交通运输及公共事业等领域。16 至 18 世纪的近代公司与重商主义政策存在密切的联系。近代公司大都由国家特许成立，公司形式大都是无限责任。

（三）企业制度的高级形态：公司制度（现代公司）

现代企业理论着重分析企业中的公司形式，即企业理论主要是公司理论。公司作为企业的一种组织形态形成以来，公司制度和组织形式为适应市场化和技术进步的需要，在其自身的发展过程中经历了多种多样的形态。回顾公司制度的历史沿革，可以发现公司制度的形成过程是人类社会如何解决使用有效配置资源的问题，也就是如何提高生产力，改进生产技术演变过程。现代公司是在古典企业及其他企业不能有效利用和吸收社会资本，扩大生产和交易的基础上对企业制度的创新。股份制度与股东的有限责任制度结合起来，就构成了现代公司制度。

现代公司的发展大致始于 18 世纪。现代公司能够形成并确立，必须具备独立的法人、有限责任、股票的自由转让等条件。资产阶级革命为自由竞争的资本主义的发展开辟了道路。公司制度在这一时期也有了长足的发展。1807 年《法国商法典》首次从法律上规定了股份有限公司，并明确股东对公司债务只承担有限责任。1855年英国出台《有限责任法》,规定股东可以承担有限责任。①两部法典使公司法人的地位得以初步确立,出现了治理结构的雏形。有限责任制的确立为近代公司向现代公司过渡创造了条件,从而使公司制得到迅速的发展。有限责任首先在法国出现,并且获得法律确认。第二次工业革命使资本主义进入垄断资本主义时期,进一步推进了资本主义企业组织结构的变化,早期的资本主义个人投资企业和合伙企业的组织形式逐渐不适应生产力发展的需要,股份公司优势逐渐显现,在工业部门中地位愈益重要。股份公司的法制化也经历了三个阶段:第一阶段是特许主义阶段,股份公司的设立必须经过国王或政府特许,由国王或政府颁发特许证才能成立和运行,国家对公司拥有绝对的控制权和特权,公司的目标服从于国家的政治和经济冒险的目的,典型代表是荷兰东印度公司和英国的东印度公司。第二阶段是许可主义阶段,又称核准主义阶段,公司的设立必须具备法律和行政官署的许可;第三阶段为准则主义阶段,准则主义是指公司的设立必须在法律上严格规定公司的组织形式与会计原则、公式原则、处罚规则。

国有公司在"二战"后得到了发展。英国在战后出现了两次国有化浪潮。第一次是在1945年到1951年艾德礼工党执政时期。第二次是在1974年威尔逊工党政府期间。国有化的对象是大型制造公司和尖端的工业公司。法国战后也出现了两次国有化浪潮。第一次在1944年到1946年戴高乐执政期间。第二次是在20世纪80年代密特朗执政的社会党期间。第一次集中在金融、基础设施、交通通信系统领域。第二次集中在私人垄断的大银行、大公司。德国和意大利是通过购买和参股的形式扩大国有经济成分。"二战"后,股份公司出现一些新特点:法人股东地位日渐重要;股权开始分散化;股份公司资本结构开始变化,自有资本比例下降,社会资本开始注入公司。股份公司的分红形式转向股份的全面增值。

公元1600年,东印度公司的成立标着现代股份公司产生。在随后的近200年里,现代企业制度在专业化、工业化、市场化的推动下得到进一步发展和完善。到19世纪下半叶,现代公司制度,尤其是股份公司在欧美国家迅速发展。股份制公司出现了新特点:第一,法人股东的出现;第二,出现了以投资证券

---

① 冯苏京:《企业1000年——企业形态的历史演变》,知识产权出版社2010年版,第151页。

为目的的投资公司；再次是除了股份有限公司，有限责任公司开始成为公司的主要形式。① 在这一时期，一些中小企业为了降低市场风险谋求利益最大化，促使公司自身通过横向和纵向一体化不断扩张，公司之间采取各种形式联合，形成了跨地区和跨国家的辛迪加、卡特尔、托拉斯、康采恩等垄断企业组织形式。股份有限公司和有限责任公司凭借在筹集社会资本、在人力资源管理和企业组织管理、经济活动管理、界定责权利等方面的优势成为现代企业中主要的企业形式。

股份制萌芽于罗马帝国，成长于欧洲中世纪，成熟于19世纪下半叶。马克思在研究资本主义生产关系后得出结论，股份制的产生是资本主义资本社会化的必然结果。"单个的货币所有者或商品所有者要蛹化为资本家而必须握有的最低限度价值额，在资本主义生产的不同发展阶段上是不同的，而在一定的发展阶段上，在不同的生产部门内，也由于它们的特殊的技术而各不相同。还在资本主义生产初期时，某些生产部门所需要的最低限额的资本就不是在单个人手中所能找到的。这种情况一方面，引起国家对私人的补助……另一方面，促使对某些工商业部门的经营享有合法垄断权的公司的形成，这种公司就是现代股份公司的前驱。"② 在资本主义初期，股份制企业能够满足货币转化为资本过程中所必需的价值额的需要。随着生产社会化程度的提高，股份制企业需要集中足够数量的资本来适应资本增值的内在要求，以此增强企业的核心竞争力。因此，股份制企业是为解决单个资本数量有限与规模生产所需要最低资本限额不断提高的矛盾而产生的企业制度创新。③

马克思指出："信用制度是资本主义的私人企业逐渐转化为资本主义的股份公司事物的主要基础。"④ 信用制度为股份制企业的运行提供了中介，提供了大量运行资本，提供了制度环境。

信用制度能够聚集大量的社会闲散资本，为建立股份公司提供了巨额资本。信用制度是股份制的催化剂，信用的发展带动了股份制的发展及制度创新。⑤ 股份制的发展和信用制度体系的建立是相互促进的。股份制的财产组织形式需要

---

① 李由：《公司制度概论》，经济科学出版社2010年版，第10页。
② 《资本论》第1卷，人民出版社1972年版，第343页。
③ 王雨本：《股份制度论》，中国社会出版社2009年版，第51页。
④ 《资本论》第1卷，人民出版社1972年版，第296页。
⑤ 王雨本：《股份制度论》，中国社会出版社2009年版，第36页。

募集社会资本，而信用制度体系正是募集社会资本的媒介。股东社会化和资本社会化程度越高，便要求社会信用的制度环境越适宜公司制度发展。市场经济既是法制经济，又是信用经济，现代企业的发展和制度创新依赖于信用制度的发展和完善。

具有公司制度组织形式的企业与工厂制度相比而言，其最大特点在于它的财产组织社会化程度的提高和深化。工厂制度的企业财产组织形式以自筹资金为主，为独资性质的；而公司制度的企业财产组织形式通常以聚合资金为主，为合资性质的。因而股份公司成为公司制度的典型形式。[①] 马克思认为，公司制度的财产制度的特性是对资本主义私人占有制度的一种扬弃，表现为生产社会化要求的资本主义社会化性质对资本私人所有制的否定。[②]

现代企业在产权制度上典型的形态是股份有限公司。企业发展历史上最具深远影响的制度创新是股份制公司的兴起和完善。股份有限公司具有股份社会化、资本所有权与经营权相分离、独立法人地位的优势和特点。公司制度是财产转化为直接的社会财产的过渡点。[③] 股份有限公司使资本在社会范围内流动，使资本获取能力大大提高，成为与规模经济相匹配的企业制度。随着企业法律制度的完善和企业制度的发展，企业的治理逐渐由工厂制度的个人治理向公司制度的法人治理转变。法人治理结构扬弃了传统的企业家族或个人的管理模式，企业的决策权、执行权和监督权分别由不同所有权主体（股东）行使，实现企业治理从人治向法治转变。

二、现代企业（公司）的产权制度

产权作为种概念包括"物权"和"债权"两个属概念。物权又分为"自物权"和"他物权"两个属概念。自物权又称为"所有权"，是资产所有者对自己所有的资产依法进行全面支配的物权，是原始的、自主的物权。他物权是在

[①] 顾钰民：《马克思主义制度经济学——理论体系·比较研究·应用分析》，复旦大学出版社2005年版，第67页。

[②] 顾钰民：《马克思主义制度经济学——理论体系·比较研究·应用分析》，复旦大学出版社2005年版，第70页。

[③] 顾钰民：《马克思主义制度经济学——理论体系·比较研究·应用分析》，复旦大学出版社2005年版，第70页。

他人所有物上设定的权利，是财产非所有者根据法律规定或所有者的意思对他人所有的资产享有的进行有限支配的物权，是派生物权，是所有权部分权能与所有权分离的结果。他物权分为"用益物权"和"担保物权"。用益物权是为了使用和收益的目的而在他人所有物上设定的权利，它主要就物的使用价值对物进行支配，在权利上根据法定或约定而具有独立性，其权利的行使必须以占有标的物为前提。① 在公司制度背景下，用益物权表现为"公司产权"，即"公司法人财产权"。

公司产权制度是所有权制度适应社会经济发展需要，由法律和公司制度创新、市场交易而产生的结果。公司的产权性质是指公司对公司资产所享有的权利的性质。② 公司产权决定着公司享有的资产权利的范围，决定着公司与股东之间的关系，涉及政府与国有企业之间的关系，涉及国有资产管理与公司之间的关系，是关系我国国有企业改革的核心问题。

股份制与公司法人制度、有限责任制度的契合，构建了公司的制度结构，形成了股东权利和公司的股权结构。股份制与公司制之间的关系是从不同的角度规范调整同一法律关系。股份制与公司制的关系是内容与形式的关系，股份制是公司制的主要内容，公司制是股份制的主要形式。③ 股份制企业最普遍、最大量、最典型的形式是公司形式。现代股份制与现代公司的三大要素都是股东、资本和公司章程。

公司产权形成过程是公司投资者让渡其财产所有权，形成股权的过程。公司投资者出资形成了公司资本后，股东与公司之间形成了新的财产权利关系，资金所有者出资形成了对公司的股权，也就是将其对资金的所有权转化为股权。股东出资形成的公司属于法人，其法人资产的所有权属于公司，公司作为独立的法人，依法享有公司的法人财产权，股东在法律上让渡所有权。公司的制度结构源于股份制公司的股权结构，股东出资结构形成了公司的股权结构。不同利益主体的股东投资于公司，将其投资的财产转化成公司的法人财产，形成了股东与公司之间的股权与法人财产权的产权关系。④ 股东出资的全部资产总和形

---

① 李由：《公司制度概论》，经济科学出版社 2010 年版，第 83 页。
② 李由：《公司制度概论》，经济科学出版社 2010 年版，第 86 页。
③ 王雨本：《股份制度论》，中国社会出版社 2009 年版，第 282 页。
④ 王雨本：《股份制度论》，中国社会出版社 2009 年版，第 33 页。

成了公司的资产，公司根据法律或约定，实际或独立地占有、使用、处分公司资产，并对公司资产收益依法定程序进行分配，公司对其资产所拥有的各种权利就是公司法人财产权。在公司存续期间，公司资产由公司法人独立支配，公司拥有法人资产限定的、有限的、相对的法人财产权。

公司产权关系将财产所有者的剩余索取权与财产支配权剥离，出资人与公司的产权关系表现出权利和利益的制衡，决定了公司权力构造或治理结构，体现了在现代企业内部的社会分工，保证了公司的正常运转。股权与民事主体特定人格联系在一起实现人格化，作为国有股也必须由政府授权具体的、特定的机构或部门代表行使出资者权利。

三、现代企业制度与混合所有制

混合经济的生成源于公有经济和私有经济边界的不断变化。市场调节方式的有限性和国家调节的有限为混合经济的发展提供了空间。首先，市场本身不可克服的局限性使市场不可能有效地实现帕累托最优，因此在资源配置方面出现市场失灵。市场失灵为政府干预和宏观调控提供了空间。国家干预是在以市场机制为基础的市场经济条件下，主要通过法律、规则和管制产权制度来规范经济主体的行为，以矫正、改善和补充市场缺陷的活动总称。[①] 但国家在修补市场缺陷时同样存在失灵的问题。国家理性也是有限度的，因为政府不能将千差万别的个人偏好通过政治程序合成为单一的、明确的社会偏好。[②] 混合经济的优势弥补了纯粹市场条件下出现的自然垄断所导致的经济无序，又弥补了纯粹国家条件下出现的缺乏竞争所导致的低效率。[③] 混合经济在宏观层面上是指多种所有制经济在所有制结构的内部混合，多种所有制形式和经济成分并存的格局；微观层面上的混合经济是指企业层面不同所有制性质归属的资本在同一企业内部的混合，其典型形式是股份公司。混合经济实际上是指微观主体上实行多种所有制构成的企业。[④] 这种企业产权结构表现为：以产权明晰为前提，以资产共

---

① 葛扬：《经济转型期公有产权制度的演化与解释》，人民出版社2009年版，第76—77页。
② 葛扬：《经济转型期公有产权制度的演化与解释》，人民出版社2009年版，第77页。
③ 葛扬：《经济转型期公有产权制度的演化与解释》，人民出版社2009年版，第79页。
④ 葛扬：《经济转型期公有产权制度的演化与解释》，人民出版社2009年版，第85页。

有为核心,以股份量化为形式,国家、集体、职工和其他投资者多种产权主体共同所有,实现产权主体多元化。①

混合经济是以股份制这种产权组织形式为前提的,股份制是混合经济运作的载体。法人财产权是股份制产权制度的基础和核心,是一种企业所有权和经营权分离的企业法人财产权制度。法人财产权制度的特性决定了股份制产权是混合的,原始所有权的出资人以其投入的资本持有终极所有权,其他出资人以购买或其他方式获得企业财产的使用权、经营权、收益权和处置权。

混合所有制是实现多元投资主体,形成以法人治理结构为核心的、股权多元的现代企业的有效组织形式。② 股份制企业产权结构是动态的,其变迁是从同质性产权结构配置向异质性产权结构配置转变的过程。③ 股份制企业产权结构的动态变迁使混合经济的优势得以有效地发挥,实现了资本的社会化和资本主体的多元化,实现了公有制经济和非公有制经济的互补,进而使公有制的实现形式摆脱了单一所有制的束缚和弊端。

四、现代企业制度与公有制的结合

公有制与私有制相对立,两者是所有制的一种基本分类。所有制是一个经济范畴,内含于经济基础。所有制的核心要义是生产资料归谁所有,以及由谁来支配。所有制在生产关系中处于核心地位,与马克思和恩格斯所讲的公有制、公共占有制、社会所有制等概念,其含义是相同的。

纯公有制的内在要求是国有资产必须归全体人民所有和支配,全体人民对财产拥有完全平等、无差异的分享权。而全体人民是抽象的、集合性的概念,在国家主体还存在的条件下,国家才具备出资人的代表资格,因此纯公有制必然表现为国家所有制,在产权关系上表现为国家所有权,代表人民支配财产。公司制与公有制的冲突在于公司制要求国家财产投入公司后,其所有权归属于公司,而公有制则要求国家财产投入公司后,其所有权归属于国家。④ 公有制是

---

① 葛扬:《经济转型期公有产权制度的演化与解释》,人民出版社2009年版,第85页。
② 葛扬:《经济转型期公有产权制度的演化与解释》,人民出版社2009年版,第107页。
③ 《资本论》第1卷,人民出版社1975年版,第97页。
④ 仇书勇、陈勇:《公司制与公有制——兼论国有企业产权制度改革》,载《兰州学刊》,2006年第6期。

所有制的一种形式，是一个经济学的概念。我国社会主义经济制度的基础是公有制经济。公有制经济与现代企业制度能否融合，关系到公有制经济能否通过公司制这一适应市场经济体制的企业制度来实现。[1]

规范的公司制中存在三项原则：法人资格原则、合股原则与有限责任原则。[2] 公司制之所以成为国企改革产权组织形式，原因有三：第一，公司制中的法人资格原则可以使国企依据《公司法》的法律规范改制成为独立的市场主体和法人实体。国有企业作为独立的市场主体动力来源于三个方面：一是经营者自身的利益驱动；二是国家作为出资人和所有者对经营者的约束；三是市场机制形成的市场法制环境和市场规则对经营者的激励和约束。第二，公司制中的合股原则，可以以少量资本进入关系国有资本保值增值领域并控制这些领域的经济发展方向，还为在一定的行业和领域吸引民间资本提供了最佳的方案，分散国有资本的风险，提高国有资本的运行效率。借助该原则公有制的主体地位可以得到充分体现。第三，公司制中的有限责任原则改变了国家对国有企业承担无限责任的历史，明确了国家作为出资人的责任，国家以出资人出现在国有企业的产权结构即可。

现代公司制度与公有制的结合需要落实到产权对资源配置的作用和形成社会经济运行的动力机制当中。通过把产权货币化和纯经济化，充分发挥市场和企业实现产权交易的作用，来实现资源的有效配置。现代企业制度把外在的以公有制为主体的、多种所有制共同发展的经济制度实现为内在的、有机统一在企业运行机制中的社会主义产权关系。国家一方面以股东的身份和市场投资行为引导市场，实现对国有资本运行的宏观调控；另一方面在公司经营决策中实现社会经济的协调有序发展，实现国民经济目标。现代企业制度是适应社会化大生产和社会化程度较高的社会主义产权体制运行的企业制度，有助于将公有制的国家所有制逐渐改变为社会所有，即实现公有化的社会化程度与范围。

---

[1] 仇书勇、陈勇：《公司制与公有制——兼论国有企业产权制度改革》，载《兰州学刊》，2006年第6期。

[2] 仇书勇、陈勇：《公司制与公有制——兼论国有企业产权制度改革》，载《兰州学刊》，2006年第6期。

第二章 国有企业产权制度改革的演进

第一节 社会主义公有制实现形式与国有企业产权制度变迁

一、国有企业界定的理论探讨和实践

国有企业是指全部或大部分的财产属于国家所有和控制的企业。在我国，国有企业即社会主义全民所有制企业。国有企业又可称"公有企业"或"全民所有制企业"，是一种资产所有权归属全民，由政府代理人民经营管理的企业，其最终目的在于创造全民的共同福祉。原来由国家直接经营，通称"国营企业"。经济体制改革中，为增强企业活力，实行所有权和经营权分离，国家不再直接经营企业，改成"国有企业"。中共十四届三中全会通过的《中共中央关于建立社会主义市场经济体制若干问题的决定》，明确建立现代企业制度是国有企业改革的方向。企业中国有资产的所有权属于国家，企业拥有包括国家在内的出资者投资形成的全部法人财产权，企业按照市场需求组织生产经营，成为依法自主经营、自负盈亏、自我发展、自我约束的法人实体和市场竞争主体。

国有企业是国有经济的主要实现形式之一。国有企业的形态与公有制的实现形式紧密相关。在计划经济时代，国有企业被称为国营企业和全民所有制企业，相当于"国有国营企业"。国营企业是指财产属于国家所有并由国家直接经营管理的企业，在社会主义国家中，是全民所有制经济的企业形式。1982年《中华人民共和国宪法》第16条就采用了这个提法。随着社会生产力的发展和

经济体制改革的推进，理论界、法律法规对公有制实现形式有了新的认识。产权制度的变迁使企业的财产所有权和经营权开始分离，出现了由企业或个人承包、租赁经济的国营企业，以及国有资本实行中外合资、合作和内资股份制经营的情形，国有企业形态变为"全民所有制企业"。1986年出台的《中华人民共和国民法通则》中首先采用了"全民所有制企业"的称谓。1988年正式制定的《全民所有制工业企业承包责任制暂行条例》《全民所有制小型工业企业租赁经营暂行条例》和《中华人民共和国全民所有制工业企业法》都采用"全民所有制企业"的称谓。随着社会主义市场经济体制改革的推进和深入，中国对公有制的实现形式也进一步深化。中共十四届三中全会提出了以生产资料公有制为主体、多种经济成分共同发展的基本经济制度。国有企业的经营形式股权结构也相继发生变化。计划经济体制下所坚持的国家全额出资也逐步转变为国家资本绝对控股和国家资本相对控股。投资主体多元化使"国有"和"国营"相分离。因此，"国营企业"的概念已经不适合企业产权趋于多元化的客观要求。1993年，第八届全国人大通过的《中华人民共和国宪法修正案》，将"国营企业"更名为"国有企业"，并正式采用"国有经济"提法。

　　随着股份制改革的进一步推进，国有企业的股权结构发生了变化。国有资本在企业股权结构中占多大的比例成为界定国有企业的争论焦点。法学界一般认为国家全额出资和国家控股的企业都属于国有企业，但对国有企业是否仅限于国家绝对控股和相对控股存在争议。国家绝对控股认为国企资产全部归国家所有，实质上是全民所有制企业；国有资本比例必须超过50%，实质上是国家绝对控股的国有企业形态；国有资本比例可以低于50%，则认为国家处于对企业的相对控股地位。

　　而国家与国有企业的关系是界定国有企业的基本方法：一是国有企业中存在的国家与企业之间的支配性资本联系，即资本所有或控股关系；二是国家对国有企业的控制性地位或支配性地位。在国有企业的界定中，最根本的在于国家对国有企业的控制性地位或支配性影响。即使国家与企业之间形成了支配性的资本关系，但若其立法和政策排除了国家对国有企业的控制性地位或支配性影响，则该企业便不能界定为国有企业。[①] 依据国家对国有企业的控制或支配性

---

① 顾功耘：《国有经济法论》，北京大学出版社2006年版，第266页。

影响是否与企业的支配性资本联系，世界各国对国有企业的界定可分为三种类型：一是强调国家与企业之间的资本联系并明确要求国家是"主要的所有者"或国有资本比例超过50%，如法国、韩国、巴西等国；二是强调国家与企业之间的资本联系但不要求国有资本比例必须超过50%，如英国、德国、美国等发达经济体；三是强调国家可依特别法直接取得对企业控制权，如欧洲共同体。[①]

我国国有企业界定应该强调国家对企业的资本控制，这样符合建立现代企业制度的产权变革要求。所以国有企业可以界定为国家根据资本联系原则，对其实施控制性影响的公司法人。而在法律层面上，我国认为国家所有权是全民所有制的法律表现形式，国家所有权由国务院即中央政府代表国家统一行使，地方政府部门作为国家的组成部分依法或经授权管理一定范围内的国有资产。[②] 2008年的《企业国有资产法》中就将国有企业界定为国家出资的企业，包括国有独资企业、国有独资公司以及国有控股股份公司和国有参股公司。这种界定符合国家控制企业资本的原则。

国有企业法律形态的分类对于国有企业的性质定位和国有企业改革具有重要意义。我国长期以所有制形式作为划分国有企业法律形态的标准。而在现代企业制度下，基于企业所有制形式不同而享受不平等待遇的企业法律形态已不适应企业产权制度发展的需要。国有企业在公司制改造过程中应以企业的出资方式与法律责任形式，即以组织形式作为主要的分类标准，并同时采用法律人格和所有制等其他标准。国有企业最基本的分类就是公法人企业和私法人企业。国有企业作为一种承担社会公共职能的特殊企业，改革方向应确立为公法人，即依据立法机关的特殊立法和运作，以便完成在国民经济中的公共职能。现代企业制度建立后的国有企业主要属于特殊法人。广义的国有企业是指国家或政府根据资本联系原则，对其实施控制或控制性影响的各种企业。包括全民所有制企业、国有有限责任公司、国有股份有限公司、国有合作企业和国有独资公司。按照企业的资本来源属性是否是国有资产，则可以将国有企业分为国有独资企业和国家控股企业。按照现行法律，国有独资企业指完全由国家投资设立的企业，包括一个国有投资主体单独投资设立的企业和由多个国有投资主体投资设立的企业。国家控股企业则为国家授权投资的机构、部门或者国有企事业

[①] 顾功耘：《国有经济法论》，北京大学出版社2006年版，第266—267页。
[②] 顾功耘：《国有经济法论》，北京大学出版社2006年版，第270页。

单位与集体、个人和外商合资经营的各种类型的国家绝对或相对控股的企业。[①] 国有企业按照中央政府和地方政府的授权投资关系又可分为中央政府所有的国有企业和地方政府所有的国有企业（地方政府还可以是州、省市）。

从世界各国国有企业发展的实践可以看出，资本联系下国家控股是国有企业能够常态运行的关键。控股不仅指国家对企业施加由上而下的直接支配性影响，还指国家通过国有资产经营管理机构对企业施加的间接支配性影响即间接控股。[②] 国有企业可以分为国有绝对控股企业和国有相对控股企业。国有绝对控股企业指在企业的全部资本中，国家资本所占比例大于50%的企业；国有相对控股企业指在企业的全部资本中，国家资本所占比例小于50%，但比其他经济成分比例高，而且由国家对企业实施控制。相对控股从质的规定上是要达到国家对企业的资本控制，从量的标准上则要视具体情况而定。

此外，中国的国有企业还可根据管理部门进行分类，即所谓的归口分类。根据归口的不同，国有企业可分为：由国务院国有资产监督管理委员会监督管理的中央企业、由地方国资委监管的地方国企、由财政部监管的企业以及中央汇金控股的金融企业。国资委管理的企业包括由国务院国有资产管理委员会监督管理的国有企业（央企）和地方国资委监督管理的国有企业（地方国企）。2009年8月，国务院国资委发布了《关于进一步加强地方国有资产监管工作的若干意见》，首次提出地方国资委可根据本级人民政府授权，逐步将地方金融企业国有资产、事业单位投资形成的经营性国有资产、非经营性转经营性国有资产一并纳入监管范围。财政部直接监管的企业有以下三类，即部属企业、财务关系在财政部单列的国有企业以及国有资本由财政部代表国家持有的金融控股公司。在四大国有银行股份制改革启动之前，财政部一直行使国有独资金融机构的出资人代表的职责。国有金融资产主要是财政部以及财政部通过中投公司全资持有的汇金公司持有。中央汇金投资有限责任公司是中国投资有限责任公司的全资子公司，是根据国务院授权，对国有重点金融企业进行股权投资，以出资额为限代表国家依法对国有重点金融企业行使出资人权利和履行出资人义

---

① 顾功耘：《国有经济法论》，北京大学出版社2006年版，第278页。
② 顾功耘：《国有经济法论》，北京大学出版社2006年版，第267页。

务,实现国有金融资产保值增值的国有企业。①

二、国有企业与国有经济及国有资本的关系

国有经济是指生产资料为国家所有的经济形式。在我国,社会主义国有经济属于全民所有制经济,控制着国民经济命脉,在经济发展中起主导作用。在高度集权的计划经济体制下,国家直接经营国有企业,国有企业表现为国营企业。在中共十一届三中全会后的经济体制改革过程中,除少数生产特殊产品的企业如军工企业仍由国家直接经营外,绝大多数国有企业都逐步转换经营机制,实行所有权和经营权分离,政企分开,依法自主经营,自负盈亏,以适应市场经济的要求。② 国有经济是国民经济重要的组成部分,是国民经济的基础,是公有制经济的主要组成部分。在我国,国有经济、集体经济和非公有制经济共同组成了社会主义市场经济体系。国有经济是政府宏观调控的重要手段。国有经济有广义和狭义之分。广义的国有经济包括归国家所有的一切资产,即生产关系的总和,包括人们在国家所有的经济成分之中的生产、分配、交换和消费等各个环节上关系的总和。国有经济作为资产归国家所有的经济成分,不仅包括纯国有企业、国有独资公司,还包括除以上两类企业之外的其他企业中的国有成分,主要是国有绝对控股、相对控股企业和一部分含有国有投资但非国家控股的企业,这些非国有企业中的国有资产均属于国有经济的范畴。③ 广义的国有经济主要是指国家拥有的全部行政事业性和经营性资产及其活动。狭义的国有经济主要是指经营性国有企业资产及其活动。

国有经济同所有制相关。所有制包括所有制的结构、所有制性质和所有制的形式。所有制结构是指各种所有制经济在社会经济中所处的地位、比重和它们之间的关系,以及各种所有制内部关系的综合。所有制结构包括两个方面的内容:一是所有制结构的性质问题,即在所有制结构中占主体地位的所有制经济的性质;二是所有制结构的构成问题,即在所有制结构中是单一所有制经济

---

① 参见中信建设证券发展部:《中国国有企业改革实录(2013—2016)——"国改君"国企改革系列》,http://RESERCH.CSC.COM.CN,2016年9月12日。
② 《辞海》(第六版),上海辞书出版社2010年版,第673页。
③ 陈鸿:《国有经济布局》,中国经济出版社2012年版,第21—22页。

还是多种所有制经济的问题。所有制的性质强调生产资料的归属性，即公有制和私有制的区分；所有制的形式是指生产资料的公私所有制问题。在我国，国有经济是公有制经济的组成部分。

国有资本是由国家或政府占有的那一部分国民财富[①]，是所有权归属国家的资本。国有资本是指由国家出资、占有，作为生产要素用于生产经营，并在经营中获得收益和增值以及相应权益的资产。国有资本分为经营性资本和非经营性资本，经营性资本具有盈利性，实现经济效益，非经营性资本以创造社会效益为职能所在。国有资本具有资本的一般属性，同时具有实现一定社会公共目标和政治目标的职能。国有资本具有资本的增值功能，所以其基本的特征就是保值增值和追求利润最大化。国有资本的社会公共目标和政治目标的职能就是服务政府和国家的经济需要，制造社会公共财富，进入公共产品领域和准公共产品领域，并提供公共服务。国有资本对于其他生产要素具有支配力和控制力。[②]

国有资产一般是指国家拥有的财产或资产，国家通过法律界定来明确国有资产的范围。国有资产存在多种形态，主要可以划分为实物形态、货币形态和股权形态。[③] 国有资产的三种形态在国有资产的流通过程中可以相互转化。国有资产可以分为经营性国有资产、行政事业性国有资产、资源性国有资产和金融性国有资产。

国有企业是个微观概念，是财产组织形式和经营形式，是国有经济的主要载体。国有经济的存在形式从现有的企业形态来看，是具体存在的国有企业；从价值形态看，其实质上是国有资本。[④] 国有经济布局和结构调整主要通过国有企业来实现的；国有经济比重的调整需要通过国有企业数量的增减来实现；国

[①] 顾功耘：《国有经济法论》，北京大学出版社2006年版，第4页。

[②] 顾功耘：《国有经济法论》，北京大学出版社2006年版，第5页。

[③] 国有资产的实物形态是指可以辨识的物质形态存在的国有资产。主要包括全部资源性国有资产，行政事业性国有资产拥有的实物形态，国有独资公司企业归国家的实物资产，以及国家投资建成的大量公共基础设施。国有资产是最原始的形态，是国有资产的核算和管理的基础。国有资产的货币形态是以货币、货币等价物及各类投资基金形态存在的国有资产，货币形态的国有资产的数量直接反映出国有资产的存量和损益，是衡量其他类别国有资产的价值标准，也是考核国有资产是否流失的重要依据。国有资产的股权形态是随着国有企业股份制改革而大量出现的一种资产形态，其主要包括国有独资公司的股权和其他国家出资企业中的国有股权。参见文宗瑜、袁媛：《经营性国有资产管理》，经济科学出版社2010年版，第8页。

[④] 顾功耘：《国有经济法论》，北京大学出版社2006年版，第10页。

有企业实现的国有资本增值是国有经济实现增长的源泉。

国家以出资人的身份对企业投资形成国有资本，国有经济的运行表现为国有资本的经营管理，或者说通过国有资本的经营管理实现国有经济增量的增加。国有经济的存在是国有资本动态和静态的统一。① 国有资本的存量、布局和营利能力在一定程度上反映了一个国家国有经济的整体实力和对整个国民经济的控制力，是政府对经济影响力的重要体现。国有资产不等于国有资本，但国有资产可以转化为国有资本。

三、经典作家关于公有制实现形式的阐释和实践

马克思的所有制是指在社会生产中由于人们对生产要素的不同作用而形成所有关系、占有关系、支配关系和使用关系等的总和。所有制有广义和狭义之分。广义的所有制是指经济主体对客体对象的占有关系。主要是对客观物质生产条件的占有关系，还包括对劳动产品和人的劳动能力的占有关系；狭义的所有制主要是指生产资料所有制，是经济主体对客观生产条件的占有关系。② 所有制关系作为经济范畴是与物质生产的一定发展阶段相适应的。马克思和恩格斯在其经典著作中研究的结果证明，所有制在社会的生产关系或经济关系中具有决定意义。生产资料公有制杜绝人们以占有生产资料为手段而获得消费资料的可能性。产权明晰的问题是马克思历史哲学中所强调的所有制问题。

所有制形式包括所有制的一般形式，又包括所有制的实现形式。所有制两种实现形式从属于两个不同层次的经济范畴。一般形式属于经济范畴之列，决定所有制的性质。实现形式是经济运行层次范畴，是一定的所有制一般形式在经济运行中的具体制度安排与运行机制及其运作方式。③ 任何所有制都必须通过一定的实现形式来体现，且具有多种实现形式。所有制实现形式是动态的，本身不具有制度属性。

所有制实现形式是由产权的权能分解的具体情况决定的。所有制与其实现

---

① 顾功耘：《国有经济法论》，北京大学出版社2006年版，第10页。
② 葛扬：《经济转型期公有产权制度的演化与解释》，人民出版社2009年版，第4页。
③ 葛扬：《经济转型期公有产权制度的演化与解释》，人民出版社2009年版，第49页。

形式之间存在辩证关系，即所有制产生所有制的实现形式，制约所有制的实现形式。① 而所有制的实现形式是方法和手段，但不是目的。对于社会实行哪种所有制的问题，马克思更多地使用"生产资料社会占有"来表述，并认为未来社会形态"同现存制度具有决定意义的差别当然在于，在实行全部资料公有制（先是单个国家实行）的基础上组织生产"。② 公有制是马克思对未来社会形态的设想，是各种具体所有制形态在性质上的划分和归纳，是人们依据其所有制财产权关系中体现的具体权能行使所有权而形成的。在公有制格局下，所有权主体是组织内联合体的劳动者，联合体的全体成员作为一个整体共享所有权，具有平等的法律地位和收益分配上的平等权利，所有权由联合体统一组织行使，这是一种宏观意义上的制度性规定③，即国家代表全体人民占有生产资料。在联合体内部，产权结构是变化的，可以根据所有权主体的功能和利益偏好进行产权配置，形成不同的产权制度。马克思和恩格斯关于社会主义所有制的构想可以归结为以下三点：一是生产资料的社会公有思想，全部生产资料归全体社会成员共同占有，实行社会主义所有制；二是国家代表社会占有全部生产资料，但没有明确全民所有制要采取国家所有制形式；三是全部生产资料由全体劳动者共同经营，在国家存在的前提下，由无产阶级专政的国家代表人民来经营。④ 马克思还提出了公有制形式的设想：单一的全社会公有制、直接的社会主义公有制、重新建立的个人所有制和向全社会公有的所有制过渡形式。单一的全社会公有制是消灭私有制的生产资料全民占有的社会主义公有制；直接的社会主义公有制是劳动者与生产资料直接结合的所有制形式；重新建立的个人所有制是一种联合占有、共同占有基础上的个人所有制，是对公有制的另一种表述；向全社会公有的所有制过渡形式是合作社，资本家国家所有制等资本社会化的生产组织形式，是一种向资本社会化转型的形式。⑤

马克思在构想社会主义国家框架时，将社会主义财产公有制度设计成一种全民公有制度，并非采取国家所有制形式。国家所有制是生产资料社会主义公

---

① 王雨本：《股份制度论》，中国社会出版社2009年版，第214页。
② 马克思、恩格斯：《马克思恩格斯选集》第4卷，人民出版社1995年版，第693页。
③ 王雨本：《股份制度论》，中国社会出版社2009年版，第197页。
④ 参见谢地、高鹤文：《中国国有经济角色的演进、反思与前瞻》，见徐传谌：《国有经济评论》，经济科学出版社2010年版，第1—25页。
⑤ 参见葛扬：《经济转型期公有产权制度的演化与解释》，人民出版社2009年版，第10—14页。

有制最先采取的形式，但不是社会主义真正建立后的公有制度采取的形式。马恩关于所有制的研究给我们的启示是：国家所有制形成后，要使社会主义公有制有效地运行，就必须解决实现形式问题。

列宁认为国家所有制不仅是国家占有生产资料，而是国家对经济运行实行直接管理，国家通过行政权力集中指导经济运行。列宁还肯定了国家资本主义的积极作用，认为国有化是走向社会公有制的开端。社会主义的所有制结构是单一的生产资料公有制，全民所有制是其实现形式。在社会主义制度下，国家所有制与社会主义公有制本质上是一致的。

斯大林以宪法形式将国家所有制界定为全民所有制形式，并把社会主义公有制分为全民所有制和集体所有制，把全民所有制等同于国家所有制，集体所有制则是全民所有制的过渡形式。斯大林明确指出：国家所有制是社会主义所有制的最高形式，在整个国民经济中起核心作用。社会主义公有制不可能实行单一的全民所有制或国家所有制，这是集体所有制存在的客观基础。斯大林认为，集体所有制是一种过渡形式，只有把它提升为全民所有制才符合社会主义公有制的内在要求。

中华人民共和国成立后，毛泽东关于社会主义公有制的实现形式基本上继承了斯大林的所有制思想，也就是苏联模式。在社会主义"三大改造"以前，中国存在多种所有制经济并存的格局。新民主主义经济由国营经济、民族资本主义经济和合作经济等构成。"三大改造"完成后，毛泽东认为社会主义必须实行单一的所有制，即全民所有制，以为它是国家所有制的唯一实现形式。在具体的公有制实现形式上采取两种形式，工业经济采取全民所有制，农业经济实行集体所有制。毛泽东同样认为集体所有制是一种过渡形式，不断提高集体所有制的公有化程度是实现社会公有制的必由路径。

公有制实现形式是指国有资本的财产组织形式和经营方式。公有制可以由国有制、集体制作为实现形式，同样可以以股份制作为实现形式。[①] 国有经济就是其中的一种产权配置方式。我国的国有经济和集体经济属于公有制的范畴，混合所有制经济中的国有成分和集体成分也属于公有制的范畴。

国有企业产权制度改革是同中国公有产权市场化改革同步进行的。经济转

[①] 王雨本：《股份制度论》，中国社会出版社2009年版，第215页。

型的本质是公有产权的市场化改革。渐进式的制度变革是一种演进式的阶段式的制度变迁方式，根据一个国家的实际情况，从体制外引入制度，再逐步对体制内的制度进行修补和变革，逐步调整产权结构，充分发挥各种产权安排的相对优势。

公有产权制度改革有两条主线，一是公有产权制度结构的改革，即体制外的非国有制经济成分的从无到有、从少到多的发展壮大；二是公有产权制度实现形式的改革，即体制内的全民所有制或国家所有制实现形式的改革。[①] 中国国有经济产权制度变革具有明显的阶段性和渐进性的特征，是从单一所有制制度通过制度创新到制度均衡的过程。国有经济的整体变革是通过存量变革的方式逐步推进的，表现为国家所有权由单一产权主体变为多元化的产权主体。国有企业产权制度变革是对原有国有经济产权制度的局部变革，国有企业的改革是按照先易后难、由浅入深的原则来进行的，改革是随着时间的推进而不断深入的。

国有企业产权制度改革的目标是建立现代企业制度，按照现代公司制度建立企业组织形式，按照现代公司运行模式经营管理，提高国有企业资产质量，使国有资产具有保值增值能力，通过国有企业产权改革加速经济结构调整。资本社会化要求整个社会资本的协调发展，这就需要国家以国有经济形式代表社会公众利益实现国民收入的平衡分配。因此，国有企业产权制度改革不仅限于股份制改革，还必须找到适合国有资产的管理形式，以满足国民收入均衡、平等分配的职能。我国国有企业还有一项特殊的职能，就是保证社会主义市场经济的社会主义性质。社会主义的国家性质决定了国有企业必须作为国民经济运行的基础，并通过其功能弥补市场机制的缺陷，实现社会国家的社会政策目标。国有经济还需要为中国的经济转型和非公有经济的发展承担部分成本，保证国民经济有序运转。

---

① 葛扬：《经济转型期公有产权制度的演化与解释》，人民出版社2009年版，第70页。

第二节　国有企业产权制度改革的最初探索

一、利益约束机制下的国营企业制度改革——放权让利

（一）利益约束机制下的国有企业改革

放权让利阶段（1978—1982年）和利改税阶段（1983—1986年）的国有企业是在利益约束机制下进行的企业改革。其改革的核心内容是放权让利。国家这种让利方式表明，国家已经从不承认企业的收益索取权向逐渐部分地承认企业存在独立的经济利益转变。放权让利改革阶段的核心内容是通过调整企业与国家的利益关系，赋予企业一定的自主经营权和收益权。主要措施是国家允许采取企业利润留成的方式赋予国营企业一定的收益剩余索取权，也就是国营企业在完成计划任务的基础上提留少量的增量利润额。这一措施使企业生产收益权益得到认可和尊重，获得一定的经营自主权，企业生产的动力和积极性明显增加。1982年开始国家财政收入出现赤字17.65亿元，1983年赤字则增长到42.57亿元。政府为了增加财政收入，减少赤字，开始在全国推行"利改税"，收回一部分企业利润留成自主权，以通过把利润作为税收上缴而实现消除赤字的目标。

利改税的目标是通过进一步地调整政府与企业间的利益关系，让企业获得更多的收益权，提高企业经济效益增加政府税收。国家将所有大中型国营企业从以往的上缴利润制度改变为按企业实现利润总额的55%向国家缴纳企业所得税，国营中小企业按照八级超额累进税率缴纳企业所得税。国家为了获得更为充裕的企业税收，后期采用调节税方式代替了税后留利。实行利改税是解决国家和企业之间利益分配关系的一种方式，它可以通过设置税种和税率增加国家财政收入，又从外部给企业一定的激励，促使企业强化管理职能，增加产出以获得更多的利润留成。在利改税期间，政府还实行"拨改贷"的新政策，旨在将原来无偿拨款投资的财政投资体制，改为有偿贷款的银行投资体制，以此来缓解政府的财政压力，减轻赤字负担。

放权让利主要解决的是经济活动主题经济地位重新塑造的问题，抓住了体质构造的微观基础。企业与国家利益关系的调整使企业作为追求经济利益主体产生了理性回归的动力，产生了正向的激励作用。这种关系的调整是对计划经济体制的创新，激活了社会经济生活中的各类经济主体，并使其寻找与之相对应的责权利关系。

（二）对国营企业放权让利改革的评价

在国营企业与政府的关系上，放权让利依旧没有打破企业对政府的依附关系，政府干预企业的生产经营行为依旧严重。表现为：政企不分，放权不到位不充分。因此，企业的经营决策自主权和收益索取权是被压制的。在国有企业的经济效益上表现为企业负盈不负亏，计划经济体制造成的价格结构不合理使企业留利程度差异较大，加上企业资产质量的程度不同，造成了企业间的苦乐不均。鉴于初步的放权让利效果不佳，国家开始实施利改税改革措施。

利改税使企业扩大了留利和扩大再生产的空间，企业资本得到充实，政府获得企业交税，收入增加。但政府与企业之间的利益关系难以实现规范，企业和国家的产权关系仍然没有形成。各个行业和企业间的差距使得调节税"鞭打快牛"的现象普遍存在，部分企业缴税负担加重。再加上计划经济调节市场功能的缺陷，价格传递机制的滞后性，使企业不能按照市场价格定价和生产，经济效益逐步下降。

1. 企业获得了部分收益权和经营自主权

利益约束下的国有企业（国营企业）改革对利益关系的调整主要体现在国有企业收入分配方面的变化。国有企业的收入分配主要涉及国家、企业和职工三个方面利益主体。国家在向企业逐步放权后，收入主要是企业缴纳的企业所得税，而不是企业所得税和企业利润之和。虽然企业获得了部分的经营自主权，但还未获得财产支配权。也就是存在这样一个问题，在未把产权概念引入改革之前，企业在实现利润留存后的生产性资金和其他资产的归属权仍是界定模糊的。

2. 政企不分依然严重

政府依然保持对企业的控制，企业依然是政府的附属品，企业的财产权及派生权能残缺。企业虽然获得利润留存的权力，但是用工权、人事管理权、投融资权、产品定价权等方面仍然由国家掌控。因此，政府和企业之间还带有计划经济体制下的隶属关系。

3. 激励机制存在缺陷，导致企业获利不均

利改税的企业税赋标准不同，存在歧视大企业的现象。国营大中型企业按照55%缴纳所得税标准缴税，而国营小型企业按照八级超额累进制缴纳所得税，后期实行承包制将此税赋标准一直保持了下去，导致国营大中型企业背负沉重的税赋负担。此外，企业还没有定价权，实现盈利的能力和盈利的水平也参差不齐。这必然使企业苦乐不均的现实情况出现。对于亏损企业和政策微利的大中型国营企业而言，实行利润留成不能实现利益约束这个目标。

4. 国家对国营企业"放权"的程度受到计划经济体制的制约

计划经济体制下，信息不对称情况较为严重，激励机制的作用也难以有效地发挥，致使企业和政府之间在放权和利益关系上存在相互博弈的现象。政府效用最大化和企业效用最大化的取向是不同的，政府需通过企业缴纳的企业所得税获得财政收入，而企业则希望政府更多地留存企业利润，以获得更多的资产。再加上，企业外部市场发育不完全，自主权残缺和税负条件的差异，使得政府下达的企业产值和利润等各项经济指标与企业实际生产能力不符，企业可通过上级经济指标与自身生产能力间的差距来得到闲暇或隐藏的利润等好处。[①] 国家对企业的监督管理不能实施计划经济体制下的完全监管制度，在承认企业局部利益存在的前提下，不能形成一个有效的均衡，只能在与企业自主权下方的"收放"博弈中摇摆。

二、契约约束机制下的国营企业改革——两权分离

（一）契约约束机制下的国营企业改革

虽然企业在经过放权让利阶段改革后，获得了一定的自主权，但企业与国家的产权关系仍然未有改变，企业的经营机制缺乏活力，存在着企业维护既得利益，国家财政收入相对减少的矛盾，在这样的政府与企业的利益博弈下，国营企业两权分离成为改革的方向，承包经营责任制（1987—1993年）的改革方式逐步成为改革的主要形式。承包制改革旨在强化激励，以消除利改税时期的

[①] 张晖明：《中国国有企业改革的逻辑》，山西经济出版社1998年版，第71页。

激励减弱的效果。

中共十二届三中全会通过并颁布了《中共中央关于经济体制改革的决定》，会议在企业改革方面强调增强企业的活力，尤其是增强全民所有制大中型企业的活力。强调企业的所有权和经营权可以适当分开，企业以相对独立的商品生产者和经营者的身份进入市场。所有权和经营权分离根据企业规模和产业性质的差异采取了不同的模式。国营大中型企业普遍采用承包经营责任制，小型国营企业采用租赁制。承包经营责任制是指用招聘的竞争方式，确定企业经营者和承包指标，并通过合同和公正的法律契约形式把国家和企业经营者间的权责利关系固定下来。[1] 租赁经营责任制是在评定实际资产的基础上，承租人与政府部门签订租赁经营合同，在承租期内，企业所有者作为出租方把企业交给承租方自主经营，而承租方必须按承租合同缴纳承租租金和实现一定的利润指标。[2] 各种承包形式采用的是"包死基数，确保上缴，超收多留，欠收自补"的原则。

(二) 对国营企业两权分离改革的评述

承包经营责任制实质上是以契约的法律形式来界定和稳定国家与企业之间的权责利关系，在国家和企业的利益分配关系上与上一阶段的改革具有继承关系，保持了企业改革的连续性。承包制适用面比较广，各类企业均可采用不同的承包形式，承包制也因此被迅速推广。承包经营责任制规定包死基数，超收多留，这就激励了企业经营者改善经营，努力创收。而且在实行承包后，国家对企业不再无偿提供资金补偿，企业的扩大再生产和技术改造所需要的资金必须转向自筹，这就迫使企业争取资金来源的多元化。

承包制条件下，国家与企业的权限的界定是模糊的。承包制的实践证明，承包制实际上只是一种"委托制"，国家作为所有者的身份与作为社会经济运行调节者的身份始终是混淆的，在承包制下始终参与企业经营权的实现过程。承包制中行政管制多，不能实现政企分离，以承包合同形式形成政企关系反而强化了政企合一的体制。承包制未能打破企业的行政隶属关系，使"统"和"管"以隐蔽的形式存在下来[3]，未能触动国有制这种国家垄断一元独占的所有制格局。

---

[1] 张晖明：《中国国有企业改革的逻辑》，山西经济出版社1998年版，第71页。
[2] 张晖明：《中国国有企业改革的逻辑》，山西经济出版社1998年版，第74页。
[3] 张晖明：《中国国有企业改革的逻辑》，山西经济出版社1998年版，第79页。

承包制条件下，国家与企业的利益关系界定不清晰不合理。国家作为所有者和作为经营者的企业在承包合同内容目标实现上具有较大的偏差，承包基数也就难以确定。国家关心的是从企业利润中缴纳的利税，而企业关心的是自身利益。因此，在国家与企业的利益关系中，国家作为企业财产的所有者对企业既要适当分权又要分享利润。而在企业在与国家的博弈中，企业会尽量压低承包基数，以期轻易地完成承包合同任务，将主要目标放在完成"目标利润"所对应的留利上。① 国家为了实现更多的财政收入，对企业采取了"鞭打快牛"的方法，产生了"棘轮效应"，造成承包企业在新的一轮承包期内很难完成利润指标。

承包制条件下，产权界定含糊，往往导致承包责任不清，承包企业生产经营效益下降，政府和承包方相互指责和推诿责任。政府指责企业未能按照合同要求完成生产任务，企业埋怨政府对企业经营事务干预过多，最终导致企业"包营不包亏"，出现盈亏责任不明晰的现象，进而造成资源普遍浪费、企业生产效率降低的后果。承包制利用契约约束没能找到企业约束和利益激励机制的接洽点。国企陷入了为承包指标同政府博弈的怪圈，即讨价还价。然而价格扭曲造成不公平的竞争，企业没法设定合理的价格，也无从评价企业经营业绩，因此，鞭打快牛的情况普遍存在，经营效益较差的企业反而负担变轻。

两权分离阶段实行的承包制虽然存在种种问题，但实践证明承包经营责任制为国有企业产权制度改革提供了变革条件。在承包过程中，国家作为财产所有者不承担财产增值保值的责任，因此对企业资产的运行情况和增值能力关注度较低。而企业作为承包者没有产权关系的约束，只注重承包基数完成情况和短期的经营行为，不注重资产的运营和保值。承包制和利改税存在相同的问题，就是企业实现的超过包死基数的部分收入（资产）所有权和处置权不明确，这部分资产归谁所有和使用，以及这部分资产使用方向等问题的模糊导致政资不分、企业财产所有权不明晰、所有者缺位。政资不分、所有者缺位还导致大量的国有资产流失。承包制实施的两权分离为政府寻求一种合理地调整企业和政府利益关系的制度安排提供了条件。国有企业产权在制度改革的前行必然要实现公有制产权的实现形式和配置方式的创新，必将产权关系和激励约束机制引

---

① 张晖明：《中国国有企业改革的逻辑》，山西经济出版社1998年版，第78页。

入其中。

第三节　产权约束下的国有企业产权制度变革

双轨制的结束，税利分流的推广，以及公司和新财务制度的实施为国企产权制度改革开辟了道路。尤其是价格并轨后，国企再也得不到来自体制内的差价补贴，国企同非公经济开始站在同一起跑线上竞争，这也进一步助推了国企产权制度的变革。1993年11月，党的十四届三中全会通过《中共中央关于建立社会主义市场经济体制若干问题的决定》，提出国有企业要适应市场经济体制和社会化大生产的要求，建立"产权清晰、权责明确、政企分开、管理科学"的现代企业制度。现代企业制度对国有企业具有激励和约束功能，把国有企业引入市场，参与市场竞争。1993年3月，第八届人大一次会议通过了九条《宪法》修正案，把有关条文中的"计划经济"改为"市场经济"，把"国营企业"改为"国有企业"。这一期间还相继出台了一批规范国有企业改革的文件，为国有企业产权制度改革提供了法律和制度保障。1993年12月颁布的《中华人民共和国公司法》，对国有独资公司在内的有限责任公司和股份有限公司的设立、组织形式、活动、破产，股东权利与义务、公司治理结构等做出了明确规定和法律解释。1994年7月国务院颁布的《国有企业财产监督管理条例》对国有企业所有权的产权责任问题做出了规定。1997年9月召开的党的十五大在前一阶段国有企业成果的基础上，对国有经济结构进行战略调整，对国有大中型企业实行规范的公司制改造，肯定股份制是现代企业资本组织形式。现代企业是国有企业的改革方向，股份制是公有制有效的实现形式。

现代企业制度有狭义和广义之分。狭义的现代企业制度泛指市场经济条件下的企业组织制度。而广义的现代企业制度涵盖现代企业组建、运行、管理等一系列行为和制度体系。国有企业改革所要建立的现代企业制度是一种制度体系和系统，涉及企业内部机制的形成（公司治理）和企业外部环境的构建（市场经济体制）。这种企业制度体系明确企业的性质、地位、作用和行为方式，规范企业与出资者、企业与债权人、企业与政府、企业与市场、企业与社会、企业与企业、企业与消费者以及企业与职工的利益关系等。① 建立现代企业制度的目的就是国有企业成为独立的民事主体参与市场竞争，成为市场中的竞争主体。现代企业企业制度的企业组织形式是多样的，公司制是现代企业制度的一种组织形式，但不是唯一的形式。

建立现代企业制度具有重要意义。首先，现代企业制度为社会主义市场经济体制建立起了微观经济基础；其次，能够形成全国统一开放的市场；最后，现代企业制度还能改变国有企业软预算约束机制，发挥国家对企业间接调控的职能，完善国家对整个国民经济运行宏观调控的职能。

国有企业建立现代企业制度是从制度上对国有企业产权改革的创新和突破。国有企业和政府之间的产权关系随着产权关系的调整而变得明晰，企业逐渐从政府的行政管理体系中剥离出来，形成政企分开、政资分开的产权关系，企业的治理结构和管理体系也随之形成。通过建立现代企业制度，国有企业内部产生了产权约束机制和激励机制，降低了企业的市场风险。另外，抓大放小和股份制改造，形成了企业竞争机制和进退机制，兼并和破产资不抵债的国有企业，整合了国有经济。

国有企业现代企业制度的形成从财产关系和产权制度上塑造了与社会主义市场经济相契合的微观经济基础。现代企业制度将形成国有企业独立的法人财产权，还会使企业的产权结构发生变化，形成公司治理模式。

一、国企法人财产权的确立

国有企业建立现代企业制度就必须做到产权清晰。产权是由财产所有权派生出来的概念，界定产权主体参与经济活动时所拥有的各项权利和义务，并以此来约束和规范经济主体的行为。产权的核心是财产权，并且是一组权利，即产权可以分解为其他权能，这些权能包括财产的所有权、经营权、使用权、收益权、处置权。产权既然是一束权利的集合，那么产生的"权利束"就要求产权主体理顺产权关系，通过产权关系来实现收益和规范权利主体的行为。界定产权关系的一个重要内容就是明确界定国家的终极所有权和企业法人所有权，

---

① 徐传谌、郑贵廷：《国有经济资源优化配置系统论》，经济科学出版社2006年版，第196页。

并最终确立企业法人所有权。确定产权归属的基本依据是企业的原始投资关系和债务的最终承担责任。产权制度作为一般财产组织制度有两个不同的类型：一是自然人产权制度，二是法人产权制度。自然人产权制度是指具有生命的个人或群体运用自有的初始的财产，直接从事生产和经营的一种产权制度。[1] 法人财产权，表现为产权主体由单一初始主体演变为"初始的出资者"和"法人"两个相对等的法律主体。[2] 法人财产权使得公司开始具有社会的性质，公司制以法人外壳巧妙而又有效地保证了财产运用和支配的独立性和社会性，避免和防范了任何其他主体对公司财产的支配和侵害。[3]

现代企业制度的基础是国有企业的法人地位得到确立。公司产权制度是以公司在法律地位上具有独立的法人地位为前提的，而法人地位确定的产权基础则是它拥有的法人财产。[4] 法人的产生标志着现代企业制度基础结构的建成。[5] 重要的是，法人的产生划清了财产所属的界限。法人企业既有法律地位，又有法人地位。法人企业被赋予法人地位，能够承担民事责任。企业取得法人地位必须具备3个方面的条件：一是企业以民事主体参与经济活动。企业成为享有民事权利、承担民事义务的法人，在法律上与国家处于一种平等的主体关系。[6] 企业不再是政府的附属物，政府除了作为国家的管理者外，其与企业的关系就是作为出资人的形态出现的。二是形成了法人财产权。法人财产的独立性也就是指出资者债权人只能对出资者财产提出要求，而对出资者成立的法人财产不能有要求权。法人拥有独立的财产，是对现代企业制度的最核心的表述。[7] 三是企业还必须拥有法人财产权。法人财产权是法律赋予某人（法人）拥有某物的排他性权利，是由物的存在及其使用所引发的人们之间的相互认可的行为关系。[8] 从法人财产权的具体来源与构成看，最初形态的法人财产权来源于出资者的出资投入，公司法人在经营活动中积累的财产也构成法人财产。对公司法人财产权的承认与确立使得公司对其全部财产可享有独立的支配权利，使法人摆

---

[1] 张晖明：《中国国有企业改革的逻辑》，山西经济出版社1998年版，第80页。
[2] 夏雅丽：《有限责任的法经济学的分析》，法律出版社2006年版，第80页。
[3] 夏雅丽：《有限责任的法经济学的分析》，法律出版社2006年版，第80页。
[4] 李玲娥：《现代企业制度理论与实践》，高等教育出版社2001年版，第48页。
[5] 李玲娥：《现代企业制度理论与实践》，高等教育出版社2001年版，第45页。
[6] 张晖明：《中国国有企业改革的逻辑》，山西经济出版社1998年版，第88页。
[7] 李玲娥：《现代企业制度理论与实践》，高等教育出版社2001年版，第46页。
[8] 李玲娥：《现代企业制度理论与实践》，高等教育出版社2001年版，第9页。

脱了对出资者意志的直接依附，成为具备独立人格的法律主体。国有企业是特殊的公司法人。国有企业作为公司法人，应具有独立的财产，独立地承担责任，以盈利作为经营目标。国家对企业的控制和国有企业调节经济的性质和功能，使国有企业成为一类特殊的公司法人，带有行政色彩。

二、现代企业制度下有限责任制度的形成

在自然人和合伙企业中，企业出资者对企业的债务承担无限责任。而公司制企业是两权分离性质的企业，有限责任制度符合公司制企业的特性。现代企业制度的有限责任体现在出资人以出资额度为限对企业经营承担有限责任和企业以法人财产为限对企业的经营、债务等承担有限责任。法人企业把企业的资产同出资者的其他财产在法律上严格区分开来，出资者仅以投入到企业的那部分资本对企业负有有限责任，企业则以其法人财产对出资者资产负有保值增值的责任。①

公司法人组织形态是现代企业的"制度外壳"，公司法人产权安排是现代企业的"制度内核"，而有限责任制度则是保证其实现的"制度规则"。② 现代企业的有限责任是股东、债权人和代理人之间博弈的结果。公司制企业是两权分离的企业。公司法人制度是将公司人格与股东人格分离，股东以放弃对其出资企业的控制权和支配权来获得有限责任。有限责任的法人制度还有效地降低了物质资本所有者的代理成本，改变了物质资本引入人力资本的成本收益结构。与法人财产权的确立过程相伴的产权运动过程是股东股权的形成过程。公司出资者对其投资于公司中的原始资本拥有原始产权，公司成立之后，其投入公司的资本由公司享有法人财产权，而作为其产权的交换，出资者获得了价值形态的股权，而丧失了实物形态的资本所有权及原始所有权。根据公司法的原理，投资者出资之后即丧失了对该出资的所有权，只享有股权（股东权），该出资者的所有权为公司拥有，并形成法人财产，公司以出资人对公司形成的资金为限对外承担责任，而股东则仅以出资额为限承担有限责任。③

---

① 李玲娥：《现代企业制度理论与实践》，高等教育出版社2001年版，第47页。
② 夏雅丽：《有限责任的法经济学的分析》，法律出版社2006年版，第79页。
③ 顾功耘：《国有经济法论》，北京大学出版社2006年版，第311页。

现代企业的有限责任制度具有分散企业风险的功能。有限责任在没有消除企业风险的前提下,把企业的风险在代理人、股东和债权人之间进行了重新分配。责任有限性将出资者的损失界定在一个限度内①,并把一部分风险从股东身上转移到了具有风险承担优势的债权人身上,是一种有效的契约改进。在有限责任制度下,股东和债权人之间的关系是一种委托代理关系,股东作为代理人,以其资本金为担保;而债权人作为委托人,以获得资产红利为目标将其资产交由代理人使用和运作,为保证债权的实现,债权人通过契约条款约束股东的行为。法人企业由于是有限责任企业,更能适应社会化大生产和商品经济发展的要求。

现代企业制度的实质是有限责任的公司制度。法人产权的独立性和法人形态的合法化为有限责任制度的实施创造了条件。国有企业未建立现代企业制度之前负担过重,其原因在于责任的非有限性。在政企不分的情形下,国家往往为国有企业买单,也就形成了软预算约束。国家在国有企业经营亏损时,通过财政资金的拨付和国有银行贷款的间接支持,来实现对企业的资金补偿。国有企业引进有限责任制度可以通过广泛地融合社会资本,实现产权多元化。

三、现代企业制度下国有企业产权结构的变化

(一) 国有企业股权结构多元化

马克思根据股份公司的财产关系,把股份公司看作是由资本主义生产方式转化为联合的生产方式的过渡点:一是从相互分离的生产者的私有财产转化为联合起来的生产者的财产,即直接的社会财产的过渡点;二是从同资本所有权结合在一起的再生产过程中的职能转化为联合起来的生产者的单纯职能,即转为社会职能的过渡点。② 出资人以实物形态的资本所有权及原始所有权获取了价值形态的股权,即股份的产权,也就是马克思所说的虚拟资本。附着在虚拟资本上的权能是股票的占有权和处分权,凭借持有的股份对公司运营大政方针享有相应表决权、监督权、按期索取剩余权。现代企业制度下形成了企业产权主体的多元化。产权主体多元化是指企业财产所有者将其财产分解组合之后形成

---

① 李玲娥:《现代企业制度理论与实践》,高等教育出版社2001年版,第47页。
② 夏雅丽:《有限责任的法经济学的分析》,法律出版社2006年版,第80页。

的企业产权集合。产权主体多元化可以通过健全的内部组织结构和完善的市场机制监督代理人的行为，促使企业目标符合投资多元主体的利益。我国国有企业产权制度改革包括两方面的内容：一是变革单一的国有产权结构为多元的产权结构；二是对国有产权本身的改革，即对国有产权实现形式的改革。① 中共十四届三中全会《中共中央关于建立社会主义市场经济体制若干问题的决议》提出了国有企业建立现代企业制度的目标，并分别对不同类型的国有企业提出了实现国有产权多元化的具体形式。其中，国有大中型企业，单一投资主体可依法改组为独资公司，多个投资主体的可依法改组为有限责任公司或者股份有限公司。一般小型国有企业，根据具体情况可以实行承包经营、租赁经营，还可以改组为股份合作制，也可以向集体或个人出售。

在具体操作中，股份制改造成为国有企业实现产权多元化的主要途径。股份制被马克思称为私人资本获得了社会资本的形式。股份制使国有企业财产关系发生了质的变化，就是确立了国有企业法人财产制度。股份制还使企业的投资主体，包括国家在内的投资主体，获得平等的市场经济地位参与各种经济活动。

股份制和用股权分化造成的利益多元化，硬化了企业的财产约束关系。在传统计划体制下，企业具有软预算特点，国家对企业经营负有无限责任。在"两权分离"的改革过程中，之所以出现企业只能负盈，不能负亏的问题，原因在于企业和国家之间没有确定产权关系。股份制企业的原始投资关系和债务的最终承担责任明确界定了国家终极所有权和企业法人的法人所有权，硬化了企业的财产约束关系。国有企业的股份化还加速了国家宏观经济调控职能的转变。国家宏观经济的调控实现了从直接管理向间接管理的转变。② 宏观经济的直接管理多对生产要素的实物形态进行管理，间接管理多对价值形态进行管理。国有企业股份化作为生产要素的价值形态化，也是和整个国民经济管理的转变方式相契合的。③

股份制的引入促使国有企业所有者所拥有的产权与经营者所拥有的产权开始分化，所有者对企业的财产权趋向于获取资本的收益权和承担相应的风险责

---

① 张晖明：《中国国有企业改革的逻辑》，山西经济出版社1998年版，第89页。
② 张晖明：《中国国有企业改革的逻辑》，山西经济出版社1998年版，第91页。
③ 张晖明：《中国国有企业改革的逻辑》，山西经济出版社1998年版，第91页。

任。股份制还可以引导非国有资本进入国有企业，从而使产权配置发生变化，形成产权多元化的产权结构。股份制公司在向社会募集资本的同时，也创造了资本在社会范围内价值形态的流动。国家对国有企业价值形态的控制可以实现产业结构调整，使国有资本进入或退出某些行业，还可以引导非国有资本进入某些领域和行业。

产权多元化是现代企业制度的必由之路。国有企业的产权多元化至少包含两个层次：一是将国有独资企业改变成国有控股、国有参股企业，引入非国有资本，包括非国有法人股东和个人股东，以此达到产权结构的演化和多元化；二是在国有独资企业中，逐渐变单一的国有股东和国有资本为多元化的国有法人股东，使国有股的投资者结构多元化，资本结构多元化。以公有制为主体、多种所有制经济共同发展的基本经济制度的确立，为国有企业产权结构多元化的构建提供了制度保障。基本经济制度的确立一方面为国有企业建立现代企业制度，明确国有企业的法人地位，成为市场经济的主体奠定了制度基础。另一方面，重新界定了非公有制经济在国民经济中的地位，由补充身份提升为重要组成部分，与公有制经济具有同等地位。非公有制经济身份的提升为非国有资本参与国有企业产权制度改革，调整国有企业的产权结构，提供了产权约束条件。

《公司法》为现代企业制度的实施和修正提供了法律支持，为国有企业产权结构多元化的形成提供了法律依据。《公司法》对企业设立的条件、组织机构、股份的发行和转让、公司的资本构成等法定条件做了具体的规定，为国有企业改组为有限责任公司和股份有限公司的公司形式提供法律规范。

现代企业制度背景下，非国家所有者逐渐成为国有企业的一个重要产权主体，并且，作为产权客体的单个国企已经与国家所有者财产之间具有了独立的关系。[①]

在国有企业股份制改革和国有资本进入资本市场改革的初期，国家在公司法等相关法律上对企业（包括国有企业）的股权结构和国有资本进入资本市场的方式做了明确的规定。1992 年 5 月 25 日，国家体改委、国家计委、财政部、中国人民银行、国务院生产办发布《股份制企业试点办法》，其中第四部分"股

---

① 钟玉文：《转型中国有企业产权演化的逻辑》，经济科学出版社 2010 年版，第 142 页。

份制企业的股权设置"的条款中规定:"根据投资主体不同,股权设置有四种形式:国家股、法人股、个人股、外资股……根据资产性质,国有资产投资形成的股份和集体所有投资形成的股份可统称国有法人股,其余的为非国有法人股资产股。"通过对股份制企业中的股权结构构成的所有制成分的硬性划分,规定国有股在股份制企业中的控股地位,以此确保公有制的主体地位。在后期的国有企业股份制改造和上市过程中,按照投资者的身份确定所有制性质、设置、划分和配置股权,并对所属不同投资主体的股权规定不同的发行和流通方式,各种投资主体的财产在各自的范围内交易、流通,使国有资本按照股份经济的运作要求进入资本市场。国家为了保持公有制的地位,在国有企业改制成为上市公司时,附加了一项限制条件,即将国有上市公司股权结构划分为非流通股和公众流通股两个部分。非流通股主要是国有股和法人股。而国有股和法人股多为国有企业法人持有,不能在证券市场流通和交易。[1] 但国有股和法人股不流通具有意识形态属性,在当时的资本市场条件和产权制度改革现状下具有一定的积极意义。国有股和法人股的比重过大和流通问题为日后的国有企业产权结构调整埋下了隐患。

(二) 现代企业制度下国有企业公司治理结构初步形成

1. 公司治理的源起与演变

关于现代公司制企业中所有权与控制权分离的这一经济现象最早可以追溯到亚当·斯密的经典著作《国民财富的性质和原因的研究》。斯密在著作中指出,在企业所有权与控制权相分离的条件下,企业的经营管理者不可能完全地维护企业所有者和出资者的利益。"股东对于公司业务多无所知,如果他们没有派别,他们大抵心满意足地接受董事会每年或每半年分配给他们红利,不找公司的麻烦……在钱财的处理上,股份公司的董事为他人尽力,而私人合伙的伙员,则纯为自己打算。所以,要想股份公司董事们监视钱财用途,像私人合伙的伙员那样用意周到,那是很难做到的……这样,疏忽和浪费,常为股份制公司业务经营上多少难免的弊端。"[2]

---

[1] 国家股和法人股不能上市流通源于我国股权分置的掣肘。公司首次发行股票时,原来的发起人的股份"暂不流通",成为非流通股,而通过申购获得的社会公众股、上市流通的内部职工股,特定投资者通过配售所获得的股份可以上市流通,成为流通股。

[2] [英] 亚当·斯密:《国民财富的性质和原因的研究》下卷,郭大力、王亚南译,商务印书馆1974年版,第303页。

伯利和米恩斯的《现代公司与私有产权》开启了现代公司所有权与控制权分离的实证研究,两位学者在该著作中研究了20世纪初美国的前200家大型公司的资本结构,研究发现前200家大型公司资产占全国公司资产的一半以上,但分散的所有权一方面使公司的股东逐渐不能掌控公司的控制权而变成了出资人,另一方面使得部分集中了公司大部分资产和股份的经理人获得了公司的控制权,这部分拥有资产控制权的经理人有可能偏离企业目标,损害股东利益而追求其个人利益最大化。现代公司的发展,使它们从"受所有者控制"转变为"受经营者控制"。伯利和米恩斯认为,"所有权和控制权的分离毁坏了过去3个世纪以来经济秩序赖以生存的基础",股东拥有企业的最终控制权是理想的企业控制权模式。伯利和米恩斯的"所有权和控制权的分离"分析框架,即伯利和米恩斯命题,奠定了现代公司治理研究的基础。该命题的所有权与控制权的分离引起了企业经理人与股东之间的代理问题,以及在大型企业内部控股股东与中小股东和投资人之间的代理冲突问题。

公司治理问题的出现源于公司所有权与控制权的分离而产生的所有者与控制者价值取向冲突,即由两权分离引致的"代理问题"和"代理成本"问题。① 代理理论认为,公司代理人问题可利用公司章程来解决。在公司所有权和控制权分离的情况下,决策的拟定和执行是经营者的分内工作,决策评估和控制则是所有者的专属。这种互相分离的内部机制设计可以解决代理问题。詹森和麦克林在1976年专门研究了代理问题。他们将委托代理关系界定为"一个人或较多个人(委托人)根据双方签订的合同或契约委托或聘请代理人履行委托人的受托义务"。但代理人和委托人均是"经济人",追求其自身利益最大化,在这种前提下,代理人的行为就不会总是以委托人的最大利益为转移。詹森和麦克林认为,为了确保代理人的行为不损害委托人的利益,将发生一定的代理费用。这种代理费用包括监督成本、代理人签订契约的成本和剩余损失。剩余损失是

---

① 代理成本通常由四部分构成:一是代理人的收入或报酬;二是因监督代理人行为产生的监督费用;三是因代理人的"决策失误"和"道德风险"给委托人造成的财产损失;四是合约履行成本,保证委托人与代理人之间的合约得到有效履行和有效遏制违反合约行为的成本。代理成本的产生可以分为根本原因和直接原因。根本原因是企业所有权和经营权的分离必然产生代理问题和代理成本。直接原因是市场环境中存在信息不对称的(斯蒂格勒茨)问题,为获取较为准确的信息需付出较高交易费用。而代理成本的高低也取决于两个方面的因素:一是企业所有权与经营权的分离程度;二是企业科层制的结构,即代理层级的广度和层次。参见胡汝银:《中国公司治理:当代视角》,上海人民出版社2010年版,第8页。

指代理人的决策与实现委托人福利最大化之间的决策之间存在的偏差，这种偏差的存在将使委托人遭受一定的货币损失。①

公司治理具有多种定义和多重含义。费方域对公司治理的含义分别从公司治理的基本问题、具体形式、制度功能、理论基础和存在潜在的冲突五方面进行了归纳。公司治理具体形式认为，接管市场是治理较为有效的手段，而梅耶、钱颖一、吴敬琏则认为公司治理制度功能是公司治理的一种制度安排用以制衡公司内部的权利关系。公司治理理论基础包含管理学理论、委托代理理论、产权理论。管理学理论认为公司治理是信托责任关系，委托代理理论把公司治理看作是委托代理关系，产权理论把公司治理看作是产权或控制关系。公司治理的基本问题主要涉及公司决策的受益指向问题和是否应当在公司决策的结果中受益。公司治理潜在冲突关注的是治理与管理的甄别和所有与控制的问题。治理与管理的区别在于治理关心公司的去向，管理关心如何使公司到达目标。所有与控制是治理产生的根源。公司治理本身包含多重含义，是一个知识体系，并可以用一系列互为补充的判断来加以说明。② 公司治理是实现某种价值目标的公司治理技术，这种治理技术围绕着价值目标进行择取、排除等工作。公司治理技术是指公司的制度安排，从狭义角度讲，主要涉及公司各机构之间的机构设置、权限分配、制约平衡以及综合运用。从广义角度讲，包括公司内部制度安排和监控机制。公司治理涉及"为谁治理"和"如何治理"两个方面的内容。"为谁治理"大体可分为"股东利益至上""利益相关者至上""国家利益至上"。而如何治理则因公司治理目的的不同和国家历史传统、文化的差异而形成不同的治理模式。③

2. 国有企业公司治理形成机理

国有企业公司治理的发端与推进是与国有企业产权制度改革紧密联系在一起的。国有企业产权制度改革必然要求国有企业形成公司治理结构。国有企业

---

① [美]米歇尔·詹森、威廉姆·麦克林：《企业理论：管理者行为代、理行为与产权结构》，见盛洪主编：《现代制度经济学》上册，北京大学出版社2003年版，第175页。
② 费方域：《企业的产权分析》，上海人民出版社1998年版，第162—167页。
③ 影响和决定一个国家和地区公司治理模式的社会资源禀赋包括：历史传统，文化与社会价值取向，意识形态，政治治理或国家治理机制，法律资源，制度移植偏好，金融监管，金融市场结构与市场机制完善程度，集团的寻租行为，对公司治理制度建设过程中被认为需要优先解决的问题及问题解决方案所达成的决策共识。参见胡汝银：《中国公司治理：当代视角》，上海人民出版社2010年版，第8页。

公司治理的形成是政企关系博弈的结果，以及在市场经济条件下公有制实现形式形成的产权约束机制。在现代企业制度没有建立以前，中国的国有企业都是国家指令性计划的执行者和单纯的生产者。不涉及公司制度改革的公司治理仅限于政府与企业关系的调整，国有企业的治理仍然是在政府行政治理的框架内实施的，企业内部的治理机制和外部治理的约束机制难以形成。因此，无论是放权让利、实行利改税，还是建立经济责任，推行承包经营责任制的国有企业改革均未开启国有企业的内部治理结构。① 在国有企业中，实行厂长（经理）负责制，由厂长（经理）作为企业的主要负责人和法人代表，并对企业的全部经济活动负责。全民所有制工业企业的生产经营管理工作由厂长（经理）统一领导和全面负责的企业内部领导制度，是一种首长负责制，它既有计划经济体制下苏联大一统管理模式的特点，更保留着战争年代首长负责、党委领导的特征，这种家长式的管理体制为后来上市公司的内部人控制问题埋下了伏笔。②

政府和企业是社会经济运行中两个最基本的主体，具有不同的利益取向。企业作为独立的法人，在经济活动中需要实现其经济利益最大化，具有"经济人"理性。政府代表政党利益，代表全民、全社会管理和分配社会资源，政府的利益取向是多元化的，不仅需要完成经济目标，还要满足国家的政治、社会目标。公司治理机制就是逐渐理顺政企之间的刚性关系，③ 按照现代市场规则规范政府与企业的行为。

现代企业制度下形成的公司治理结构就是建立内部治理机制和外部竞争机制以及解决政府和企业之间关系的委托代理机制，在所有权与经营权分离条件下的权利配置，明确不同权利主体之间权、责、利关系的一种制度安排。公司治理的基本制度就是委托代理制，而委托代理制的深层次问题就是在所有权与经营权分离条件下权利配置问题，也就是产权问题。④ 企业委托代理机制作为一

---

① 承包制是在不改变原有企业产权制度的前提下，对企业治理制度的变革，试图通过契约的方式来解决政企合一和企业内部经营机制问题；厂长负责制是针对原先的党委领导下的厂长负责制而推行的一种治理结构，厂长具有一定的经营自主权；租赁制在不改变原有产权制度的前提下，实行所有权与经营权的分离，是一种对国有财产新的治理形式。参见葛扬：《经济转型期公有产权制度的演化与解释》，人民出版社2009年版，第210页。

② 胡汝银：《中国公司治理：当代视角》，上海人民出版社2010年版，第31页。

③ 政府与企业之间的关系刚性，是指在国有产权范围内政府与企业之间存在着非市场化关系，而且并没有随着产权制度的改革而发生根本性变化。见葛扬：《经济转型期公有产权制度的演化与解释》，人民出版社2009年版，第212页。

④ 葛扬：《经济转型期公有产权制度的演化与解释》，人民出版社2009年版，第202页。

种激励约束机制是公司治理结构中的重要问题。委托代理问题是社会生产力和分工发展的必然结果，并在委托人（资产最终所有者）和代理人之间产生非所有权的置换①。两权分离直接催生了公司经营管理的分工与专业化。而社会分工的纵向深化形成了经理人队伍（企业家）。企业科层组织的不同行为主体具有不同的信息资源，进而产生信息不对称问题。公司治理一方面通过企业内部安排剩余索取权规范经理人行为，另一方面依靠外部市场机制和约束机制理顺政企关系。

钱颖一认为国有企业治理结构在现代企业制度下形成的公司治理是三步走的过程：公司化、公司控制权的重新安排和私有化②。中国国有企业治理结构的构建是通过公司化和公司控制权的重新安排两个过程完成的。公司法必须界定法人的财产权，明确企业的法人资格，承认企业的市场主体地位。公司控制权的重新安排目的在于调整出资人权利，调整国家和企业的委托代理机制，给予代理人更多的自主权和剩余索取权，形成国有企业的治理结构。

---

① 非所有权转换是指资产的最终所有权保持不变，只有所有权以外的其他权利中的一项或几项在主体之间发生变化。见葛杨：《经济转型期公有产权制度的演化与解释》，人民出版社2009年版，第223页。

② 钱颖一：《现代经济学与中国经济改革》，中国人民大学出版社2004年版，第109页。

第三章　国企产权结构多元化与现代企业制度的确立

第一节　国有企业产权结构多元化的逻辑和实现路径

公有产权制度改革沿着两条路线演进：一是公有产权制度结构的变革，从体制外引入非公有制经济因素来实现公有产权的变革；二是公有产权制度实现形式的改革，也就是国家所有制实现形式的探索。国有企业产权制度改革是沿着公有产权制度改革路径进行的：一是国有企业产权结构的改革，从体制外引入非国有经济来实现国有企业产权结构的多元化；二是通过现代企业制度的公司化（股份制）改革来建立国有企业的组织形式。国有企业产权结构多元化至少包括两个主旨内容：一是要将完全国有控股的国有企业改变成国有控股、国有参股的企业，通过引入非国有经济成分或股份来实现；二是在完全国有控股的国有企业中，改变单一的国有股权结构和投资结构，形成多元化的股权结构和投资结构，并通过多元化的股权结构和投资结构形成国有企业的公司治理结构。

一、国企股份制改革与产权结构多元化的推进

国有企业股份制改造是以建立现代企业制度为目标，以规范和完善企业法人制度为主体，以有限责任为核心，对现有企业进行全面改革，建立起适应社会化大生产要求或生产关系适应生产力发展要求的一整套科学的企业组织制度

和管理制。学界也将国企股份制改造称为国企改制。本书认为，国企改制不仅包括国有企业的股份制改造，还包括将国企全部卖掉，将国有产权完全转化为私人产权。我国的企业股份制改造基本上是把国有企业从计划经济体制下的政府部门附属机构，改造为独立自主的市场竞争和经营主体；从行政调拨、配置社会资源的工具改制为通过市场竞争机制优化资源配置的主体；从"小而全""小社会""大而全"的封闭性组织改制为高度专业化、开放的法人主体，从不承担任何经济责任的单位式企业改造为权利与责任共存、权利与义务均衡的法人。国有企业股份制改造实质上是国有企业依照现代企业制度由单一控股变更为混合控股，实现多元化投资的过程，企业作为法人主体依然继续存在。《公司法》也对企业公司化改造（股份制改造）及企业的组织形式做出了规定。国企公司化改造是由企业之外的其他法人、自然人和其他经济组织对国企投资入股，将原资产结构单一的企业改制成由多个投资主体组成的股份有限公司或者有限责任公司的法律行为，并详细规定了有限责任公司和股份有限公司的成立、股权权利义务、公司治理结构、股权结构等内容，为国有企业公司化改造提供了法律基础。

国有企业股份制改造是建立现代企业制度的过程，也是实现国有企业产权多元化的形式。国企股份制改造包括四项主要内容：一是改变企业形态，即改变规范企业资本组织关系、治理结构的企业法律形式；二是改变企业股权结构，即引进新股东或改变企业股权比例；三是企业内部制度的变革，包括职工身份的转换、薪酬制度等；四是政府与企业关系的转变。

我国国有企业股份制改造的时间大致是从1995年前后开始至2006年前后陆续完成。中国的企业股份制改造是伴随着市场化的过程不断进行的，因此具有较好的市场基础。主要的特点是在市场经济的基础上，大体按照市场竞争的要求，来确定改制模式，建立新的产权契约。①

国有企业股份制改造是通过转让存量国有产权和吸收增量资产来实现的，因此分为内部形式和外部形式两种。转让存量国有产权是指出售国有企业部分国有股份或者整体出售本企业。吸收增量投资是指既不出售部分国有股份也不出售整个国有企业，而是通过增资扩股的方式引进新股份形成新股东。② 这里把

---

① 刘小玄：《国有企业改制模式选择的理论基础》，载《管理世界》，2005年第1期。
② 张文魁：《中国国有企业产权改革与公司治理转型》，中国发展出版社2007年版，第49页。

购买国有企业股份或者通过增资扩股进入国有企业的新股东界定为国企改制的参与者。内部形式是指在改制时主要入股者是内部人，包括管理层和企业普通职工。外部形式的改造是指主要入股者是外部投资者，包括私营企业、外资机构等。[①] 我国国企股份制改造基本上是围绕内部人和政府之间的博弈展开的，就内部人如何分享、内部人控制和最终裁决者、最终救助者之间的关系调整而进行。企业的改造形式以主要的入股者，即第一大股东来区分。

（一）国企股份制改造参与主体

1. 境内私营企业是参与国有企业股份制改造重要的资本力量

我国宽松的政策环境和广泛的机构改革促进了私营经济的发展。1999 年，宪法第一次明确地承认私人财产不仅仅是社会主义经济的补充，还规定对其禁止加以剥夺。2001 年中国加入世界贸易组织时做出承诺，减少许多行业准入壁垒，这使得外国企业和国内企业能够公平竞争。2004 年的宪法修正案当中增加了关于国家鼓励、支持和引导非公有制经济的发展的条款。国务院于 2005 年 2 月又发布指导意见，鼓励各部门和地方政府改善私营企业的环境监管，如为进入原来严格限制的领域创造条件，拓宽其在资本市场融资的渠道并在法律上给予公平地位。国家的基本经济制度也将私营经济纳入社会主义市场经济的重要组成部分，这是对私营经济地位认识的根本性变化。在国有企业股份制改造的过程中，有相当一部分私营企业参与了国企改造，并成为股东。

国家对基本经济制度的认识不断深入和完善，以及对私营经济在社会主义市场经济中地位认识的深化，为私营经济的发展提供了制度条件。因此，私营企业经过 20 多年的发展已经成为社会主义市场经济的重要组成部分。私营经济部门在 20 世纪 90 年代以前主要集中在农业生产部门。对私有经济政策的调整使得私营经济结构逐渐多元化，并开始进入其他行业领域。私营经济进入工业企业和服务业领域。私有经济在 GDP 中的增加值在 1998—2003 年期间稳步上升。其中，非农业部门中的私营经济的份额从 1998 年的 43% 增长到 2003 年的 57%。商业企业中私营经济的份额从 1998 年的 54% 增长到 2003 年的 63%。[②] 从国民经济整体的组成成分来看，私营经济增加值占国内生产总值比重从 1998 年

---

① 张文魁：《中国国有企业产权改革与公司治理转型》，中国发展出版社 2007 年版，第 49 页。
② 经济合作与发展组织：《中国经济调研》，中国人民大学出版社 2006 年版，第 69 页。

的 50% 逐步提高到 2003 年的 59%。① 2003 非农部门中有 300 万个国内私营企业和 2400 万个个体户登记在册。私营经济凭借其自身优势和政策导向，逐渐形成规模经济效应。

私营企业参与国企股份制改造的目的在于引入私营企业的经营机制，以便调整政府与企业的关系、企业内部的关系，促进企业真正地成为市场竞争的主体。私营企业作为国企股份制改造的参与者还可以利用其较为灵活的经营方式和较好的经济绩效来稀释国有企业的历史债务，分流国有企业的冗员，优化国有企业管理层结构。国家从整个经济利益的高度出发，私营企业参与国企股份制改造还可以提升国内企业的竞争力，保护民族产业。

2. 外资企业参与国有企业股份制改造②

外资企业也称为境外企业或外商。中国加入世界贸易组织之后市场化的进程加快，对于外国投资的市场准入政策也开始调整，出现了新法规和新变化。2004 年商务部出台了放宽分销服务领域准入的新规定，并于 2005 年初步公布了新的鼓励、限制和禁止产业的指导目录，其中增加了服务业中放开的投资产业数量。外资企业参与国企股份制改造基本都采用并购的形式。2003 年以来，外资企业并购中国国有企业的情况日益增多，地方政府非常愿意将国有企业出售给外资企业，并将此作为招商引资的一项重要内容。③ 参与国企股份制改造和并购的外资企业通常都是实力雄厚的跨国公司，涉足的行业主要集中于我国的制造业和服务业。

企业的产权并购源自西方发达经济体。产权并购就是产权的收购或兼并，

---

① 经济合作与发展组织：《中国经济调研》，中国人民大学出版社 2006 年版，第 69 页。
② 外资参与国有企业改制的形式：1. 国有企业的国有产权持有人将全部或部分产权转移给外国公司、企业和其他经济组织或个人（统称为外国投资者），企业改组为外商投资企业；2. 公司制企业的国有股权持有人将全部或部分国有股权转让给外国投资者，企业改组为外商投资企业；3. 国有企业境内的债权人将持有的债权转给外国投资者，企业改组为外商投资企业；4. 国有企业或含有国有股权的公司制企业将企业的全部或主要资产出售给外国投资者，外国投资者以购买的资产独资或与出售资产的企业等共同设立外商投资企业；5. 国有企业或含国有股权的公司制企业通过增资扩股吸收外国投资者投资，将该企业改组为外商投资企业。参见高圣平：《新公司法与国有企业改制》，中国工商出版社 2006 年版，第 309 页。
③ 张文魁：《中国国有企业产权改革与公司治理转型》，中国发展出版社 2007 年版，第 62 页。

它是资本运作的最高形式。① 西方产权并购理论主要有效率理论、代理理论、内部化理论、价值低估理论、市场势力论、财富重分配理论。效率论认为产权并购活动能提高企业经济绩效，增加社会福利，因此认为产权并购活动是加速企业成长的有效方式。该理论认为并购活动意在谋求降低平均成本来提高利润。代理理论认为产权并购可以减少在代理过程中由于道德风险、逆向选择、不确定性等因素产生的代理成本，以及对代理人监督的成本。内部化理论认为有限理性、机会主义、不确定性和市场机制的失灵等因素使得市场的交易成本增加，而企业代替市场可以减少交易成本，产权并购可以减少企业的交易成本费用。价值低估理论则认为被并购的目标公司的市场价值是诱发并购活动的动因。市场势力论认为，企业产权并购可以减少被并购企业对市场的控制力，提升本企业的市场份额和控制力，并增加和创造长期获利的机会和市场空间。财富重分配理论认为企业产权并购可以导致企业利润的重新分配。并购公司和目标公司的并购活动可以改变企业的市场估值（上市公司），使目标公司的市场价值发生变化，这样公司的股东可以利用目标公司市场价值的变动获取收益，目标公司的市场价值变动带来的收益可以在不同股东之间进行流动。

政府对于外资参与国企股份制改造具有倾向性。尤其是地方政府可以把外资参与国企股份制改造作为招商引资项目纳入地方政府经济项目，同时也可以作为提升地方政府政绩的手段。外资的资质、信誉、资金实力和参与改制意愿是其能够参考的前提条件。而作为外资本身而言，面对国有企业遗留的待处理的历史包袱是决定其参与改制的关键因素，如国企的债务、不良资产、国企办社会待处理的资产、人员等问题。外资参与国企股份制改造还要耗费大量的交易成本和谈判费用，以及被并购管理结构的重新整合都是影响其参改及改制成功的因素。外资参与国企股份制改造重组可以推动产业结构升级和技术改造、弥补资产重组的资金不足的缺口、推动国企的制度创新、改变国有上市公司的股权结构。外资参与国企股份制改造也会存在国有资产流失、安置国有企业职工等问题。

---

① 在西方的研究文献中，威斯通将资产重组界定为清偿一些领域的项目，并将资产投向其他的现有领域或新的领域。在中国证券市场上，"资产重组"是一个与兼并收购相关联的概念，是兼并、收购、托管、资产置换、借壳、买壳等行为的总称。资产重组具有市场资源的调配功能、资源的利用效率升级功能、创造市场竞争条件功能。资产重组最终的功能就是财富效应。

中国加入世贸组织为外商投资企业进入中国市场提供了契机，而外商投资企业的优良资质也使其具备参与国有企业改制的条件。1994—2004 年中国外商投资企业户数和投资资金稳步增长，外商投资企业户数由 1994 年的 206096 户增加到 2004 年的 242284 户，增长了 17.56%；注册资本由 1994 年的 3122.8 亿美元增加到 2004 年的 7284 亿美元，增长了 133.25%；外方认缴资本由 1963.1 亿美元增加到 5579.9 亿美元，增长了 184.24%。① 2003 年之后的 15 年是中国加入世界贸易组织的过渡期，关税和市场准入门槛大幅降低，以跨国公司为代表的外国直接投资（FDI）加快进入中国市场的步伐，实现战略布局。1994—2004 年期间外商投资企业的组织形式的结构比重发生了较大的变化。中外合资企业和中外合作企业所占比重呈现不断下降的趋势，外商独资企业所占比重稳步上升。中外合资企业的比重由 1994 年的 62.75% 下降到 2004 年的 38.36%，中外合作企业的比重由 1994 年的 14.77% 下降到 2004 年的 7.61%，外商独资企业的比重由 1994 年的 22.48% 上升到的 53.86%。②

3. 国企管理层以 MBO 方式参与国企股份制改造

国企管理层多数是从原来国有企业的管理者演变而成的，因此，他们对本企业经营状况最清楚，所以他们在进行本企业收购时具有巨大的信息优势和人力资源优势。管理层收购（MBO，Management Buy-Outs），是指公司的经理层利用借贷所融资本或股权交易收购本公司或本公司业务部门的行为。通过收购行为，企业的经营者变成了企业的所有者，实现了企业所有权与经营权的分离和统一。管理层收购是企业收购的一种形式，是杠杆收购的一种形式。杠杆收购（LBO，Leverage Buy-Outs），是企业并购的一种特殊模式。它通过举债收购，即通过信贷融通资本，运用财务杠杆加大负债比例，以此收购人较少的股本投入获得被收购企业的数倍的资本金，通过对被收购企业进行收购和重组后成为企业的股东，并用从被收购和重组企业获得的利润来偿还因收购形成的负债。管理层收购实际上是对现代企业制度下所有权与经营权过度分离导致的企业代理成本过大问题的一种纠正，在发达国家实施 MBO 的主要目的是通过降低代理成

---

① 张厚义、侯光明、明立志、梁传运：《中国私营企业发展报告》，社会科学出版社 2005 年版，第 20 页。
② 张厚义、侯光明、明立志、梁传运：《中国私营企业发展报告》，社会科学出版社 2005 年版，第 21 页。

本以获得企业经济效益的进一步提高。①

在国企股份制改造过程中，管理层一般是直接购买存量国有股来获得改造企业的控制性股份。国外管理层收购通常的做法是：管理层（收购人或团队）成立一个控股子公司，将收购资金注入控股子公司中，再由控股子公司以其公司资产及目标公司的资产作价后向银行申请贷款筹集收购资金，或者发行债券来筹集资金，然后对目标公司进行收购。对目标公司收购结束后，目标公司的股权结构发生变化，由原来众多股东持股状况变成由少数股东控股。为了偿还收购借贷资金，管理层将目标公司的部分资产出售。管理层为了提高公司的经济效益，对公司进行整合，调整公司资本结构，如果条件成熟则择机上市获取更高的收益。国企的管理层可以凭借个人身份直接持有本企业的股份，或者可以成立一个投资公司或者控股子公司来持有改制企业的股份。

在西方发达经济体中，MBO 已经作为一种较为成熟的企业收购和兼并运作模式。MBO 在激励管理层积极性、降低代理成本、改善企业经营状况方面取得了积极的效果。从发达国家的实践经验来看，MBO 主要运用在收购上市公司、集团子公司或分支机构，国有企业的私有化操作方面。MBO 在我国国企股份制改造过程中同样可以发挥激励管理层积极性、降低代理成本、改善企业经营状况的作用，更重要的是可以发挥理顺国企的产权关系和优化国有经济结构的作用，MBO 被我国作为国有经济有序进退可供选择的一种方式。

MBO 参与国企股份制改造所带来的消极效应也备受关注和质疑。MBO 更多地被赋予了理顺国有企业产权关系的特定历史使命。② 实施 MBO 是调整国有经济结构，优化国有资产配置的重要途径，可以作为剥离国企资产，提高经济效益的一种方法。首先，国家关于国企产权制度改革的宏观政策为 MBO 参与国有企业改制提供了前提条件。党的十六大报告明确强调："除少数必须由国家独资经营的企业外，积极推行股份制，发展混合所有制经济，实行投资主体多元化。"一些关系国民经济命脉和安全的国有企业除外，其他企业都可以采取股权多元化的方式进行改制，国有股可以在这些企业陆续退出。其次，国企管理层作为企业的管理者具有天然的资源优势，他们更加了解企业，相比外资和私营企业更容易让企业内部职工接受。另外，实施 MBO 还可以激发国企管理者的企

---

① 张夕勇：《并购与整合》，中国财政经济出版社 2011 年版，第 133 页。
② 张夕勇：《并购与整合》，中国财政经济出版社 2011 年版，第 133 页。

业家才能。在政企不分的企业管理模式下,企业家的才能往往被束缚,管理者的创新意识和创业才能不能被释放出来,企业的创新机制也难以形成。

由于我国市场机制不完善,资本市场发育不成熟,产权交易的法律法规不健全,国有企业在实施管理层收购时出现许多问题。MBO 在参与国企股份制改造过程中最突出的问题就是造成了大量的国有资产流失。MBO 作为一种杠杆工具使用仅限于对国有存量资产的划分,而未通过这种收购形式形成有效的企业内部治理结构,其在管理效率方面带来的体制性的增量效应,却最终演变成管理层现金套利的工具并成为国有资产流失的一种途径。在中国的法律对于 MBO 活动界定存在缺陷的情况,使得 MBO 在从事国企股份制改造的过程中存在钻法律空子的事实。尤其在管理层融资环节存在财务违规、管理层成立空壳公司进行套利收购、在收购目标公司的过程中存在暗箱操作等问题。从公司治理的角度而言,MBO 还会固化内部人控制,使企业的所有权和控制权更加封闭。

2004 年下半年国资委对 21 个省、自治区、直辖市 MBO 的实施情况进行的调查发现,大部分参与国企股份制改造的国有企业管理层通常以自买自卖方式,暗箱操作,以国有产权或实物资产作为获取收购融资的担保,将收购风险和经营风险全部转嫁给金融机构和收购目标公司,进而损害投资人和国有企业职工的权益,造成国有资产流失。特别是那些规模较小、国家几乎没有注入资本金,主要依靠管理层努力而发展起来的国有企业,管理层要求收购的动力会更强。①在 MBO 过程中,管理层还强化了改革以来所积累净资产的所有权要求,信息对称和谈判优势有助于他们实现这种要求。鉴于 MBO 参与国企股份制改造的上述问题,国资委 2002—2003 年期间多次颁布新规指导国有企业的管理层收购。2005 年 4 月 14 日国资委和财政部联合下发了第一个专门规范 MBO 的正式的法律规范《企业国有产权向管理层转让暂行规定》。该规范规定了"大型国有企业暂不搞管理层收购,中小国有企业的管理层收购用立法加以规范"的 MBO 参与国企改制的指导思路。2005 年后,MBO 参与国企股份制改造的改制方式和规模开始大大减少。

4. 国有企业员工参与国企股份制改造

国有企业职工参与国企股份制改造同样是购买存量的国有股份而获得国企

---

① 张文魁:《国有企业改革 30 年的中国模式及其挑战》,载《改革》,2008 年第 10 期。

的股份。国有企业员工参与国企股份制改造后，便形成了员工持股制度。员工持股制度①是指由企业内部员工出资认购本公司（企业）的部分股权，委托员工持股会作为社团法人托管运作，集中管理，员工持股管理委员会（或理事会）作为社团法人进入董事会参与经营管理，并按照所持股份分享红利的一种股权形式。② 国有企业员工参与国企股份制改造一般都是间接持有改制企业的股份，以职工持股会的名义持股。管理层参与国企股份制改造则是管理层或管理者个人持股，而且持股比例较大。国有企业职工持股具有封闭性和非流动性的特点。封闭性是指只有参改的国有企业职工能够持股，不对参改以外的企业职工开放。非流动性是指参改国企职工认购的本企业股份不能转让，只能按照与本企业签订的契约进行回购。而管理层参改成功后，其持有的股份则可以流动进行买卖。

在我国职工入股参改具有意识形态的特性。根据马克思关于社会主义公有制理论的研究，社会主义公有制指的是全民所有制，而不是国家所有制。全民所有制是指社会主义国家的国有资本是全民共享的，国家只能作为国有资本的代管者。全民共享要求劳动者与生产资料所有权相结合，在公同占有生产资料的基础上建立个人分享机制。社会主义公有制应当是共同占有和个人占有的统一，在生产资料使用的价值形态上是公同占有，而在价值形态上则是个人占有。职工持股的经济性质从根本上说是劳动资源的转化形态，即劳动资源的资本化。职工可以经由货币资源投入来实现职工持股，也可以不经过职工货币投入而由劳动资源直接实现职工持股。从职工持股运作的方式和国有产权转让的角度出发，职工参改主要有三种方式：增量参股型、存量盘活型和存量借贷型。③ 从持股的对象和持股的目的可以分为一般职工持股和经营者持股（MBO）。管理层可

---

① 职工持股会（员工持股会）在法律意义上是企业群众性组织，由工会系统管理，只有在民政部门登记后，才成为社团法人。职工持股会作为社团法人在改制中以营利为目的的企业股东的事实，与社团法人是不以营利为目的的机构的内涵不相符，因此，2001年民政部门下文，暂停了对职工会社团法人资格的审批。参见高圣平：《新公司法与国有企业改制》，中国工商出版社2006年版，第298页。

② 迟文成：《国有企业改制理论与实务研究》，北京师范大学出版社2011年版，第125页。

③ 增量参股型（增量扩股型），企业原有的股权不做调整，企业经营者和职工通过筹资注入新的股本；存量盘活型（存量置换型），国有企业资产经过评估机构资产价值评估后，扣除企业的非经营性资产折价和费用后形成股本，再向职工持股会出让一定比例的股权；存量借贷型，企业将评估后的国有资产存量"债权化"，国家作为债权人，职工持股会作为债务人，国家对企业的投资关系转变为借贷关系。国家按照借贷合同收取本息再对国有企业进行投资，使国有资产流动起来。国家对国有企业的投资量直接影响持股职工对企业产权的实际拥有量。参见迟福林：《中国收入分配制度改革与职工持股》，中国经济出版社2000年版，第339—340页。

以通过职工持股会或工会造空壳公司进行收购。职工持股会或工会持股方式是企业职工持股会（一般由管理层和职工共同出资设立）或工会出资设立公司，然后该公司出面授受让企业股权，持股会或工会基本上是由企业的管理层或高管控制。这种方式一般发生在参加收购人员比较多的国有企业或集体企业。以职工持股会作为收购主体，形成社团法人身份，以此避开《公司法》中对公司股东法定人数的限制的规定。因为在这种收购中单个管理人员持股数量要比单个职工高，所以通过职工持股会或工会造壳的收购方式基本上是 MBO 的过渡形式，职工持股会或工会持股会的股权最终也都被管理层或高管收购。我国《公司法》和其他法律法规关于职工收购的方式尚不健全，因此容易出现打政策和法律"擦边球"的情况，无法规范地保护国有产权，因此以职工持股会或工会名义进行的国企改制的方式也最终被国家明令限制。

实行职工持股是实现国有企业产权多元的一种方式，就是通过职工持股向本企业注入资本，并以其股本成为企业的股东。这样就可以在国有企业和职工之间形成一种产权纽带关系，使国有企业产权结构出现包括国有股、法人股、其他社会公众股和职工持股的多元股权结构。但是职工持股同管理层持股一样存在固化内部人控制、过度分红、公司治理结构混乱、暗箱操作和国有资产变相流失等问题。为了规范国企股份制改造中职工持股和国有企业职工投资关联企业等方面的法律行为，国资委 2008 年 10 月出台《关于规范国有企业职工持股、投资意见》。文件进一步明确企业改制引入职工持股的要求：继续鼓励国有中小企业职工在自愿基础上参与企业改制；鼓励国有大中型企业主辅业改制，职工持有改制辅业企业股权；国有大型企业改制要根据企业发展需要，择优选取投资者，职工持股不得处于控股地位；可以积极探索国有大型科研、设计、高新技术企业的科技骨干以多种方式取得企业股权。职工入股原则上持有本企业股权，不得持有其所在企业出资企业、参股企业及本集团公司所出资其他企业股权。

（二）国企股份制改造与国有企业产权多元化实现程度

本部分将通过国务院发展研究中心企业研究所和世界银行在 2005 年共同完成的一份《国有企业改制重组调查研究报告》（以下简称调研报告）来分析国企股份制改造对国有企业产权多元化形成的影响。

1. 调查问卷的总体概况

国务院发展研究中心企业研究所和世界银行共同合作进行的调查于2004年8月份启动，到2004年12月份完成。调查问卷共向6627家企业发放，其中有中央企业及其二级公司共计1524家，覆盖北京、重庆、黑龙江、辽宁、河北、河南、山东、江苏、江西、湖北、湖南、广东、广西、陕西、甘肃、四川的省、直辖市及省会城市所属企业共计5103家。问卷中将改制界定为国有及国有控股企业转让国有产权存量资产和吸收非国有投资者增量资本的行为。重组界定为国有及国有控股企业破产、关闭、解散，以及国有及国有控股企业之间的有偿并购或者无偿转化产权的行为。截至2004年11月底，共收回5073份问卷，剔除不合格问卷得到有效问卷4138份，其中关于改制的有效问卷为2696份，关于重组的有效问卷1442份。在关于改制的2696份有效问卷中，中央企业1044家，地方企业1652家。在关于重组的1442份有效问卷中，中央企业531家，地方企业911家。行业分布除了覆盖传统制造业以外，还涉及林业渔业、矿产采掘、工程建筑、交通运输、贸易流通、通信、房地产和物业、服务咨询、广告、旅游、文化教育等除了金融、电力、石油开采部门以外所有的行业。

2. 调查企业参改的整体情况

国有企业股份制改造的最终目标就是通过转让存量的国有产权和吸收非国有的投资者实现国有产权多元化，建立现代企业制度和提高企业经济效益。改制分为两种情况，一种是国有产权完全转让给私人所有，即私有化；另一种情况是国有产权部分转化，国有资本仍控制企业，这种改制过程是国有企业产权结构多元化的过程。

表格1 国企改制现状

	企业总体样本		中央控股企业		地方控股企业	
	企业数	百分比（%）	企业数	百分比（%）	企业数	百分比（%）
改制企业	1184	43.92	259	24.81	925	56.0
未改制企业	1512	56.08	785	75.19	727	44.0
公司数目合计	2696	100	1044	100	1652	100

资料来源：国务院发展研究中心企业研究所和世界银行2005年发布的《国有企业改制重组调查研究报告》。

表格 2　调查企业改制时间表

改制年份	全部企业			中央企业		地方企业	
	企业数	改制样本企业百分比（%）	全部样本企业百分比（%）	企业数	改制样本企业百分比（%）	企业数	改制样本企业百分比（%）
1997 年之前	13	1.19	0.48	2	0.82	11	1.31
1997 年	29	2.65	1.08	7	2.87	22	2.59
1998 年	38	3.47	1.41	10	4.10	28	3.29
1999 年	73	6.67	2.71	13	5.33	60	7.06
2000 年	112	10.24	4.15	21	8.61	91	10.71
2001 年	211	19.29	7.83	87	35.66	124	14.59
2002 年	208	19.01	7.70	29	11.89	179	21.06
2003 年	294	26.87	10.90	51	20.90	243	28.59
2004 年	112	10.24	4.15	24	9.84	88	10.35
已完成改制样本企业	1094	100.00	——	244	100.00	850	100.00
全部样本企业	2696	——	40.58	1044		1652	

资料来源：国务院发展研究中心企业研究所和世界银行2005年发布的《国有企业改制重组调查研究报告》。

从表1和表2中国有企业改制时间的进展来看，国企参改是渐进展开的，在国有企业三年脱困期间（1998—2000年）改制的步伐比较缓慢，进入2000年以后，国有企业改制步伐加快。由于改制前，国有企业要进行大量清产核资工作，进行改制的法律准备工作，还要陆续地进行企业人员的分流工作，因此在2000年前国有企业改制速度较慢。各地方政府对于保留国有企业的意愿不尽相同也是影响国有企业改制速度因素之一。而且可以看出，中央企业改制的数量和改制的速度明显慢于地方国有企业，一方面，是由于中央企业涉及国家安全行业和重要领域，关系国计民生和维护社会稳定问题；另一方面，中央企业资产规模庞大，改制需要更多的时间，尤其是中央企业办社会的规模大，需要渐次地分离和市场化，或者由政府协调安排。地方政府国有企业股份制改造的愿望比较强烈，因为当国有企业经济效益下滑时，就变成了地方政府的负担，地方政府想方设法实现国企参改以提高经济效益,避免因国有企业经济效益下降而承担政绩不佳的名声。

3. 国企参改中国有产权的转让方式

国有企业改制主要通过两种基本的方式实现,一种是通过出售国有企业现有存量股份,变更国有企业所有权,形成新的股东,即国有产权的转让;另一种是通过引入私人投资和外资进行增量股权改制,改变股权结构,减少国有股所占比重,即非国有资本增量改制。还可以将两种方式结合起来实现国有产权多元化。

表格3　国有企业国有产权转让方式央企和地方企业分布情况

	全部企业		中央控股企业		地方控股企业	
	企业数	百分比(%)	企业数	百分比(%)	企业数	百分比(%)
国有存量股权转让	497	45.14	105	45.45	392	45.05
非国有增量投资引入	340	30.88	102	44.16	238	27.36
转让与引入结合方式	264	23.98	24	10.39	240	27.59
合计	1101	100.00	231	100.00	870	100.00

资料来源:国务院发展研究中心企业研究所和世界银行2005年发布的《国有企业改制重组调查研究报告》。

表3数据显示,国有企业通过国有股权转让方式实现产权多元化的企业占到45.14%,成为国企参改的主要形式。地方国有企业通过引入非国有增量投资转制的明显少于中央控股企业。中央企业由于其资产质量较好,可以承受和化解非国有增量资本的参与改制带来的风险。地方国有企业通过非国有增量投资转制较少有其客观原因。地方国有企业既想通过引进非国有增量投资来提高国有企业的效率,又嫌恶非国有增量投资引致的风险使国有企业资产流失,影响政府业绩和整个改制的效果。

4. 国企改制的发起者分析

国有企业股份制改造涉及多方利益主体的利益。因此改制的方案要考虑各方利益主体的利益。只有这样改制才能够顺利地进行,并取得预期的效果。

表格 4　国有企业改制发起者分布情况

产权改革发起者	企业改制				企业重组			
	中央控股企业		地方控股企业		中央控股企业		地方控股企业	
	企业数	百分比（%）	企业数	百分比（%）	企业数	百分比（%）	企业数	百分比（%）
政府	41	7.46	376	45.41	37	23.87	230	46.09
母公司	225	40.98	304	36.71	106	68.38	207	41.48
管理层	57	10.38	102	12.31	10	6.45	18	3.60
企业职工	139	25.31	26	3.14	1	0.64	35	7.01
民营企业	1	0.18	3	0.36	1	0.64	2	0.40
债权人（银行）	42	7.65	1	0.12	——	——	2	0.40
四大资产管理公司	35	6.37	9	1.08	——	——	5	1.00
其他	9	1.63	7	0.84				
合计	549	100.00	828	100.00	155	100.00	499	100.00

资料来源：国务院发展研究中心企业研究所和世界银行 2005 年发布的《国有企业改制重组调查研究报告》。

从表 4 中可以看出，中央控股企业的改制母公司作为主要发起者，占比为 40.98%，而政府的作用较小。中央控股企业的重组母公司同样作为主要发起者，占比为 68.38%，而政府的作用占 23.87%。地方政府国有企业改制主要由政府发起，由政府发起改制的公司约占样本改制企业总数的 45.41%。地方政府国有企业重组中政府同样是主要发起者，由政府发起改制的公司约占样本重组企业总数的 46.09%。在中央控股企业改制过程中，企业管理层和职工是除母公司和政府之外的主要发起人，约占样本改制企业总数的 35.7%。由于中国国有企业的公司治理结构相对不完善，企业管理层和职工不可能成为改制发起人。国有企业产权制度改革有着明显的意识形态性质，改制的重任理所应当地落在政府身上，政府成为国企转制的发起者也在情理之中。"债转股"既是国有企业的融资方式，也是实现国有企业产权多元化的过渡方式。这一政策性建立国有企业产权多元化的方式使债权银行和四大国有资产管理公司理所应当成为国有企业改制的发起者。另外，从公司治理的利益相关人角度分析，国有企业的债权银行和四大国有资产管理公司成为国企改制的发动者具有合理性。

5. 国企改制形成的股权结构分析

国有企业改制的最终目标就是实现国有企业产权多元化，即股权多元化。调研报告将调研样本中改制企业形成的股权结构分为国有控股、国有相对控股（也可称部分民营化）、私人控股和完全的私有化。

表格5 国有企业改制股权结构情况表

	全部样本企业		中央企业		地方企业	
	企业数	百分比（%）	企业数	百分比（%）	企业数	百分比（%）
政府或国有企业控股	652	68.63	219	89.39	419	62.17
非国有企业控股	298	31.37	26	10.61	255	37.83
改制企业有效样本数	950	100.00	245	100	674	100.00

资料来源：国务院发展研究中心企业研究所和世界银行2005年发布的《国有企业改制重组调查研究报告》。

表5数据显示，中央企业改制后产权属性变化较小，近90%的中央企业仍然保持国有控股形式。地方国有企业改制后，国有产权多元化程度较大，近38%的地方改制企业国有产权实现了多元化，国有产权退出。

调研报告还对国有企业改制后形成的不同的第一大股东产权模式进行了分类。改制后形成了包括政府及其部门控股、民营企业控股、职工持股会控股等九种不同的控股模式。根据表6数据显示，国有企业经过改制后，政府及其职能部门、国有资产经营公司、国有或国有控股公司作为第一大股东，三者共占调查样本企业的约68.64%；管理层和职工共占样本企业的14.63%；民营企业、外资企业境内自然人共占样本企业的14.74%。国有企业改制后，政府及其职能部门对企业的直接控制逐渐被出资人的代管者所取代。国有企业改制过程中也掀起了管理层和职工持股收购的浪潮，主要以管理层收购为主，这也说明管理层收购（MBO）形式是国有产权私有化的一种重要方式。

表格6 国有企业改制后形成的第一大股东控股模式情况

国有企业改制后第一控股股东	户数	百分比（%）
政府及其职能部门	43	4.53
国有资产经营公司（管理、投资、控股公司）	123	12.95

续表

国有企业改制后第一控股股东	户数	百分比（%）
国有或国有控股企业	486	51.16
民营企业及民间资本	64	6.74
外资企业	13	1.37
经营层或其投资设立的投资公司	48	5.05
职工持股会或职工投资设立的公司	91	9.58
境内自然人	63	6.63
其他（含国有参股企业、大学科研机构及事业单位、集体企业、非银行金融机构等）	19	2.00
合计	950	100.00

资料来源：国务院发展研究中心企业研究所和世界银行2005年发布的《国有企业改制重组调查研究报告》。

国企改制形成了多元化的股权结构。国有产权层面上，形成了政府及其部门、国有资产经营投资管理公司、国有相对控股的这三种类型国有企业。政府作为企业所有者的国有企业大大减少，更多的是以政府的委托代理机构作为国有产权的持有者和管理者，这部分企业大多为中央企业和省级国有资产管理部门下设管理的国有企业。而国有相对控股形式的国有企业最多，也是国企改制所要形成的主要形式。

国企改制中，企业管理层和职工持股会成为国有企业第一大股东也是国企改制后一种重要的形式。尤其是在一些竞争性领域的国有企业，这种股权结构形式较多。国有企业的管理层多从计划经济时代国有企业的厂长变身而来。计划经济时代，国有企业中实行厂长（经理）负责制，由厂长（经理）作为企业的主要负责人和法人代表，对企业的全部经济活动负责。厂长（经理）依照《公司法》相关规定有权决定企业的生产经营计划、机构设置、人事任免，以及作出企业的各项经营管理决策。因此，国有企业的管理层作为收购者成为国企改制后的股东具有天然的优势。

私营企业和外资等作为国有企业改制的第一大股东的企业整体上不多。国家在改制政策上鼓励这类资本进入国有企业，但又担心这类资本进入的速度过快会导致国企的完全私有化，影响整个改革的渐进性要求和效果。就现代企业制度而言，所有权结构的长期趋势是产权结构的多元化和社会化，而不是私有化。中国社会主义的性质决定了国有企业的国有资本收益应该由全社会共享。因此，国企产权改革的方向不是民营化而是社会化。中国的私营企业多数都是从家族企业蜕变而形成的。随着市场化改革的推进和企业改制的推动，我国本土企业出现了双向逆动的现象：一方面，是民营企业在经历最初的"家族化"过程后，开始从"家族化"的制度束缚中逐步革新，向现代企业转型；另一方面，国有企业特别是"被放小"的中小型国有企业民营化后，"家族化"制度约束又重新显现。

表格7　国有企业改制后第一大股东在改制中持股情况与股权结构

第一大股东分类	持股份额（百万）	持股份额比例（%）	股权集中率指数（HHI）	企业数
政府	445.7	70	5240	43
国有资产经营公司	179.4	62	4550	128
国有控股集团	81.8	64	4641	510
民营企业	26.9	65	4661	66
外资企业	15.2	61	4107	14
管理层	7.7	33	1486	50
职工持股会	10.4	63	4085	94
其他	25.6	42	2518	19

资料来源：国务院发展研究中心企业研究所和世界银行2005年发布的《国有企业改制重组调查研究报告》。

6. 国企改制后的多元混合股权结构

中国国有企业改制基本上形成了多元化的股权机构，在企业中第一大股东与其他股东共同拥有改制企业，世行国研企业研究中心2005年国企改制调研报告研究样本企业股权结构也充分验证了改制后的股权结构情况。张文魁对这份调研报告进行整理，将以改制企业形成第一大股东、第二大股东和第三大股东为分析基点，考察改制后企业的产权多元化情况，改制后的企业共有七种股权结构情况，分别是：政府作为第一大股东的改制企业多元化股权结构、国有资产经营类公司作为第一大股东的改制企业多元化股权结构、国有企业作为第一大股东的改制企业多元化股权结构、民营企业作为第一大股东的改制企业多元化股权结构、外资企业作为第一大股东的改制企业多元化股权结构、管理层作为第一大股东的改制企业多元化股权结构以及职工作为第一大股东的改制企业多元化股权结构。①

调查样本企业混合所有制程度分析。我们可以将前三类改制企业进行汇总分析，统称为国有单位。在国有企业作为第一大股东的所有制企业中，33.2%的企业的第二大股东是另一个国有单位，有31.7%的企业的第二大股东是企业职工，9.2%的企业第二大股东是民营企业，8.9%的企业的第二大股东为境内自然人，2.8%的企业第二大股东为外资企业，1.5%的企业的第二大股东为管理层。② 在国有单位作为第一大股东的改制企业中，第二大股东属于国有性质的占1/3左右，剩下的第二大股东基本上是非国有性质的。在民营企业作为第一大股东的改制企业中，第二大股东属于国有经济性质的占到61.5%，第三大股东属于国有性质的情况占到18.2%。③ 在外资企业作为第一大股东的改制企业中，第二大股东属于国有性质的占到61.5%，第三大股东作为国有性质的占到33.3%；第二大股东为境内非国有性质的情况占到38.5%，第三大股东为非境内国有性质的占到66.7%。④ 在管理层作为企业第一大股东的改制企业中，第二大股东属于国有性质的占14.9%，第三大股东属于国有性质的为0。⑤ 职工作为企业第一大股东的改制企业中，第二大股东属于国有性质的占到41.3%，第三大股东属于国有性质的占到16.35%。⑥

以上分析结果表明，国有企业、民营企业、外资企业作为第一大股东的改制企业中混合特征明显；管理层和企业职工作为第一大股东的改制企业中混合

---

① 参见张文魁：《中国国有企业产权改革与公司治理转型》，中国发展出版社2007年版，第70—82页。
② 参见张文魁：《中国国有企业产权改革与公司治理转型》，中国发展出版社2007年版，第73页。
③ 参见张文魁：《中国国有企业产权改革与公司治理转型》，中国发展出版社2007年版，第85页。
④ 参见张文魁：《中国国有企业产权改革与公司治理转型》，中国发展出版社2007年版，第85页。
⑤ 参见张文魁：《中国国有企业产权改革与公司治理转型》，中国发展出版社2007年版，第85—86页。
⑥ 参见张文魁：《中国国有企业产权改革与公司治理转型》，中国发展出版社2007年版，第86页。

程度较弱一些。

调查样本企业改制后的企业资本结构。从整个调查样本来看，国有资本仍然在改制企业中占有优势地位，这与国家确定国企股份制改造的方向有关。在国有单位作为第一大股东的改制企业中，第二、第三大股东国有资本的集中程度也不低。并且在民营企业和外资企业作为第一大股东的改制企业中，国有资本也占有较高的比例。国有企业的管理层和职工以及民营资本在改制企业资本结构的比例中所占的份额比外资资本大。从改制的混合程度和企业的资本构成可以看出中国国有企业产权制度改革的意图，通过股份制改造及混合所有制加速国有企业建立现代企业制度的速度，以此形成与现代企业制度相适应的多元化产权结构和公司治理结构。

国有企业产权制度改革是一种以市场经济为目标方向的渐进式改革。通过国企的股份制改造，引入非国有经济成分，改变国有股单一股权结构的格局，实现国有企业股权结构多元化，并使国有企业的产权结构主体拥有各自要素的所有权，形成激励机制和治理机制。

二、"债转股"与国企产权结构多元化的实现程度

（一）从企业融资的角度分析

从微观层面可以看出，国有企业产权结构与企业所处的制度环境密切相关。在经济体制改革过程中，我国的市场化改革不断推进，市场经济体制也愈加完善，宏观层面制度也因此随之发生变化，我国的融资制度也伴随着经济体制改革而发生变化。

在经济转型的初期，我国的融资制度变迁在一定程度上决定了企业产权结构（资本结构）的选择空间，进而决定了企业的产权结构。我国企业融资政策对国有企业产权结构产生了重要影响。国企产权制度改革的过程中分别经历了财政主导型融资阶段、银行主导型融资阶段和银行与资本市场共同发展的混合型融资阶段。在国企产权制度改革之初，国企的融资方式还是财政主导型。在这种体制下，国有企业资源配置手段单一，经济活动中的权利高度集中，全部经济资源都由行政手段来配置与分配。行政手段控制了企业的所有权、经营决策权、收入分配权。企业融资渠道单一，资本金完全由财政部门提供。政府是

企业的资金投入主体，企业拥有完全由国家出资形成的国有股单一的股权结构。在计划经济时代，国有企业没有经营自主权和投融资的决策权，因此，国家对国有企业形成软预算约束。国有企业出现经营亏损时，不承担企业资本经营亏损的责任，而由政府承担资本经营风险的无限责任。国有企业承担的本应由政府承担的社会责任不解除，它的债权、债务关系也就必然是一种软约束。

随着"放权让利"的企业产权改革的推进，企业的融资制度也开始发生细微变化，国家财政收入导向企业和个人，国家财政收入占GDP的比重逐年下降。从1983年开始，国有企业新增固定资产投资资金由财政拨款改为从国有银行贷款并支付利息。国有资金逐渐转为有偿使用，同时全部流动资金也由国有银行统一提供。这一政策称为"拨改贷"政策，就是企业所拥有的政府以往的财政资金拨款为企业所有，企业新的融资资金和其他追加投资的部分主要由商业银行提供贷款来实现。"拨改贷"使得国有企业的产权结构发生了细微的变化，虽然国家是企业的股本金的所有者，但是银行的资金注入使得银行也成为一部分企业债权的所有者。由于企业改革相对滞后，"拨改贷"虽然改变了企业的资本结构，但没有从根本上改变企业的经营行为，没有从根本上改变国有企业的产权制度与管理运作机制，国有企业也从来没有成为过责任主体。①

由于国有企业经营方式的束缚和产权模糊的制约，国有企业经营绩效低，导致大量资金沉淀，财务负担沉重，造成国有企业的债务约束，并成为国有企业改革的制约因素之一。据统计，1995—1998年，中国国有工业企业的账面平均负债率依次为65.8%、65.1%、65.4%和65.5%。国家统计局对14923家国有大中型工业企业的调查显示，1997年底的账面平均负债率为65%，有6054家企业的负债率高于80%。即使是1994年国家确定的100家现代企业制度试点企业，1997年底负债率仍然高达65%。② 因此，1999年国家又采取了"债转股"的方式对国有企业进行融资，为国有企业改革提供资本支持。"债转股"是指国家行政机构审核批准的国有大中型企业，将原来国有银行持有国有企业的债权（多为企业对国有银行的债务）转化为国有股本。国家通过成立资产管理公司

---

① 高谦：《资本结构与公司控制权安排研究》，中国金融出版社2009年版，第137页。
② 肖海霞、赵昌文：《金融重建与企业再造——中国国有商业银行与国有企业债转股问题的分析》，载《天府新论》，2001年第4期。

(东方、华融、信达和长城)对国有企业进行债务重组。① 最初的目的是在化解银行的不良资产的同时减轻国有企业的债务负担。具体做法是建立金融资产管理公司，通过剥离国有商业银行的部分不良资产（主要由国有企业融资形成），把银行对国有企业的债权，间接地转为金融资产管理公司的股权。资产管理向中央银行的贷款，以面值价收购国有企业债权，并形成资产管理公司的债权。银行主导的融资型制度主导了这一阶段国有企业产权结构的基本特征。这样一来国有银行间接持有国有企业的股本，享有国有企业的剩余索取权。债转股后，金融资产管理公司成为企业的股东，其任务是运用各种市场化的手段对企业进行重组，优化企业资本结构，建立现代企业制度，转换企业经营机制。金融资产管理公司以最大限度保全资产，最大限度回收资金，最大限度减少损失为主要经营目标。它是企业"阶段性"的股东。② 国有银行的债务对冲后，银行对国有企业的债务转化为国有企业的股份。虽然国有银行拥有国有企业的股份，但国有银行并不直接参与企业的经营决策。实行这种"债转股"的国有企业，其债务也就转化为国家对其的投资，进而形成了国有企业的实收资本，国家成为国有企业的第一大出资人，成为具有控制权的股东。

国有企业产权制度变革是国家体制性结构变革与市场经济相容的产物。国有企业产权制度改革就是一个将经营决策权和剩余索取权从国家向地方政府和企业渐进转移的过程。国有企业获得投融资的决策权，投融资的多元化使国有企业的产权结构也随之发生变化。

国民收入分配格局改革的推进使居民取代国家成为资本市场资金的主要来源。由于资本市场的融资渠道的限制，国有银行成为资金从居民进入国有企业的主要渠道。国有银行代替国家预算成为国有企业实收资本的主要来源，可以说负债融资在国有企业资本结构中起着支配作用。"债转股"成为国有企业改革三年脱困期间的攻坚武器。债转股的直接效果表现为解决了国企资本金不足，财务费用压力过大等问题，为国企的股份制改提供了资金支持。从长远的战略

---

① 四家投资公司均为具有独立法人资格的国有独资金融企业，资本金均为100亿元，由财政部全额拨付。它们的业务范围是：收购、管理、处置从应对商业银行剥离的不良资产；债务追偿、资产置换、转让与销售，债务重组、企业重组、债权转股及阶段性持股；发行债券、商业贷款、向金融机构贷款、向中央银行申请贷款；投资咨询与顾问、资产及项目评估、财务及法律咨询与顾问、企业审计与破产清算；资产管理范围以内的推荐企业上市和股票、债券的承销；直接投资；资产证券化。

② 吴家俊：《国有企业脱困的进展和今后的课题》，载《中国工业经济》，2001年第2期。

角度看，则是借助预期股权上市或流动来盘活国有资产存量、调整国有股权结构。

作为一种事实上的被动投资，"债转股"没有根本改变国企的资本结构，国有企业的"转亏为盈"是以股权资本无成本的运作为前提，反而使国家投资成为无本的资金来源，同时还导致了国有股权的加速集中。在国家政策性投资资金逐渐减少后，国有企业为了获取资本金开始转向社会和市场进行直接融资，通过股份制改造、在资本市场中上市发行股票成为募集资本金的首要选择。国有企业的股权结构才开始变得多元化。

（二）从"债转股"政策性目的分析

我国"政策性债转股"试图实现三大目标：第一，盘活国有银行不良资产，加快不良资产的稀释，增加资产流动性，防范和化解国有银行的金融风险；第二，加快实现债权转股权的国有大中型亏损企业扭亏为盈的目标；第三，通过"债转股"实现国有企业经营机制的转换，建立现代企业制度。我国"政策性债转股"政策的三个目标既相互联系又存在矛盾冲突。一方面，国有企业经营机制的转化可以提高企业的经济效益，改善企业的财务状况，这样可以充实企业的资本金，减少国有银行的债务，国有银行不良金融资产会消减，金融风险会随之降低。从这个角度看，政府试图通过"债转股"解决国有企业的经营机制问题，建立现代企业制度，降低国有银行的金融风险，提高银行的生存能力的目标选择是合理的。另一方面，作为债务人的国有企业和作为债权人的国有银行是债权转化交易的利益主体，双方作为逐利的经济主体是此消彼长的关系。因此，"债转股"的实现程度以及国有企业现代企业制度能否建立、国有企业产权多元化结构的实现程度取决于"债转股"目标的具体化和实施程度。

我国政策性的债转股目标模糊，不够具体化。"债转股"的目标属于定量政策目标的范畴，而定量政策目标就是要求目标的定量化。债转股前两个目标中的盘活银行不良资产的定量化目标是多少、国有企业扭亏为盈的定量化目标是多少都是不具体的。[①] 而且缺少绝对目标数和相对目标数。而建立现代企业制度实现企业产权结构多元化的目标属于"定性经济政策"的范畴，包括"改革政策"的内容。[②] 国有企业现代企业制度和产权多元化作为"定性政策"和"改

---

① 许志超：《债转股供求理论与政策》，中国财政经济出版社2004年版，第154页。
② 许志超：《债转股供求理论与政策》，中国财政经济出版社2004年版，第154页。

革政策"应该更加明确,也就是实施"债转股"的国有企业经济机制的转换,现代企业制度的建立、产权多元化实现的程度的目标模式和阶段性目标应该更加明确。

我国"政策性债转股"的定量政策目标和定性经济政策最终均未达到理想的效果。债转股的国有企业扭亏为盈的目标实现程度不尽如人意。债转股企业的资产负债率比转债转股前下降、债转股企业的盈利能力没有质的提高、扭亏为盈的目标也没有实现。国有银行盘活不良资产、化解金融风险的目标也未有效达到。[①] 具体表现为:股权资产盈利率很低或成负值,股权分红和股权变现收入少、股权转让因资产管理公司资产折价转让的方式而形成转让壁垒、资产管理公司资产贬值,最终资产变现损失由国家财政承担,盘活国有银行不良资产及化解金融风险的道路如履薄冰。而国有企业实现产权多元化的目标也同样未能实现。"债转股"虽然使国有企业的股权结构发生了变化,企业内部治理也发生了变化,但未能有效地解决经营者缺位的问题和激励约束机制的问题。

我国政策性债转股之所以未能取得较好的效果可以归纳为两个原因:"债转股"缺少科学的政策设计和忽视了同改革政策的结合。我国政策性债转股缺少科学的经济分析,债转股系统化的政策设计不合理,没有明确的债转股目标和政策手段。在债转股的目标上,参与债转股的国有企业完成债转股后的经营指标在多长的时限内完成不确定、资产管理公司和国有银行债转股金额盘活的期限未确定、作为衡量化解金融风险标准的股权变现的量化指标是多少也未明确。在债转股的具体操作过程中缺少技术支持,如债转股的条件、债转股的方式、债转股的数量、债转股的定价、企业的资产评估等都缺少技术支持。"政策性债转股"的实行没有按照债转股的供求机制来调节债转股的数量,债转股未达到较优的效果,即需要债转股的国有企业数量及资质情况(需求)和国有银行和金融资产管理公司转股转债的额定能力(供求)不相适应。可以看出,在确定"债转股"总体数量的问题上,国家没有根据企业的资质来确定,而是通过国家行政指令决定了参加债权股企业的数量。这种主观确定债转股企业数量的决策使得应该被列入债转股的企业未被列入债转股的范围,而一些不具备资质的企业或者不需要债转股的企业却被列入债转股的范围。

---

① 许志超:《债转股供求理论与政策》,中国财政经济出版社2004年版,第159页。

政策性债转股缺少债转股的绩效评价标准。缺少债转股的绩效评价机制最终导致国家为债转股后形成的利益再分配买单，实质上是国家财政对于债转股企业及相关的债权人的一种财政补贴。在我国政策性债转股的实践中，90%以上的债转股企业的债权都是以债券的名义价值进行操作的。正是基于政治风险的考虑，债转股参与的双方都存在国有经济体制下特有的代理人结构，谁都不愿意承担国有资产在账面上出现巨额损失的历史责任。

债转股忽视了同改革政策的结合。债转股没有同企业的改革结合起来，因此债转股本身不能消除国有企业的政策性历史成本，但可以为消除国有企业的政策性历史成本提供一个软时间约束和实现形式。债转股必须同国有企业的产权制度改革结合起来才能发挥其效应。

（三）"债转股"与国企产权结构多元化

"债转股"不论是一种企业的融资手段还是政策性手段，对国有企业产权改革都起到一定的促进作用。根据建立现代企业制度的核心要求，国有企业需要进行规范的公司制的改造。除了一些涉及国家安全和提供特殊公共产品的行业内的国有企业可以是国家独资企业外，其他国有企业都必须改成为产权机构多元化的股份制公司，并以公司制运行的模式建立公司法人治理结构。国家通过"债转股"的方式来调整国有企业的产权结构，转化国有企业的经营机制，建立现代企业制度的目的，实际上是要通过金融资产管理公司在国有企业持股期间依其股权份额形成股东权利，并参与国有企业改造。金融资产管理公司作为国有企业的股东，与企业之间是持股与被持股或者控股与被控股的关系。

"债转股"是国有企业实现产权主体多元化的过渡途径。"债转股"是一种实现国有企业股权多元化过渡性的途径，金融资产公司作为企业的阶段性股东，以股权变现为经营目的，具有短期性的特征。对于单个国有企业而言，实行债转股后，通过资产公司的运作，出售部分国有企业的股份，吸收其他资金进入国有企业，形成了不同的资本结构，使国有企业单一股权结构的格局开始发生变化。从国有资本整体构成来说，"债转股"没有真正地解决国有企业国有股单一股权结构的格局，因为作为债转股的主体同样是一个所有权主体，即国家出资参与国有企业转债转股。而企业金融资产管理公司只参与企业的重组，不参与企业的重大经营决策，不行使股东权利，当国有企业有资金能力回购股权时，金融资产公司在企业的股份将消失。鉴于当时中国资本市场发育不成熟的情况，

"债转股"实现国有企业产权多元化也只是权宜之举，即一种非规范性的产权（股权）多元化的途径。

"债转股"是解决国有企业国有资产所有者虚位的有益探索。按照政企分开的原则，政府部门不能直接参与国有资产的经营，国有资产需要一个中间机构代理管理经营，这个中间机构就是国有资产的投资主体。这种国有资产管理和投资的主体是一种由国家授权作为国有资产出资者职能的主体。金融资产管理公司行使了国有资产所有者和出资人的部分职能，并参与国有企业资产的管理，为以后国有企业的资产管理机构的形成进行了有益的探索。

三、股权分置改革对国有企业产权多元化的推进

（一）股权分置问题溯源

1993年，中国开始对国有企业实行股份制改造，进入建立现代企业的轨道，资本市场的发展为国有企业股份制改造提供了条件和契机。资本市场成为推动国有企业改革的载体。进入2000年，一大批国有企业通过股份制改造和改制重组后，具备了进入扩容资本上市募集资本运作和经营的条件。中国国有企业股份制改造过程中如何处置公有财产，以及公有制主体地位如何保持的问题引起了诸多争议。国有企业经过股份制改造后，国有资本也最好是占绝对控股地位，这样才能体现公有制在国民经济中的主导地位。如果国有存量资本上市流通就有可能动摇这种地位。另一种观点认为，国有资产为全民所有，国有企业作为国有资本运作的主体，有责任保持国有资本的保值和增值，如果国有资本上市流通交易有可能导致国有资产流失。以上的理论观点对国有企业的国有股权资本进入资本市场上市流通产生了重要的影响。出于对保持国有经济控制地位和主导作用的考虑，在国有企业改制具备资质上市时，国家附加了一项人为的限制，在股份制试点的初期对国有股和大部分法人股实行暂时不上市流通的政策，先将所占比重小、不易引起争议的个人股上市，而将所占比重大、容易引起争议的国有股和法人股暂时搁置起来[1]，采取了"存量国有股份暂不流通，募集增量股份可以流通"的股权差别制度安排。将我国上市公司（国有上市公司）的

---

[1] 胡汝银：《中国资本市场的发展与变迁》，格致出版社2008年版，第151页。

股份结构人为地分为上市流通股份和非上市流通股份。存量国有股份暂不流通是为了在国有企业上市后保持国家的绝对控股权,防止国有资产流失。进而将企业股权划分为国家股、法人股、社会公众股、内部职工股、外资股等类型。因此在1990—2005年期间,中国股票市场上存在大量的非流通股,这种流通股与非流通股并存的股权结构状态以及由此形成的公司治理结构被称为"股权分置"。所谓股权分置是指将上市公司的股权从流动性差异角度分置为流通股和非流通股。

(二)股权分置对国有企业产权多元化的影响

非流通股和流通股的设置不符合资本市场发展规律,不利于国有企业实现国有企业产权多元化的目的。资本市场具有融资、价格发现、加速资本流动等功能。资本市场是储蓄转向投资的重要渠道,具有融资功能和加速资本流动的基本功能;资本市场的核心功能就是价值发现功能,即理性投资人在投资市场上的经济活动,在信息披露制度的保障下,捕捉以资本市场化为媒介形成的真实股价(市盈率),在市场信息对称的前提下发挥价格信号的传导作用,引导资本在资本市场上自由的流通。

股权分置的实质是以股权主体来分隔市场并享有不同的流通性[①],国有股和法人股不流通使得这些股权所代表的资产无法进入配置过程,不能贯彻国家的产业政策,不利于推进产业结构调整和实现国有经济有序进退的战略目标。国有经济战略性重组的目标是将国有资本从竞争性产业有序退出,集中于一些关系国计民生的重点行业和基础性产业,对国民经济发展起支撑和带动性作用。国有上市公司大量的国有资本布局于竞争性行业,资源配置效率低,盈利能力差,需要将这些国有资本转移到重点行业和基础性产业中去。国有股和法人股的非流通性质使大量的国有存量资本固化在竞争性领域,抑制了这些国有资本的流动,使它们不能向其他领域转移。

对股权流通性进行人为的划分,造成了股权分置的二元结构。国有股在中国上市公司的股权结构中占据主导地位。在股权分置的状态下,国有股"一股独大"的问题严重制约了国有企业股权结构多元化的形成,扭曲了国企的公司治理结构。我国的大多数上市公司源自国有企业的股份制改造,上市公司无力

---

① 胡汝银:《中国资本市场的发展与变迁》,格致出版社2008年版,第152页。

或不愿与其控股股东在人员、财产和资产等方面实现真正的分离，上市公司成为控股股东的化身，缺乏本身的独立意志，因此，多数上市公司的现代企业制度和治理结构"形似而神不至"，这种"先天缺陷"为控股股东的掏空行为埋下了制度隐患。而在股份分置状态下，由于股权结构不合理，流通股东在控制权方面有心无力，也就无力对上市公司的生产经营决策产生影响。国有股的股东通过高度集中的持股比例形成"内部人控制"的格局，董事会职能不能发挥作用，董事会形同虚设。再加上国有企业管理层和职工比例不均衡，代理人的价值取向与公司价值最大化背道而驰，还会形成严重的代理问题。国有股"一股独大"是由两方面因素造成的。一方面，公有制属性在我国股票市场上通过控股股东的国有属性得以体现。由于国有企业股份制改造的制度需求，使得我国上市公司股权结构中引入了国有股、法人股和社会公众股，而国有股又处于绝对控股或相对控股的地位，在体现公有制属性的制度硬约束下，形成了"一股独大"的局面。在政府主导上市的前提下，形成了国有股权处于产权虚置和所有者缺位的情形。另一方面，上市公司的分配额度及指标审批也为"一股独大"的模式提供了条件。① 在国有企业改制重组时，以剥离优良资产上市的方式形成了国有企业集团公司的大股东，这种"一股独大"的形式为国有股在上市公司内形成了话语权和控制权，容易损害中小股东的利益。

股权分置以及非流通股和流通股在流通权力上的差异性，不符合股份制经济的基本要义，更不符合《公司法》中同股同权的公平原则。非流通股和流通股同股不同权的问题源于我国资本市场制度设计的缺陷：通过行政手段人为地限制了股票的上市流转，使原本可以在资本市场流通的股票不能流通，致使流通股股东为获得流通股权必须支付更多的对价，也就是经济学上所称的"外部性"。在股权分置格局下，非流通股东并不关注股票的市场价值的变化，因为其资产价值与股票市场关联度不大，而流通股股东则必须从市场价值的增长中获益。

股权分置的状态下，资本市场不能解决对价的补偿。从制度经济学的角度出发，股权分置属于制度变迁的范畴。在股权分置的状态下，非流通股不

---

① 参见胡汝银：《中国公司治理：当代视角》，上海人民出版社2010年版，第96页。

存在流通权，进而导致同股不同权，而改革的目的在于使其流通起来，获得流通权。从产权的性质来看，流通权属于产权的一部分，属于产权支配权的范畴。股票是虚拟资产，其产权属性直接表现为股东对公司股票的支配权，支配权是股东通过市场流通获得公司价值增值的权益。股票具有流通的特性，只有在流通中才能通过市场的评价体现企业的价值。非流通股产权残缺性的制度安排对市场参与主体的行为产生了巨大的影响，内生的导致了非流通股所有者与流通股所有者之间的利益冲突。① 非流通股股东不能享受企业经济管理水平的提高和未来盈利能力所带来的股票价值增值的收益，这就诱使他们只能通过融资、并购、关联交易等方式攫取收益。而为了获取巨额收益，非流通股东更多地采用非市场手段来达到目的。与此相对应的是，流通股只能通过资本增值来实现投资收益和股票的市值增值。股权分置下，这种流通权产权缺陷将流通股所有者和非流通股所有者之间的利益对立起来。② 股权分置时代流通股只占总股本的1/3，因而流通股股东的表决权不能履现，难以改变非流通股的决议。再加上"股权泛化"影响，使得国有股股东凭借其优势侵蚀流通股股东的利益更加便利。③

---

① 吴晓求：《中国人民大学金融与证券研究中国资本市场研究报告（2006）——股权分置改革后的中国资本市场》，中国人民大学出版社2006年版，第36页。

② 流通权在本质上是一项风险资产，其价值取决于标的资产的盈利性、未来的不确定性、市场的风险溢价水平、投资者的信心及其风险厌恶程度、非流通股流通对市场冲击预期等许多因素。这些因素影响越大，则流通权的价值应该越高，所支付的对价也应该越高。流通权的价值是指所有者在产权转让过程中获得的所有效用。这些效用包括可以获得风险规避的好处、在投资者认为企业价值最大化时成功退出从而实现投资回报的最大化、所有权转让的便利以及因这种便利导致的投资风险厌恶系数下降而给投资者效用带来的增值等。参见吴晓求：《中国人民大学金融与证券研究中国资本市场研究报告（2006）——股权分置改革后的中国资本市场》，中国人民大学出版社2006年版，第37—39页。

③ "股权泛化"是指我国上市公司多数股份是国有股，而国有股为全民所有，这种界定缺少明确的产权界定的界限，从而所有者并不能对上市公司的行为进行有效的监管。见吴晓求：《中国人民大学金融与证券研究中国资本市场研究报告（2006）——股权分置改革后的中国资本市场》，中国人民大学出版社2006年版，第193页。

表格 8　中国上市公司股权结构情况（单位：亿元，%）

年份	股份构成	非流通股份	国家股	发起法人股	外资法人股	募集法人股	内部职工股	其他	流通股份	股份总数
1992	股份数	47.69	28.5	9.05	2.8	6.49	0.85	0	21.18	68.87
	比例	69.25	41.38	13.14	4.07	9.24	1.23	0	30.75	100.00
1993	股份数	279.85	190.22	34.97	4.09	41.06	9.32	0.19	107.88	387.73
	比例	72.18	49.06	9.02	1.05	10.59	2.40	0.05	27.82	100.00
1994	股份数	458.50	296.47	73.87	7.52	72.82	6.72	1.1	226.04	684.54
	比例	66.98	43.31	10.79	1.10	10.64	0.98	0.16	33.02	100.00
1995	股份数	546.96	328.67	135.18	11.84	61.93	3.07	6.27	301.46	848.42
	比例	64.47	38.74	15.93	1.40	7.30	0.36	0.74	35.53	100.00
1996	股份数	789.69	432.01	224.63	14.99	91.82	14.64	11.60	429.85	1219.5
	比例	64.75	35.42	18.42	1.23	7.53	1.2	0.95	35.25	100.00
1997	股份数	1271.2	612.28	439.91	26.07	130.48	39.62	22.87	671.44	1942.7
	比例	65.44	31.52	22.64	1.34	6.72	2.04	1.18	34.56	100.00
1998	股份数	1664.9	865.51	528.06	35.77	152.34	51.7	31.47	861.94	2526.8
	比例	65.89	34.25	20.9	1.42	6.03	2.05	1.25	34.11	100.00
1999	股份数	2007.1	1116.1	590.51	40.51	190.1	36.71	33.2	1079.6	3086.7
	比例	65.02	36.16	19.13	1.31	6.16	1.19	1.08	34.98	100.00
2000	股份数	2437.4	1475.1	624.54	46.2	214.2	24.29	35.07	1354.3	3791.7
	比例	64.28	38.90	16.47	1.22	5.65	0.64	0.92	35.72	100.00
2001	股份数	3404.9	2410.6	663.2	45.8	245.25	23.75	16.28	1813.2	5218.0
	比例	65.25	46.20	12.71	0.88	4.70	0.46	0.31	34.74	100.00
2002	股份数	3838.5	2773.4	664.51	53.26	299.7	15.62	32.02	2036.9	5875.5
	比例	65.33	47.20	11.31	0.91	5.10	0.27	0.54	34.67	100.00
2003	股份数	4160.8	3046.5	699.95	59.23	309.71	10.97	34.36	2267.7	6428.5
	比例	64.72	47.39	10.89	0.92	4.82	0.17	0.53	35.28	100.00
2004	股份数	4572.2	3344.2	757.32	70.30	345.02	8.94	46.45	2577.2	7149.4
	比例	63.95	46.78	10.59	0.98	4.83	0.13	0.65	36.05	100.00

续表

年份	股份构成	非流通股份	国家股	发起法人股	外资法人股	募集法人股	内部职工股	其他	流通股份	股份总数
2005	股份数	4745.2	3433.3	552.22	226.30	242.83	3.97	286.59	2914.8	7629.5
2005	比例	62.20	45.00	7.24	2.97	3.18	0.05	3.76	38.20	100.00
2006	股份数	9309.4	4588.2	565.88	69.47	115.83	2.46	3967.6	5637.8	14926
2006	比例	62.37	30.74	3.79	0.47	0.78	0.02	26.58	37.77	100.00
2007	股份数	12138	6033.9	723.17	88.43	49.18	0.66	5243.0	10361	22469
2007	比例	54.02	26.85	3.22	0.39	0.22	0.00	23.33	46.11	100.00
2008	股份数	12005	8015.5	2575.6	161.0	999.3	53.7	199.9	12373	24378
2008	比例	49.25	66.77	21.45	1.34	8.32	0.45	1.67	50.75	100.00
2009	股份数	6489	3464.4	1832.7	131.8	809.9	84.0	194.2	19721	26210
2009	比例	24.76	52.96	28.24	2.03	12.48	1.29	2.99	75.24	100.00

资料来源：胡汝银：《中国公司治理：当代视角》，上海人民出版社2010年版，第98—99页。1992—2004年数据由作者根据《中国证券期货统计年鉴》整理，其他年份数据由作者根据WIND数据库整理。

从表8中可以看出，1992—2004年之间非流通股份比例全都在62%以上，而且国有股份在非流通股份中所占的比例最高，基本保持在35%~49%之间。流通股股份的比例在1992—2004年之间，基本保持在40%以下。从整体上，国家股在总股份的比重呈先下降后上升的趋势，从1992年的41.38%下降到1997年的31.52%。然后不断上升，在1999年达到最高点，并从1998年的34.25%上升到2004年的46.78%。2006年国有股占总股本的比例出现大幅下降并达到小于40%的历史低点，主要是因为在股权分置改革过程中，为了达到全部流通的目的，国有股股东向流通股支付相应对价，导致国有股所占比例的减少。

2005年股权分置改革后，非流通股份总额的比例开始逐年下降，从2005年的62.20%下降到2009年的24.76%。其中国家股在总股份的比重呈先下降后上升的趋势，从2005年的45.00%下降到2007年的26.85%。然后不断上升，从2007年26.85%上升到2009年的52.96%。流通股占总股本的比例逐年上升，1992—2006年的大部分年份，其比例原本都低于40%，至2005年才超过40%，2005年和2006年开始大幅上升，从2005年的38.20%上升到2009年75.24%。

在股权分置改革过程中，国有股、法人股均取得了流通资格，均向流通股股东支付了相应对价。

（三）"股权分置"改革对国企股权结构的影响

股权分置的制度供给，满足了在意识形态刚性约束下，扩大国有企业融资渠道的制度需求，而股票市场在此均衡点上得以诞生，资本市场的发展得以起步并呈现不可逆转的发展态势，是股权分置这一制度安排最伟大的遗产。① 股权分置制度设计扭曲了资本市场的基本功能，还制约了国有企业产权多元化及其公司治理机制的形成。因此，股权分置改革势在必行。股权分置改革是国有经济战略性调整的需要，是还原资本市场定价功能的需要，是平衡流通股股东与非流通股东正当权益的需要。股权分置改革从2005年4月开始试点工作到2005年9月全面推开，2005年9月5日，《上市公司股权分置改革管理办法》正式出台，全面推动股权分置改革正式展开。

"股权分置"改革对于构建运转协调的资本市场体系具有重要意义。股权分置改革能够恢复资本市场的资产估值功能；减少因"一股独大"② 形成的"内部人控制"现象，进而改善国有上市公司的股权结构和优化公司治理结构；可以改变国有股"一股独大"的股权结构；通过国有股流通实现股权多元化，体现国有股的市场价值；股权分置改革还可以平衡股东之间的利益，使股东之间的内部博弈转向市场博弈。

"股权分置"改革为股权结构调整创造了制度条件。股权分置改革之后，国有股将进入二级市场流通进行交易，其股票价值将由二级市场的交易价格来决定。这种股权流动将会逐步改善我国国有上市公司的股权结构，使现有的大多数上市公司由国有股控制的局面得到改变，并使股权结构走向多元化。股权分置改革后，国有上市公司会产生分化，对于那些关系"国计民生"的关键行业领域，国家的绝对控股地位将会强化，而对于"竞争性"领域和行业，国有股所处的控股地位将发生变化，国有资本将会有序退出。

在股权分置改革的过程中，国家主动放弃了部分利益，使得公有股获得了

---

① 杜伟岸：《股权分置改革的制度视角》，西南财经大学出版社2009年版，第43页。
② "一股独大"是指某个持股者在整个股本中占有较大份额，形成相对或者绝对控股，据此掌握了公司事务的决定权、控制权甚至是股价的操纵权，为其谋取私人利益。参见胡汝银：《中国公司治理：当代视角》，上海人民出版社2010年版，第96—97页。

流通资格，是一个典型的以放弃部分利益为代价来提高整体资本市场效率的举措，表明了我国资本市场改革的方向和决心。股权分置改革解决了二元股权结构导致的同股不同权的问题，从根本上改变了市场对流通权定价的基本假设，从而使得流通特权价值的消失[①]，在一定程度上促进了国有控股股东与中小股东利益的一致性。但没有完全解决大股东对中小投资者利益侵害的问题，在进入全流通的过程中，大股东与中小投资者的博弈关系依然存在。股权分置改革为解决国有股控制权收益过高的问题指明了方向。通过支付对价，国有股上市流通，从而为国有股价值的实现提供了一个以市场评价为基础的价格发现平台，这同时为解决国有资产流失的问题找到了出路。

股权分置改革还存在一些未能解决的难题。从微观经济主体的角度来，股权分置改革的完成并不意味着国有股股东会主动放弃控制权收益，国有股股东还会继续攫取控制权收益。作为国有资产的总代表，国家要从宏观层面上建立新的法律制度，以尽量降低控制权收益，提高资本市场的效率，为国有股的保值增值找到合适的融资渠道。因此，股权分置后，进一步解决"一股独大"问题是一个涉及市场定位、利益分配以及在国有经济为主体的条件下，如何理顺国民经济结构的问题。[②] 股权分置改革未从根本上改变国有股过于集中的状态。股权分置改革后，政府对国有企业与对国有资本控制的方式发生了变化，从过去将资本市场作为国有企业的融资平台，转变为依靠其在资源优化配置方面的作用使国有企业做大做强。大型国有企业凭借其优质的资产质量加快上市步伐。而这种外延注入式的增长使得国有和非国有上市公司的差距进一步拉大。随着大量优质的国有资产陆续进入资本市场，国有股在资本市场中的比重不但没有降低，反而再次回升。这种现象也反映了我国现有经济结构中国有经济"占主导地位"，保持公有制的地位不动摇的政治倾向。

[①] 贺强、李俊、黄锐光、于光：《我国上市公司重大问题研究》，经济科学出版社2011年版，第286页。

[②] 胡汝银：《中国公司治理：当代视角》，上海人民出版社2010年版，第102页。

第二节　国有企业与政府关系的演变

一、政企关系的破冰

国有企业产权制度改革是在公有产权制度演化的过程中渐进推进的。国有企业产权之改革包括两大核心内容：一是国有企业作为体现公有制经济的代表如何调整和理顺企业内部的产权关系成为自主经营的法人实体，即国有企业既要实现企业追逐利益的目标，又要实现国有经济控制力的目标；二是在公有产权演化的逻辑下国有企业如何调整与政府（国家）的关系，即在保持公有制性质不变的前提下，国家和国有企业如何实现其各自价值目标。

根据"经济人"理论假设，政府（国家）和企业各自的目标和利益是不一致的。国家（政府）因其功能定位，目标和利益具有特殊性。从马克思和西方政治学、经济学的理论研究来看，国家的起源问题主要有两种代表性的观点：契约论和掠夺论。斯宾诺莎、霍布斯、卢梭等人将国家视为人们自愿订立契约的产物，即人们通过自愿让渡部分权利而产生公共权利组织。国家赋有保护个人的生命、自由和财产的使命。公民可以以为国家提供服务为基础获得公共服务。掠夺论认为国家是生产力的发展导致的阶级剥削。从这个角度讲，国家作为统治集团或阶级的代言人，存在最大限度地维护统治者的利益而忽视社会福利的现实问题。马克思以唯物史观为出发点论证国家存在的意义。马克思认为，国家的产生是基于统治阶级的意志，国家政权也始终被统治阶级掌控。国家权力始终服务于统治阶级的利益。马克思同时认为，国家既是阶级矛盾不可调和的产物，也是社会分工的产物，前者相对于国家本质而言，后者则相对于国家职能而言。实现政治统治是国家的本质属性。国家的本质决定着国家职能的性质，国家职能的性质决定着国家职能的具体内容、决定着国家职能实现形式。

从以上国家的起源理论可以将国家比作三个手的化身：即无为之手、扶持之手、掠夺之手。古典经济学派以及其继承者自由主义学派和新自由主义学派都认为国家是"无为之手"，强调国家或政府越小越好，只需扮演"守夜人"

的角色，剩下的事情交给市场即可。通过充分发挥市场调节经济配置资源的作用来实现社会福利最大化。福利经济学强调国家或政府是"扶持之手"，强调国家和政府的目标是实现社会福利的最大化，国家是善意的，是对市场调节的必要补充。"掠夺之手"认为国家本身具有其自身利益，并会使用国家暴力机器实现其利益。从以上分析可以看出，国家的地位和功能决定了其具有多重目标和利益诉求。

相对于国家而言，企业是社会经济运行的微观单位，其存在的目的是实现自身效益的最大化。而国有企业的公有制属性决定了国有企业的特殊地位和功能。在建立现代企业制度以前，国有企业隶属于政府，不作为独立的经济实体进入市场。在国有企业产权高度合一的产权约束条件下，政府与国有企业之间是行政隶属关系。国有企业的生产经营活动由国家行政性指令来安排，企业的生产和供销、财产的处置，收益的分配，资金的使用均由国家统一调配。国有企业的经营管理者也由政府的相关部门任命。国有企业的生产经营和管理制度也由国家或政府来制定，企业只负责按照国家的计划指令执行即可，因此政府与国有企业之间不存在经济利益冲突。

在国有企业与政府产权高度合一关系下，国家是国有资产的单一所有者，国有资产产权包括的所有权、占有权、支配权、收益权和处置权均由国家掌握，国有资产产权高度合一。政府一方面是国有企业的最终裁决者，另一方面为国有企业的经济活动承担无限责任。国有企业不能作为独立的法人主体参与市场经济活动，无法摆脱所有制限制的政治性，形成了"政企不分"的产权关系。"政企不分"一般是指政府机构一般不直接干预企业的经营，只根据法律实行必要的行业管理。[①] 解决政府与国有企业之间的政企不分的问题就是通过产权关系调整来理顺政府与企业之间的所有权和支配权的问题。

在国企股份制改造之前，国家依然是国有企业的最大股东，"政企不分"历史的惯性使得政府无法将公共管理职能和国有资产所有者的身份更好地剥离开来，习惯性地以前者身份代替后者，实行最终裁判权，并依然残留国有企业的软预算约束。也正是国家与企业"政企不分"的产权关系，才形成了国家对国有企业的经济活动承担无限责任的问题，形成了软预算约束。根据匈牙利经济

---

① 顾功耘：《国有经济法论》，北京大学出版社2006年版，第28页。

学家雅诺什·科尔奈研究社会主义国家和企业之间的产权关系的一种界定。这种产权关系实际上是国家对企业所有权的管制，最终形成了企业非法人主体的状态。国家既是企业的所有者，又是管理者，还为企业承担无限连带责任。主要表现为国家财政对国有企业的经营亏损进行的补贴。在现代企业制度未建立之前，政府和国企之间存在着严重的软预算约束关系。

政府补贴作为国家有效干预和调节社会经济生活的重要手段，具有世界普遍性。中国的政府补贴主要指价格补贴和国有企业亏损补贴。价格补贴属于宏观调控性支出，是政府调节收入、稳定价格的一种手段。国有企业亏损补贴是政府从财政收入中扣减出来，用于弥补国有企业亏损的支出。在现代企业制度建立之前，国家对国有企业的亏损补贴数额巨大。在国有企业股份制改造的过程中，政府逐步提升国有企业的市场主体地位，并逐渐减少国有企业的亏损补贴。尤其是在国有企业完成三年脱困任务之后，国家财政支出中对国有企业亏损补贴无论在绝对规模上还是相对规模上都有所下降。2000年底，国有企业大中型亏损数量由1997年的6599户减少到2208户。在此过程中国有企业亏损补贴的总量从1992年的444.96亿元下降到2001年的300.04亿元，占GDP的比重也从1992年的1.67%下降到2001年的0.31%。国有企业亏损补贴的总量从2002年的259.41亿元下降到2008年的158.89亿元，占GDP的比重也从2002年的0.25%下降到2008年的0.05%。[①]

现代企业制度是以规范和完善的企业法人制度为主体，以有限责任制度为核心的新型企业制度。其特征是：政府权能和企业职责分开，产权关系明晰，企业中的国有资产所有权属于国家，企业拥有独立的法人财产权，是自主经营、自负盈亏的独立法人实体。企业和国家都以其出资份额的法人财产权享有民事权利、承担民事责任，按照《公司法》的规定以出资者的出资份额承担资产经营风险责任；出资者按其投资企业的资产份额依法享有所有者权益，并承担有限责任。政府作为国有企业的完全或部分出资者不能干预企业的经营活动。国有企业按照现代企业制度的组织形式运行不是以所有制性质划分为基础的，而是按照财产的组织形式运行，同时，企业承担相应的法人责任。因此，政企分开是法人财产权的核心要求。

---

① 数据根据《2003年中国市场经济发展报告》《2005年中国市场经济发展报告》《2008年中国市场经济发展报告》和《2010年中国市场经济发展报告》整理。

我国企业的立法也伴随着经济转型和现代企业制度的建立不断地完善和修缮。以《公司法》为代表的企业法以组织形态标准逐步代替原来以所有制标准为基础的企业法律体系。这种变化符合市场经济和社会化大生产的要求，也符合政府与企业产权关系调整的需要。《公司法》中对股份有限公司、有限责任公司等企业组织形式的法律条文规定，为政府和企业之间关系的产权关系调整提供了技术支持和法律保障。

经过国企股份制改造后，国有企业股权结构逐渐多元化，国有股作为第一大股东地位开始发生变化，因此，国家过去与国有企业之间形成的产权关系开始发生变化。国家对国有企业的软预算约束逐渐变为硬预算约束，国有企业附带的办社会职能也逐步褪色，国有企业职工身份通过股份制改造也进行了转换，政府也不必为国有企业办社会的职能买单，政府承担责任的程度逐步变小。国有企业与政府的关系也进一步变得明晰。政府的行政权力对企业的干预程度也逐步降低。国有企业也逐渐依靠《公司法》的条文规定来规范和约束企业的管理行为。

1994年国务院选取了100家国有企业作为建立现代企业制度的试点。对试点企业进行多种形式的公司制改造，剥离企业的社会职能，展开破产兼并工作，逐渐改变国企与政府的"父子关系"，使国企"能生不能死"软预算约束逐渐褪色。经过试点改革及推广，国有企业现代企业制度已经初步建立，国家与企业之间的责、权、利的关系也逐渐明晰，但是政企不分的制度惯性依然制约国有企业与政府之间的关系。国家作为国有企业的出资人，其国有资产所有者职能与政府的社会经济管理职能还不能完全分开，因此出资人还不可避免对国有企业的经营活动进行干预。在国企股份制改造后，政府还对一些国有企业完全控股和绝对控股，对于这类国有企业，政府的最终裁判权和干预的能力还在持续。例如，在国家实施宏观调控职能时，国家发改委等部委就通过实施"约谈制度"来干预国有大中型企业的经营活动。所以，国有企业的产权制度还必须继续推进"政企分开"，真正实现"政企分开"以达到改革的预期效果。

二、政资关系的调整

"政资分开"是指政府机构不直接干预国有资产的支配和运营，而是根据法律由专门的国有资产代管机构对国有资产的经营机制实行严格的监管。资企分开是根据现代国家社会职能分开的理论,将国有资产的出资人与国有资产的持有者(国有企业)严格区分开,还将国有资产的监督管理职能赋予国资代管者行使,使出资人和国有企业之间建立一道隔离墙,防止出资人干预国有企业的经营事务。从政府与企业产权关系调整来分析,政资分开和资企分开在于调整政府和国有企业之间收益权、分配权、所有者控制权以及国有资产如何经营、保值、增值的问题。根据"经济人"假设和"委托代理"理论,出资人是国有企业资产所有者,国有企业作为经营性国有资产的持有者,通过其独立运营,实现自负盈亏,为其出资人实现盈利(国有资产的保值增值)。也就是说国有企业作为独立的法人实体,以实现企业盈利为目的,同时也就实现了国有资产(在企业中表现为国有股)的市场价值。而国家则需要选择和授权代理人负责国有资产的管理和监督、实现国有资产的有序调配。国有资产的代理人或代管人通过对国有资产的管理、监督和调配实现国有资产的保值增值,以此来实现国有资本体现国有经济控制力和履行其他社会职能的目的。

表格 9　国有资产管理体制变革及特征

时期	管理机构	国有资产管理特点
1988—1998 年	国家国有资产管理局（隶属财政部）	国家国有资产管理局不具备国有资产所有者的职能,其行使的只是国有资产的管理职能,"管人管事"职能缺位,只能作为国有资产的登记管理机构,不具备出资人资格。
1998—2002 年	财政部（1998 年）国务院（1999 年）	国家作为所有者控制权地位得到加强;国有资产归国家统一所有、政府分级管理和监督、企业自主经营[①];国有资产管理职能被削弱;国有资产管理混乱,多头管理——九龙治水,出现大量国有资产流失现象;所有权约束职能失效,国有资产经营无真正负责人。

---

① 分级管理体制:国有资产所有者职能被分隔在不同的综合部门,国有企业资本金基础管理和收益分配由作为社会经济管理部门的财政部和地方财政厅负责,国有企业的投资由国家发展计划委员会审配,国有企业的人事任命由国家人事部和大企业工委负责,国有企业财务的监督由新设立的稽查特派员供述负责,国有企业的劳动给工资受国家人事部门和劳动部门控制,国家经贸委负责企业的"三改一加强"的工作,但还行使着部分所有者职能。参见张文魁、袁东明:《中国经济改革30年——国有企业卷（1978—2008）》,重庆大学出版社2008年版,第215页。

续表

时期	管理机构	国有资产管理特点
2003—2013年	国务院国资委、地方国资委	国资委集中行使国有资产所有权职能；国有资产国家国有、中央政府和地方政府分别代表国家履行出资人职责①；初步解决了国有企业"出资人缺位""所有者虚位"的问题和国有资产多头管理以及无人负责的问题。中央政府和地方政府分别代表国家履行出资人的体系初步形成，结束"九龙治水"的困局，"管人管事管资产"的监管体制形成。
2013年至今	国有资本投资运营平台试点（组建国有资本运行公司和国有资本投资公司）	"管人管事管资产"的监管体制混同了出资人职责、政府监管和行业监管的边界。国资委职责模糊，国资监管目标出现偏差。完善国有资产管理体制，从"管资产"到"管资本"的改革。2013年11月《中共中央关于全面深化改革若干重大问题的决定》提出完善国有资产管理体制，以管资本为主加强国有资产管理，改革国有资本授权经营体制。

表格资料为笔者整理。

政府作为出资人解决了原有国有资产管理体制中的"所有者缺位""政府权限越位"和"政府管理错位"等问题，实现权、责、利的统一，解决了国有资产多头管理的历史问题，进一步明晰了产权关系，提高了国有资产的管理效率，软化了所有者约束。

在所有权和经营权分开的产权关系下，明确国家作为出资人的角色可以在现代企业制度的框架内进一步完善国有企业的产权结构和公司的法人治理结构。产权明晰是公司法人治理结构建构的前提。产权明晰是指企业所有权属于国家，企业拥有以出资人形成的法人财产，成为享有民事权利、承担民事责任的法人主体。企业用其全部法人财产自主经营，实现自负盈亏，出资人按其出资额

---

① 2003年4月，国务院国有资产监督管理委员会即国资委成立。国资委职责和任务是：由国务院授权代表国家履行出资人职责，监管国有资产，确保国有资产保值、增值，进一步搞好国有企业。2003年5月，国务院颁布《企业国有资产监督管理暂行条例》，规定企业国有资产属于国家所有；国务院代表国家对关系国民经济命脉和国家安全的大型国有及国有控股、国有参股企业，重要基础设施和重要自然资源等领域的国有及国有控股、国有参股企业履行出资人职责；省、自治区、直辖市人民政府和特区的市、自治州级人民政府分别代表国家对国务院履行出资人职责以外的国有及国有控股、国有参股企业，履行出资人职责。监管条例规定，坚持政府的社会公共管理职能与国有资产出资人职能分开，国有资产管理机构不行使政府的社会公共管理职能，政府其他机构、部门不履行企业国有资产出资人职责。参见张文魁、袁东明：《中国经济改革30年——国有企业卷（1978—2008）》，重庆大学出版社2008年版，第217页。

（或股份）的比例分享企业的经营收益。企业破产时，出资人以其出资额对企业承担有限责任。政府作为出资人还解决了国有资本的流向问题，从原来对企业实物资产的管理转向对企业价值形态资产的管理。这种转向为国有经济优化布局，国有资本的有序进退提供了手段。国有资本可以实施有计划地退出相关领域，并通过引入战略投资者，实现投资主体多元化，提高国有资本的流转效率。地方政府作为本级国有资产的管理者还可以因地制宜经营管辖范围内的国有资产。地方政府可以依据管辖范围内国有资产的数量、质量和分布状况，以及政府本身的财政状况，量体裁衣制定国有资产管理模式。

国资委作为一个集中行使国有资产管理职能的部门，理顺了政府和企业之间的关系。国资委职能的履行保证了出资人的权益，为国家与国有企业之间实现"政企分开""资企分开"提供了制度保障。

党的十八大以来，国企改革进入新时期，国企改革紧紧配合经济新常态和供给侧结构性改革进行顶层设计。十八届三中全会中制定的《关于深化国有企业改革的指导意见》成为新时期国企改革的顶层设计方案。国企改革的顶层设计方案规划了新时期国企改革的目标和方向。这一时期要从分类改革、完善现代企业制度和国资管理体制、发展混合所有制经济、强化监督防止国有资产流失等方面提完成国企改革的任务。国有资产管理体制从"管资产"到"管资本"进一步深化，进一步实现政企分开、政资分开，并开始改组、组建国有资本投资、运营公司。改革前，国资委同国有企业之间是国资委管人、管事、管资本治理关系；改革之后，国资委原来的"三管"职能转变为只负责监督和管资本；国有资本投资运营负责持股，国有企业主要是经营生产。国资管理的两元结构到三元结构的转化，将国资委以往既当监管者，又是管理者的双重身份变成了由国资委统一担当监管者，并由多个国有资本投资运营公司做出资人，从而构建政企分开、政资分开的国资治理结构。

三、国有企业办社会职能的剥离

在计划经济时代，由于政府和企业的产权关系不明晰，国有企业代替国家社会保障部门承担了大量的社会公共职能。国有企业办社会具有其历史原因，是计划经济时代的产物。国有企业办社会增加了企业的成本支出，使企业背负了沉重的负担，难以成为独立的经济实体参与市场竞争。国有企业办社会严重地束缚了国企自身转型的能力，弱化了企业的自主创新能力。国有企业办社会还增加了国有企业内部委托代理的链条，使监管成本增加，监管弱化，因此导致企业内部"平均主义"、腐败、寻租现象盛行，导致企业产权交易效率下降。

国有企业股份制改造是解决国有企业办社会职能的有效途径。国有企业通过公司制和股份制改造，逐步解决了国有企业历史遗留问题，实现投资主体多元化和产权结构的多元化。国有企业剥离各种附加的社会公共职能是"政企分开"的必由之路，是其成为独立法人实体，实现市场化运营的关键所在。

政府具有承担社会公共职能的要务，通过国有企业的股份制改造将国有企业承担的各种职责逐步由政府收回，并交由相应的部门管理和履职。将原国有企业承办的属于公共性质的机构按照相关法律法规分离出来，或是纳入政府的单位编制，或是对其进行改造，按照市场化的规则推向市场，进一步地调整和理顺国有企业内部产权结构，改变企业内部大而全、小而全的产权界定不清晰的状况，理顺企业内部分配关系，为企业建立现代企业制度铺平道路。

国有企业改制要解决国有企业的主辅分离、国有企业职工去向、国有企业因主辅分离导致的部分不良资产等问题。

国有企业主辅分离、辅业改制的主要内容是：企业在进行结构调整、重组改制和主辅分离过程中，可利用企业内部的非主业资产、闲置资产和关闭破产企业的有效资产（三类资产）创办面向市场、独立核算、自负盈亏的法人经济实体，采取多种渠道分流安置企业富余人员和关闭破产企业职工，减轻企业的就业压力。[①] 国有企业主辅分离、辅业改制的核心要义就是要理顺政企分开和国有企业改制后的产权关系。

国有企业办社会资产及辅业分离包括：企业自办学校、企业自办医院、企业自办的后勤服务等福利性机构、企业自办的非公益性及福利性辅业资产。通常政府会要求非生产性资产，如招待所、医院、学校和食堂从生产性资产中分离出来。具体的做法是将资产和相关职工移交地方政府管理。地方政府可以在营运三年之后，通过改制将非生产性单位转化为营利性实体。[②]

---

① 三类资产是指企业的非主业资产、限制资产和关闭破产企业的有效资产。参见刘祖晴、沙非、翟祥辉：《国有企业改制解惑》，中国财政经济出版社2004年版，第181页。

② 宋立钢、姚洋：《中国企业的所有制改革：进程、成效及其前景》，中国财政经济出版社2006年版，第49页。

自办学校。根据《关于进一步推进国有企业分离办社会职能工作的意见》规定，国有企业办学校处置方式有两种：一是整体移交给当地政府，学校资产、人员按照当地教育行政部门确定的编制标准统一接收。二是分离后实行市场化，走民办教学的道路。对于符合地区卫生规划的企业自办医院，可以从企业直接分离出来，当地政府有接受能力的将医院的资产、人员成建制移交当地政府，由当地政府统一管理。企业还可以作为投资主体，单独与其他事业单位联合办医，组建独立的法人实体。对于不符合当地区域卫生规划的企业自办医院，企业可以停止开办或者撤销改建为企业内设的卫生所、门诊部。自办的后勤服务等福利性机构。逐步由福利性向经营性过渡，通过改善经营的方式，逐步过渡到自主经营、自负盈亏的独立经济实体。① 自办的非公益性及福利性辅业资产。对于企业自办的非公益性、福利性辅业资产，可以采用移交全部资产受托经营方式、辅业资产带资分流方式、辅业员工承接方式或先改制再退出等方式。

国有企业改制过程中的分流安置国有企业员工。国有企业改制过程中国有企业分流安置富余劳动人员是关系社会稳定和谐的重要事情。国有企业改制前存在大量富余职工，造成企业运行成本高居不下，运行效率低下。国家对国有企业改制后产生的人员分流做出了相应法律规定，来理顺国有企业和这些分流人员的劳动关系。依照国家法律规定：第一，对原主体企业分流进入改制企业的富余人员，原主体企业与其变更或解除劳动合同，应该由改制企业与其变更或重新签订三年以上期限的劳动合同。变更或签订新劳动合同应该在改制企业工商登记后 30 天内完成。第二，对分流进入改制为非国有法人控股企业的富余人员，原主体企业要依法与其解除劳动合同，并支付经济补偿金。职工个人所得经济补偿金，可在自愿的基础上转为改制企业的等价股权或债券。第三，对分流进入改制企业为国有法人控股企业的富余人员，原主体企业和改制企业可以按照国家规定与其变更劳动合同，用工主体由原主体企业变更为改制企业，企业改制前后职工的工作年限合并计算。第四，改制企业要及时为职工接续养老、失业、医疗等各项社会保险关系。②

---

① 刘祖晴、沙非、翟祥辉：《国有企业改制解惑》，中国财政经济出版社 2004 年版，第 193 页。
② 刘祖晴、沙非、翟祥辉：《国有企业改制解惑》，中国财政经济出版社 2004 年版，第 189 页。

第四章　国有企业产权制度改革的基本遵循

第一节　强化国有经济主导作用和控制力

国有经济的重要地位和职能主要体现在维持国家经济独立性及维护社会稳定，保持经济再平衡和提供公共服务，积累国家财富以实现全民共享。在体现国有经济控制力的基础上，实现国民共进，更好地履行社会责任，能使国企改革的成果进一步地增进全民福祉。

一、公法与私法视阈内国有经济和国有企业的法律特征

在东方国家以"以公为先"的伦理维系社会运行，这种伦理成为东方国家的传统并影响至今。财产权的要义一方面否定财产手段性同时也否定其私权性，也就是否定财富与私权同一性，导致财产权和所有制的割裂，以"公"盖"私"，忽视甚至是损害"私利"。在西方社会的价值观当中，产权的要义则忽视财产的手段性，尊崇财富与私权直接同一，结果导致财产权和所有制的间接同一，因此，西方社会积极推崇私权神圣，公有产权有侵犯和腐蚀私有产权之嫌。

在现代市场经济的法律体系中，事实上存在公法与私法的区分。公法与私

法同是指国家正式法规的基本范畴。① 公法以发动公共权力为特征，是调整社会关系的法律规范的总称。私法与公法是一对孪生兄弟。作为公法的对应概念而出现的私法是以平等主体之间自主选择为特征，用以调整社会关系的法律规范的总称。公法体现了社会生活中要求集中管理的方面，重心是规定公民与国家的关系。私法体现了社会生活本身不受国家权力任意干涉的需要，属于国家权力需要"放开"的部分。② 私法更多地强调人们按照客观经济规律办事，即按照市场规律办事。它的价值侧重于自由和效率，私法的功效在于校正正义。在市场经济运行过程中，不论是发达国家还是发展中国家，都会通过国家权力来规范和约束一些行为，而对于自然人主体之间的行为也需要相关的规范来约束。公法调整国家与公民之间的纵向关系，私法调整平等主体之间的横向关系。③

私有产权与公有产权的融合是因为私有产权与公有产权都是作为实现各自目标的手段而与具体经济体制结合在一起。私有产权多与商品经济结合。公有财产旨在服务国家的公共职能，因此，常与自然经济或产品经济相伴。从国家产生的本源和存在的经济政治基础来看，国家具有公法人属性。公共权力是国家运行的前提和基础，而公共权力又是私权（或私益）的集合体，所以公共权力的维系必须以私权（或私益）为基础。这就导致国家作为经济主体参与经济活动时，往往同时具有私法人格。国家的私法人格是指国家依据参加各种私法关系并成为该种法律关系主体资格。④ 国家参与经济活动是通过主体转化及主体的具体化来实现的。⑤ 国家必须转化成为特殊法人才具备参与经济活动的法律资质。

特殊法人是指，国家制定的调整公共产品生产和运营体系中政府出资组建直接或运营公共产品的国有企业或其他国有经济组织的经济组织关系的法律。⑥ 特殊法人从产权的角度讲，就是国家作为唯一的出资人形成的国家完全控股的国有独资公司。特殊法人决定了在中国的国有企业制度安排下，国家所有权可以被看作一种公共性商事权利。强调国家所有权公共性商事权利具有现实意义，

---

① 高鹤文：《准公共产品领域国有经济功能定位》，吉林大学出版社2011年版，第63页。
② 谢地：《国有经济的身份与地位：法经济学的视角》，载《政治经济学评论》，2010年第7期。
③ 高鹤文：《准公共产品领域国有经济功能定位》，吉林大学出版社2011年版，第68页。
④ 谢地：《国有经济的身份与地位：法经济学的视角》，载《政治经济学评论》，2010年第7期。
⑤ 高鹤文：《准公共产品领域国有经济功能定位》，吉林大学出版社2011年版，第69页。
⑥ 高鹤文：《准公共产品领域国有经济功能定位》，吉林大学出版社2011年版，第69页。

国家可以通过国家所有权参与商事竞争，旨在实现政府提供公共产品和进行宏观经济调控的特定目标，并更有效地解决社会福利分配难题。国家具有两个相互冲突的目标：一方面是使统治者租金最大化，另一方面要降低交易费用以达到社会总产出的最大化目标。两个目标的冲突根源在于有效率的产权制度的确立与统治者的利益最大化之间存在冲突，因此建立有效的产权制度有利于社会产出最大化，但可能并不有利于统治者的租金最大化。[①] 国有企业产权制度变迁的过程中公有财产权优化政策，并不是以对私有财产权造成实际损害为条件的。而是通过"优先"发展公有制来排除私有财产发展的困难和促进私有财产权的可持续发展。私有财产权与公有财产权裂变后又在同一所有制下走向融合，这成为推动国有企业产权制度改革的一个重要因素。因此，基于国有企业公法属性和私法属性的内在逻辑对国有企业进行定位，对于国有企业深化产权改革具有重要意义。

二、国有经济是维护社会主义制度的基石

马克思主义理论构成了我国国家革命和建设的指导理论，也是指导社会主义国家进行革命和建设的理论基石。社会主义国家以生产力发展为己任，这是由社会主义基本矛盾所决定的，即社会主义国家生产力的发展必须满足人民群众日益增长的物质文化需求。这就要求国家通过生产力的发展能够为广大的人民群众提供满足物质文化需求的公共产品。社会主义国家要实现政权的稳定和长治久安就必须采用适宜的政治经济制度为执政的合法性提供制度保障。

公有制经济是立国之基。在社会主义制度建立之初，国家举全国之力及通过社会主义的三大改造建立了社会主义制度的经济基础，并力主巩固和扩大国有经济的范围及基础。国有经济及其功能定位是社会主义国家维护社会主义制度的基石，是提供社会公共服务和公共产品不可或缺的工具。国有企业维护社会主义国家基础的具体表现为维护社会稳定和国家安全。而国有经济比重的变化是在国家调控和市场竞争中的动态变化过程，国有经济的比重也要依据有效实现社会主义国家职能的需要来确定。

---

① 黄新华：《当代西方新政治经济学》，上海人民出版社2008年版，第186页。

(一) 维护社会稳定

社会稳定具有公共物品属性。在转型过程中，政府为了维持社会稳定，多会选择延迟国有企业产权私有化转化的步伐，保留一定数量的国有企业。这些被保留下来的国有经济和国有企业继续承担着多重任务，即生产、盈利、控制和提供社会福利的任务。如果现有的社会稳定程度较低，坚持改革的政府应该在转型过程中保持相当数量的国有企业，并采取延迟私有化的策略。在改革初期保留一定比例的国有企业原因在于国家无法提供健全的社会保障，而这个任务就落到了国有企业的身上，国企承担多重任务可能会使其包袱缠身，处于低效运行的窘境。而当社会保障体系建立和完善之际，就是国有企业剥离提供社会公共服务职能的时候。政府不能完全对国有企业进行改革，关键的原因在于现实的社会保障体系还不完善。那么，国有企业的利润分配不是简单地重新分配，而是要求国有企业保持盈利和持续经营以支撑整个国民经济的健康发展的基石。

经济转型过程中的中国，社会稳定同样具有公共物品属性，对改革的顺利进行具有决定性的意义。因此，国有企业产权制度改革的节奏需要与社会保障机构建设的速度相协调，在那些社会公共服务的机构成长没有完全履行职能时，国有企业还不能全剥离提供公共服务的职能。在这种情况下，国有企业作为大部分公共物品和准公共品的提供者为社会稳定做出了重要的贡献。在我国经济转型期，国有企业在公共投资领域发挥了重要作用，如在保障社会就业和公共事业投资方面。

1. 保障社会就业

国有企业作为社会系统的有机组成部分，并作为我国国民经济的基础，是社会主义市场经济的重要组成部分，是社会财富的主要创造者，是社会进步的推动者，无论是在发展生产力、推动技术进步，还是在消化就业人口、调节收入分配等方面，都对经济社会发展起着基础性的作用。改革开放以来，国有企业在承担就业人口、提高就业率方面做出了重大的贡献。虽然非国有部门承担就业能力和人数在不断上升，并超过了国有经济部门，以及因国有经济布局战略性调整，导致国企承担的就业人口的数量出现逐年下降的结果。但不能因此否认国企在改革开放 40 年当中为优化产业结构、提供社保资金、承担就业重任等方面所做出的贡献。尤其是在经济周期波动比较剧烈的时期，国有企业在稳定就业方面发挥了重要作用。在 2008 年金融危机期间，中小型企业纷纷破产倒闭，吸纳就业人口能力下降，吸纳就业人数也大幅下降，吸纳就业人口的重任转向国有企业。在 2009 年全球经济危机期间，为了稳定和保持就业人数，国务院和国家发改委要求国家机关和国有企业 2009 年吸纳就业人数不低于 2008 年人数，基本保持在 100 万左右。为缓解社会就业压力，中央企业积极扩大就业面，落实"保民生、保稳定，关键时期保就业"的号召。据不完全统计，2009 年 99 家中央企业招收应届高校毕业生 20.3 万人，比 2008 年增长 7%。2010 年中央企业招收高校毕业生 24.23 万人，比 2009 年增加约 19.4%。面对 2008 年金融危机的冲击，全国国有企业努力保民生、保就业、保稳定，在企业减少的情况下，全年平均从业人员 3658.7 万人，仅比上年减少 0.2%。[①]

2. 公共事业投资

公共事业投资领域多为公共产品和准公共产品。公共产品具有共同消费的特质，大多是用于满足社会公共需求的产品和服务，是相对于私人产品而言的。诺斯和巴泽尔把资源或者资产契约性质作为衡量公共产品或公共领域的重要特征。诺斯认为，衡量资源的费用超过收益的地方，从来是共同财产资源存在的场合。巴泽尔认为，利用未定价的属性就等同于置这些属性于公共领域内，这里的公共领域具有共有产权性质，即不能通过契约而获取的特性应该被看成是"公共领域"。共有产权具有交易复杂性、度量和监督其属性成本高的特性，因此共有产权未定价的属性往往被过度利用。巴泽尔把不能通过契约而获取的特性看成是"公共领域"。公共产品具有效用不可拆分性、受益的非排他性和消费的非竞争性特征。不可拆分性是指在公共领域内，作为一个公共财产的所有者或使用者，并不能取走公共财产中属于自己的份额。[②] 受益的非排他性是指共有权的所有者不能排除别人分享他努力的成果，而且无法精确衡量任何人使用资源所带来的成本或费用。非竞争性是指在公共领域内每一位成员都有享有平分共同体收益的权利，排他性和可让渡性是不存在的，使用者公共承担使用费用或租值损耗。

经济学理论认为，公共产品更多地应该由国家或国家授权或国家参股成立的特殊法人来承担。在实际经济运行当中，"纯公共产品"已很难界定，大量存

[①] 张德霖：《中国国有资产监督管理年鉴 2009 年》，中国经济出版社 2009 年版，第 34 页。
[②] 张德霖：《中国国有资产监督管理年鉴 2009 年》，中国经济出版社 2009 年版，第 34 页。

在的是介于公共产品和私人产品的准公共产品。根据对公共物品存在的范围和特性,可以把准公共产品分为自然垄断型准公共产品和优效型准公共产品。① 自然垄断型准公共产品是指其生产或传输过程中具有自然垄断性的一类产品,多指水电服务、铁路和航空服务等。优效型准公共产品是指对个人或社会都有好处,在政府不干预的情况下消费不足的产品,例如教育、科研设施、医疗保健机构等。②

国有经济及国有企业在国民经济发展的过程中提供了大量的公共物品和准公物品,为国民经济发展和服务全民做出了重大贡献。在基础设施建设方面,国有企业的贡献功不可没。中国计划在2020年前建成一个总长度达85000公里的巨大高速公路网络。高速公路网络将联通人口超过20万人口的大城市。为了实现这一目标中国在交通和高速公路领域的年投资总额将达到1220亿元。2010年初,中国已经以650065公里的高速公路总长度位列世界第二,居美国之后。2011年中国拥有3300公里长的高铁线路。③ 中国未来的高铁网络由四条东西向和四条南北向的铁路线组成。在高铁网络的建设中,国企承担着高铁的科研和具体的建设工作。在中国高速铁路建设中,中国南车集团和北车集团主要负责高速铁路技术研发和项目建设的施工。国企在国家基础设施的建设和设施功能提升方面担当了重任。国企在承担国家重大基础设施项目中也提升了自我发展的能力。国有企业在运营高铁项目中可以提高企业自主创新能力,增强企业的核心竞争力,加速了企业结构的转型。中国通过高速铁路建设逐步形成了区域性的"高铁经济圈"。"高铁经济"泛指依托高速铁路的综合优势,促使资本、技术、人力等生产要素,以及消费群体、消费资料等消费要素,在高速铁路沿线站点实现优化配置和集聚发展的一种新型经济形态。高速铁路对城市区域的空间形态、产业结构、社会流动、区域管理等方面带来巨大的变革。城际高铁的开通,促成城际公共交通服务一体化、居住和工作的异地化、旅游活动同城化、促成教育、医疗等公共服务的跨城共享。④

---

① 高鹤文:《准公共产品领域国有经济功能定位》,吉林大学出版社2011年版,第15页。
② 高鹤文:《准公共产品领域国有经济功能定位》,吉林大学出版社2011年版,第15页。
③ [法]皮埃尔·皮卡尔:《20年后,中国和世界》,陈昊源译,江苏人民出版社2012年版,第20—21页。
④ 参见刘继广、沈志群:《高铁经济:城市转型的新动力》,载《广东社会科学》,2011年第3期。

表格 10　中国已经建成高铁线路（部分线路）

建成年份	线路	里程	投资额度
2008 年	津京线	120 公里	约 200 亿元
2009 年	武广线	968 公里	约 1166 亿元
2010 年	京沪线	118 公里	约 2209 亿元
2012 年	哈大线	921 公里	约 923 亿元

资料来源：笔者整理。

（二）维护国家安全

国家安全是指作为政治权力组织的国家机器所建立的社会制度生存与发展的保障，包括国家的独立、主权和领土完整，以及相关的国家政权、社会制度和国家机关的安全。从一般意义上说，它包括经济安全和国家军事安全。

1. 经济安全

国有经济和国有企业维护国家经济安全主要表现为国有经济在维护宏观经济稳定和抑制通货膨胀方面的作用。在金融危机持续蔓延的情况下，国家通过注资和担保的方式救助金融企业是维持金融体系稳定的有效办法，这种救助办法的实质是以国家信用暂时代替金融企业的信用，而最终结果是以部分金融机构被暂时国有化来消化危机对整个经济的冲击。国有经济体系下，国有金融机构的信用基本等同于国家信用，国有银行体系的崩溃意味着国家信用的崩溃。因此，国家以其信用救助陷入危机深渊的国有银行是各国的普遍做法。

中国的国有银行体系在近 10 年两次金融危机期间和维护宏观经济体系稳定中都发挥了重要作用。国有银行体系作为宏观调控政策工具有效地配合宏观经济调控，确保了经济的稳定运行。金融危机对中国的金融机构未造成巨大的损失，一方面，是因为危机的策源地在发达的经济体中，中国只是梯度地转嫁和吸收部分金融的风险；另一方面，中国的金融机构还未完全地对外开放，再加上银行体系的市场化改革使我国金融体系具备一定抗击系统风险的能力。中国的国有银行在市场化改革过程中积累大量的资本金，为国家实施货币政策，化解国际金融危机的风险提供了保障。中国银行市场化初期的 2006 年底，中国银行金融机构的总资产为 43499 亿元人民币，四大国有银行的总资产为 225390 亿元，占了中国银行业金融机构总资产的 51%。到 2010 年 12 月底，中国银行业金融机构的总资产为 942584 亿元，四大国有银行的总资产为 419299 亿元，占中国银行业金融机构总资产的44%。2010年银行业金融机构税后净利润8991亿元，四大国有银行的净利润为5004亿元，占了整个银行业净利润的60%。[①] 正是国有四大银行市场化改革后积累的成果，给了中央政府实施各项应对金融危机的基础和回旋的空间。

在金融危机期间，中央银行通过调整金融机构的存款准备金和贷款准备金率来释放和收缩流动性。四大国有银行的充足资本金给中央银行收缩和释放流动性提供了资金空间。国有银行积极配合央行实施货币政策，维护了金融系统的稳定，使国家的常规财政政策和货币政策更容易发挥作用。在扩张性财政政策和宽松的货币政策的双重驱动下，中国的经济在后金融危机的时段里保持了稳定运行的态势。

在国家针对经济过热实施宏观调控的过程中，国有银行体系也同样积极配合货币政策在抑制经济过快、过热增长中做出了贡献。改革开放近40年来，我国历经六次经济过热增长时期，随即采取了六次宏观调控，实施了紧缩的货币政策。这六次调控的时期分别是1979—1981年、1985—1986年、1989—1990年、1993—1996年、1998—2002年、2003—2007年。在国家针对经济过热的宏观调控措施中国有银行体系发挥了重要作用。自我国加入WTO以后，对外开放和投融资的速度和深度加速推进。市场化进程全面提升，资本市场发展也进入了新阶段，国民经济进入上升通道。由于工业化和城镇化的速度日益加快，造成了投资加速，整体经济又进入了投资过热的状态。针对此种情况，国家采取了有保有压的宏观调控措施。采取了稳健的财政政策和稳健的货币政策的组合调控方式。稳健的货币政策包括各金融机构依据国家产业政策，加强信贷管控，明确信贷投向，限制对"过热"行业的贷款投放力度。

另外，国有企业还在国家4万亿的主导性投资计划中承担了大部分基础设施和重大工程的建设任务和研发工作。2008年，国际金融危机迅速蔓延，我国经济受到的冲击也日益严重。2008年11月和12月，我国的出口和进口受到影响，全国进出口总值开始表现为负增长。11月全国进出口总值同比下降9%，其中：出口下降2.8%；进口下降21.3%。从第三季度开始，我国经济增长率出现了加速下滑的趋势，2008年GDP降幅高达32.3%，是最近十年以来GDP增

[①] 李国平：《中国经济出路在哪里？》，浙江大学出版社2012年版，第74—75页。

速波动最大的一次。① 中央政府为应对严峻的经济形势和抑制经济快速下滑的趋势,采取了积极的财政政策和宽松的货币政策。积极的财政政策主要是启动了4万亿元的政府主导性的投资计划政策,以扩大内需,拉动国民经济的稳步回升。

表格11 中国4万亿元政府主导性投资计划构成与来源

投资领域	投资金额及比重（调整前）	投资金额及比重（调整后）	具体内容	行业分布
民生工程	2800亿元（7%）	4000亿元（10%）	廉租房、棚户区改造、保障性住房建设。	建筑业
农村基础设施建设和改善	3700亿元（9.25%）	3700亿元（9.25%）	加强农村用水用电、交通运输、沼气使用、农业灌溉基础设施建设。	建筑业
基础设施建设	18000亿元（45%）	15000亿元（37.5%）	全国铁路、公路、机场、水利等重大基础设施和城市电网改造。	建筑业
医疗卫生和文化教育	400亿元（1%）	1500亿元（3.75%）	加大基层医疗卫生服务投入,改善基层医疗卫生服务的硬件和软件。	其他服务业
节能减排和生态工程	3500亿元（8.75%）	2100亿元（5.25%）	企业节能减排改造和生态工程。	其他服务业
自主创新和产业调整	1600亿元（4%）	3700亿元（9.25%）	加速发展创业投资,促进自主创新成果产业化。	机械制造业、其他服务业
灾后建设	10000亿元（25%）	10000亿元（25%）	地震灾区道路、学校、医院等设施建设。	建筑业、其他服务业

资料来源:汪同三、郑玉歆:《发展报告（2010）》,社会科学出版社2010年版,第105—106页。

2009年5月,国家发改委进一步公布了"4万亿元"的投资调整清单。各方向投资金额具体变化为:对基础设施投资削减的最多,节能减排和生态工程

---

① 汪同三、郑玉歆:《发展报告（2010）》,社会科学出版社2010年版,第105页。

投资金额也明显降低。大幅增加了结构调整和技术改造投资规模以及社会事业方面的投资额度。在4万亿元投资中,新增中央投资共11800亿元,占投资总规模的29.5%,主要来自中央预算内投资、中央政府性基金、中央财政其他公共投资,以及中央财政灾后重建基金;其他投资28200亿元,占总投资规模的70.5%,主要来自地方财政预算、中央财政代发的地方债券、政策性贷款、企业(公司)债券和中期票据、银行贷款以及吸收的民间投资。① 国家4万亿投资资金大部分都分配在民生工程、基础设施建设、灾后重建等领域,并由大中型国有企业承担基础设施建设和灾后重建工程。中央政府以增加投资为核心的宏观调控措施对国民经济各个行业具有拉动效应。拉动效应通过拉动系数来体现。拉动系数是指国民经济某一个部门增加一个单位最终需求时,对国民经济各部门所产生的增加值波及程度。

表格12　中央政府1.18亿元规定投资分配表（单位:亿元）

	2008年	2009年	2010年	合计
中央政府投资总量	4205	9080	——	
中央政府新增投资	1040	4875	5885	11800

资料来源:汪同三、郑玉歆:《发展报告(2010)》,社会科学出版社2010年版,第107页。

2. 国家军事安全

国防军工和战略资源直接关系国家安全和国民经济命脉,必须由国有经济控制经营。以石油和天然气、煤炭、稀有金属为代表的战略性资源产业直接关系到国家的经济安全和国民经济的稳定运行。私营企业的资本有机构成达不到进入这些战略资源行业的要求。国有经济作为宏观经济运行的调控工具能够根据国民经济运行的情况来调配战略资源,以确保国民经济的平稳运行。西方国家在上述领域的先国有化后部分私有化的过程也同样证明在这些行业领域保持国有经济绝对控制力的必要性。国有大型军工集团是维护国家安全的根本保障。国防科技工业是资本密集型和技术密集型相结合产业。在和平时期,军需用品需求少需求弹性低,达不到经济批量的要求。军工的生产条件、产品质量、成本和利润,都必须按照有关部门的全程严格监管。而且军工企业必须承担起以

---

① 汪同三、郑玉歆:《发展报告(2010)》,社会科学出版社2010年版,第107页。

不营利为目的维护国家安全的社会责任。目前，私营企业还不具备代替国有军工企业生产的能力和机制。如果军工企业不能按照要求运作，国防现代化则成为空谈，国家安全将失去保障。

三、以增加全民福祉为目标

人民的福利增减情况是衡量任何制度设计的合理性与否的最终标尺和基础。人民的福利是财产的发生、流变、异化与复归的中心议题和考量的基础，财产权本身因此而取得意义。私有财产与公有财产的对立统一运动因为人而存在、因为人而修正。人自身的福利成为衡量二者辩证关系合理性的维度和二者界限的划分标准。对于这一点的辩证理解有利于正确解决国有企业在我国宪法演进过程中的功能定位等一系列问题。私有财产主要通过对财富的微观分配状态的正当性进行评价，以对人获取财富进行激励和约束。其价值在于在承认个人私益的基础上实现人的自由。公有财产主要与国家职能协调来对财富进行宏观分配，以形成有效促进整个经济体的良性发展的激励和约束机制。其价值在于在认可获得公益的基础上力争实现人与人之间的平等和财富的公正。

国有经济对于调节收入分配和财富的转移具有重要功能。国有经济在国民经济重要行业和关键领域保持足够的比重，保持主体地位，发挥主导作用，有利于扩大和巩固按劳分配的经济基础，在一定程度上能够矫正社会收入分配不公。近年来，国有企业一直是养老金资金积累的重要来源。经过多年的探索和努力，我国将建立全国性的养老金管理账户。所有的养老金缴费，包括基本养老和个人账户，都统归入一个总的统筹账户进行管理，形成一个全国性的信托基金。为了解决1998年养老金制度改革带来的历史成本问题，即国家要对1988年以前退休的工作人员支付养老金，并兑现在岗员工在1998年前所积累的领取养老金的权利的承诺。中央政府在2003年决定把部分国有企业的股权划给全国社保基金。初始阶段，国有企业的分红划拨进程较为缓慢，只有较少量的股份完成了划转。为了解决社保基金历史成本巨大的压力，国家决定加速国企红利转入社保基金。继续向全国社会基金转移国有股权还能够获得两大潜在的益处：一方面是把国有企业的分红转移到养老金体系内，这样可以优化养老金的财务状况，减少中央财政补贴，减轻财政负担；另一方面全国社保基金作为长期投资者有助于改进国有企业的产权结构,加速推进国有企业公司治理的改善。① 截至2011年底,全国国有企业(不含金融类企业)已划归社保基金国有股权2119亿元,占全部社保基金财政性收入的43.1%。②

中国的贫富差距源于教育的不均衡发展。对政府而言,减轻低收入人群的教育负担,增加教育机会和实现教育公平是一项惠民工程。到目前为止,我国已经成功地将义务教育扩大到几乎所有的适龄入学儿童,中学也实现了义务教育。家庭贫困学生和寄宿制学还可以享受减免书本费和减免住宿费的政策,另外还可以得到一笔生活费。按照经济学原理,基础教育总体上应该由政府负担,但理论并没有明确指出,支出责任是应该交给地方政府还是中央政府。教育标准的提高和教育公平的实现程度越来越被国民视为全国性的公共产品,它的实现必须依靠中央政府向教育投入源源不断的资金支持。③ 而中央政府教育资金的投资可以从国有资本经营预算形成的国有企业的年金账户中转入中央财政资金,以体现国企经营成果服务社会福利惠及全民的功效。

四、强化国企社会责任

社会责任是企业对社会共同体和利益相关者承担的一种义务,也是社会共同体与利益相关者向企业主张的一种权利。企业对利益相关者承担经济责任、法律责任、道德责任、慈善责任,并给予利益相关者相应的报酬和补偿是企业与利益相关者良性互动的基础和前提,这样能够促进企业的长期发展。中国的企业越来越重视履行自己的社会责任,并以《企业社会责任报告》的形式对外发布,让社会公众了解企业社会责任履行的状况。企业社会责任报告作为一种综合性非财务报告,是企业就其经济活动对社会特定利益群体及整体产生的经济、环境和社会影响进行沟通的过程,是企业履行社会责任的综合展现,是利益相关者评价企业履行社会责任绩效的重要依据,又是推进企业社会管理的重要工具。国有企业是国有经济的代表,大型国有企业经过"进退有序"调整后,

---

① [英]林重庚、[美]迈克尔·斯宾塞:《中国经济中长期发展和转型——国际视角的思考与建议》,中信出版社2011年版,第72页。
② 王勇:《中华人民共和国全国人民代表大会常务委员会公报》,2012年11月15日。
③ [英]林重庚、[美]迈克尔·斯宾塞:《中国经济中长期发展和转型——国际视角的思考与建议》,中信出版社2011年版,第78页。

主要分布在关系国家安全和国民经济命脉的重要行业和关键领域,其生产经营活动涉及整个社会生活的各个方面。因此,必须发挥国有企业的福利性,也就是为全社会提供公共产品,履行社会责任。

国有企业由于能满足国家政治和公益需要而在法定的范围内扩展了其生存空间,促进了社会秩序的良性循环,因此,国有企业履行社会责任的过程和结果备受社会关注。国有企业产权制度改革的核心问题是以私人激励机制改革国有企业的产权结构,增强国有企业提供公共物品的能力,以及政府如何设计激励机制和创新国有企业的产权制度以此获得私人盈利和公共物品的私人供给之间的平衡问题。① 对于竞争性领域的国有企业而言,首先要保证企业盈利,在盈利的基础上再承担相应的社会责任。垄断性国有企业涉及的行业都是国民经济基础的产业和支柱产业,所以垄断性国有企业的社会责任可以分为两个层次。第一个层次是实现资本保值增值,为政府提供稳定的财政收入。第二层次是发挥宏观经济调控和社会调节的作用,如优化产业结构调整、稳定宏观经济目标、缩小贫富差距、扩大居民的福利水平等。从国有企业履行社会职能的功效可以看出,国有企业社会责任的履行是其将内部结构治理和外部治理相结合的有效推手。

截至2008年底,中央企业集团在石油石化、电力、电信等重点行业的国有资本为12882亿元,占全部中央企业集团国有资本总额的70.83%。② 中央企业82.8%的资产集中在石油石化、电力、国防、通信、运输、矿业、冶金、机械等行业,承担着我国几乎全部的原油、天然气和乙烯生产,提供了全部的基础电信和大部分增值服务,发电量约占全国的55%,民航运输总周转量占全国的82%,水运货物周转量占全国的89%,汽车产量占全国的48%,生产的高附加值钢材约占全国的60%,生产的水电设备占全国的70%,火电设备75%。在国民经济重要行业和关键领域的中央企业户数占全部中央企业的25%,资产总额占75%,实现利润占到80%。③

"十一五"期间,中央企业积极参加社会公益事业,在重大自然灾害和国家

---

① 王一江:《国家与经济——关于转型中的中国市场经济改革》,北京大学出版社2007年版,第202—203页。
② 张德霖:《中国国有资产管理监督年鉴2009年》,中国经济出版社2009年版,第42页。
③ 张德霖:《中国国有资产监督管理年鉴2009年》,中国经济出版社2009年版,第22页。

社会发展方面发挥了重要作用。各大能源企业克服能源价格上涨的困难，全力保障能源供应。电网电信企业全力投入"村村通"工程，为保障市场供应、支持民生工程建设提供支持。92家中央企业承担了定点帮扶189个国家扶贫工作重点县的工作任务，其中88家企业承担了援疆、援藏和定点帮扶老少边穷地区的任务。中央企业在雨雪冰冻和汶川特大地震等严重自然灾害中，组织企业人力和投入大量设备物资抢修电力、通信、道路等基础设施，确保灾区基础设施正常运转，全力救助受灾群众。在北京奥运会筹备过程中，中央企业在奥运场馆建设、电力通信保障、安保系统和气象监测等服务方面，提供了技术支持和优质的产品服务。在国庆60周年庆典活动中，中央企业为阅兵式研制和生产了技术合格、装备精良的阅兵装备并提供了技术服务。

国有企业还具有提升科技进步的社会责任。国有企业在技术改造、人才储备、研发能力等方面具备雄厚的基础，与私营企业相比具有较大的优势。在国际市场上，西方发达国家垄断着高新技术的知识产权，因此技术进步与自主创新的社会责任就责无旁贷地落到了中国国有企业身上。① "十一五"期间，国有企业尤其是涉及国家高新科技领域的企业为国家的科技创新和综合国力的提升做出了贡献。中央企业的科技研发投入不断增长，由2006年的1243亿元增加到2009年的2633亿元，年均增长37.3%。截至2009年底，累计拥有有效专利76138项，其中有效发明专利21266项。2005年以来的国家科技进步特等奖和国家技术发明的一等奖全部由中央企业获得。② 另外，国有企业还在一些国家的重大项目工程中堪当科研、管理和实施的重任。例如，南水北调工程、西气东输工程、长江三峡水利枢纽工程、高速铁路建设等。中国的高速铁路的技术研发、特高压示范工程等项目都由中央企业承担研制任务。青藏铁路、三峡工程、载人航天、"嫦娥工程"、3G技术等成为我国自主创新的典范。中央企业加强国家级技术中心、研发中心、重点实验室建设，设立海外研发基地，科研能力进一步提高。33家中央企业被命名为国家级创新企业，46.2%的国家重点实验室都建在中央企业。③ "嫦娥"一号、二号探月卫星成功发射，使我国跨入深空探测新领域；"神舟"七号载人航天飞船发射成功，使我国成为世界上第三个独立掌

---

① 徐传谌、刘凌波：《我国国有企业特殊社会责任研究》，载《经济管理》，2010年第10期。
② 赵杨、王再文：《中央企业履行社会责任报告》，中国经济出版社2011年版，第257页。
③ 赵杨、王再文：《中央企业履行社会责任报告》，中国经济出版社2011年版，第257页。

握空间出舱技术的国家。

国有企业还在环保节能和慈善事业中履行其社会责任。初步测算,"十一五"期间中央企业万元产值(可比价)综合能耗下降超过20%;二氧化硫排放量减少38%左右,化学需氧量减少33%左右,全面完成"十一五"节能减排目标。[1] 中央企业积极参与扶贫助教、慈善捐助等社会公益活动。2010年1—12月,有110家中央企业发生对外捐赠支出,累计支出总金额4198866.76万元。[2] 汶川特大地震、低温雨雪冰冻灾害等重大灾害中,中央企业投入大量资金,捐赠大量设备,为灾区人民的灾后重建提供物质基础。

五、弥补"市场失灵"保障国民经济健康发展

按照现代西方经济学的混合所有制理论,国有企业的存在是为了弥补市场机制的缺陷。所以在自然垄断行业、公共产品服务、外部性较强的行业和一些特殊行业可以存在国有企业。国有企业作为政府参与和管理宏观经济的手段和工具之一,是各国政府针对市场机制自身缺陷而引致的市场失效问题以此代表公共利益所采用的一种政策工具。西方发达经济体以国有化重整经济秩序的效果表明,国有经济是消化经济自由化和市场化所带来的滞涨后果的有力工具,这就有力地证明了国有经济及国有企业存在和发展的必要性及意义。既然市场不是万能的,就需要国有化来矫正其缺陷以及造成的后果。例如,在欧洲一些国家,尤其是德国、英国、法国,均采用公共生产模式,也就是由政府来负责建立国有生产部门,通过对一些行业进行垄断经营来保证公共服务产品的持续供应,以此维护社会稳定,并扩大本国居民社会福利范围。在提供公共产品、维系国家和社会正常运转的行业领域,国有企业克服了自然垄断和正外部性带来的"市场失灵",对于维护国家和增进社会公共利益具有不可替代的作用。

---

[1] 赵杨、王再文:《中央企业履行社会责任报告》,中国经济出版社2011年版,第257页。
[2] 赵杨、王再文:《中央企业履行社会责任报告》,中国经济出版社2011年版,第121页。

第二节　反对私有化与增强国有经济的控制力

一、反对国企产权制度改革的私有化倾向

（一）私有化概述

私有化成为 20 世纪 80 年代以来经济界的热门话题，私有化几乎在所有发达国家、发展中国家和转型国家陆续被推行。私有化席卷全球，从欧洲到拉丁美洲，再到亚洲和非洲。私有化发端于德国阿登纳时期，20 世纪 70 年代末，在英国撒切尔政府时期达到高峰。

私有化一般被定义为企业所有权由公有到私有的转型。① 私有化还可以称为"非国有化"，指的是商业、服务业、工业企业从国家政府或公共所有转化为私人所有或控制的状态，有时也指有私人承包商提供以往由公有部门供给的服务。② 私有化就是把企业的所有权从公共部门向私人部门转移，而不管用来转移的企业以前是否曾经国有化。私有化的目标：增加国家收入、发展大众资本主义、追求速度、让公众参与变革、国家保留控股。私有化的方法：公开报价、职工收购、向公民平等分配股份。严格地说只有将国有企业的资产完全的或者绝大多数股份都转让给私有者才是真正的私有化。私有化概念的泛化可以理解为先前由国有企业独家经营而现在允许私人企业介入经营。国有企业的资产转移到私人企业不足一半，或者剥离的资产使私人持股不足 50% 也可以认为是私有化。

私有化的概念来源于美国管理学家彼得·F. 德鲁克，他提出民营化代替"非国有化"这一概念。私有化这一术语比起非国有化更为中性。经济的私有化是指代表经济中公共企业相对程度的降低。一个完全为公众所有的公司变成部

---

① ［美］热拉尔·罗兰：《私有化：成功与失败》，张宏胜、于淼、孙琪等译，中国人民大学出版社 2011 年版，第 189 页。
② ［美］热拉尔·罗兰：《私有化：成功与失败》，张宏胜、于淼、孙琪等译，中国人民大学出版社 2011 年版，第 190 页。

分为公众所有或者部分为公众所有的企业的公众股权比例再次变小都是私有化。① 从西方发达国家的私有化运行实践来看，私有化是政府资产所有权和私人资产所有权的一种转化。私有化的运行过程中还出现了管理的私有化。管理的私有化是指企业行为完全以私营部门的利润最大化为指向，社会目标被置于次要地位。②

国营企业在发达经济体中总是处于尴尬地位。国营企业主要存在于公用事业和其他基础产业领域，它们一方面成为社会主义意识形态的象征，另一方面对私营经济产生了挤出效应。西方发达国家进行私有化的方式：一是公共企业按照公司法组建为股份公司，并通过证券交易市场出售；二是直接出售给私人或私人企业，由私人经营；三是管理层收购或者员工收购；四是竞争性招标，即契约外包。

导致西方国家国有化的原因是战后西方发达国家实行以凯恩斯主义和福利主义为理论基础的国有化，通过国有化解决经济危机和世界大战带来的经济衰退。一方面利用国有化克服和解决市场失灵问题，另一方面通过国有化和提高国有企业公共服务功能，在促进充分就业、保持价格稳定和促进经济增长等方面发挥作用。由于资本的社会化和流动的属性使国家在稳定经济政策上的能力有限，扩张性的经济政策不能解决经济滞胀的缺陷逐渐暴露出来，因此，西方发达国家开始放弃凯恩斯主义，从而转向反通胀的市场理论。私有化意味着一种放弃政府干预，信奉市场力量能够发挥最大作用的理念和政策选择。因此，国家通过私有化的方式来提升国有企业的运行效率，以私有化的方式提升社会福利，解决经济通胀的问题。也就是说，国有产权这种低效率也许是与生俱来的特征，除了私有化能够解决此类问题外没有其他的方法。

国营企业占全球 GDP 的比重从 1979 年的大于 10%，下降到了 2004 年的少于 6%。在全球范围内，私有化的贡献超过 1.25 亿美元。到 2000 年底，私有化的总收入使日本、法国和德国的 GDP 都增长了 3%，英国则增长了 10%。

英国是私有化浪潮的主导者和先锋，也被发达资本主义经济体推崇为解除管制和减少国家干预的典范。私有化减少了国营企业对英国的贡献，1979 年国营企业占 GDP 比重为 12%，现在则下降到不足 2%。英国重要的私有化企业是

---

① 吴宣恭、关雪凌：《产权理论与实践》，中国人民大学出版社 2010 年版，第 367 页。
② 吴宣恭、关雪凌：《产权理论与实践》，中国人民大学出版社 2010 年版，第 368 页。

英国电信公司，当时英国对其进行私有化最根本的原因是迫于私有化财政压力。私有化虽然缓解了国家债务压力，节约了政府的利息开支，但同样也使政府失去了国有股份带来的利润。

（二）私有化的理论基础

私有化理论源于市场原教旨主义，即市场万能论。市场万能论源于斯密的《国富论》。《国富论》被尊崇为自由主义学派和推崇者的"教义"，是主流经济学长期以来的主要思想来源。斯密认为"追求私利"是人的天性，是人们从事经济活动的根本出发点，也就是西方经济学中所谓的"经济人"假设。市场机制是调节经济活动的有效手段。而市场机制这个"无形的手"对于满足人们"追求私利"的行为具有重要作用。斯密主张的利己心与公有企业和股份公司是相悖的。斯密认为，股份公司的管理者或董事是为他人尽力，而私人合伙企业的管理者或合伙人，则出于自身利益考虑争取公司利益的最大化。因此，股份公司的董事不能像私人合伙企业管理者那样监视公司财产的用途，关心企业的利益。沿着斯密的自由市场理论，经济学家逐步形成了自由主义理论，在"二战"后又把自由主义上升为新自由主义理论。

自由主义既是一种经济理论体系，又是一种意识形态，在很多国家是一种占主导地位的意识形态。自由主义内涵复杂，包括政治自由主义、经济自由主义、社会自由主义、哲学自由主义等。自由主义与资本主义私有制是孪生兄弟，是一种维护私有财产制度的经济制度和意识形态。马克思主义经典著作在分析19世纪英国自由主义的发展时，曾将自由主义改革与工商资产阶级要求政治上的权利联系在一起。自由主义是以功利主义为基础展开其理论学说体系的。边沁的功利主义学说和原则被视为是推动古典自由主义的重要革命。功利主义学说将功利原则视为道德与立法的根本原则，它批判自然权利的学说，批判神权学说，以功利原则评价社会现实，并要求改造社会现实。[①]边沁将功利主义原则作为衡量个人行为与集体行动的唯一准则，作为衡量现存法律、政治、经济与社会制度的唯一标准。边沁的功利主义包括效果主义、功利主义和最大化原则。19世纪后半叶，英国自由资本主义在功利主义原则指导下出现诸多社会问题，特别是工人阶级生活状况恶化，其劳动程度与劳动获得的报酬不对称。马克思

---

① 李强：《自由主义》，吉林出版集团有限责任公司2007年版，第92页。

和恩格斯对资本家对工人阶级的剩余价值的榨取进行了深入细致的研究，并认为资本主义所倡导的自由主义只是其资本家的自由，忽视了工人阶级的自然权利，而把功利原则扩展到社会，压制了个人自由全面发展的机会和可能。马克思认为，功利主义原则使工人阶级异化为资产阶级的生产工具，资产阶级的最大化原则和效果原则只是获得更多的资本增值。

20世纪上半叶，由于经济危机的冲击，资本主义国家暂时放弃自由放任的自由主义经济政策，转向凯恩斯主义的经济政策和施政纲领，自由主义学说和经济政策变得消沉，直至20世纪70年代部分资本主义发达国家大张旗鼓实行国有产权私有化，自由主义得以再次复兴。而实行私有化的发达资本主义国家则是以新自由主义取代了古典自由主义。自由主义随着资本主义发展阶段的变化呈现周期性的特征。

"二战"后，自由主义开始复兴，复古自由主义的学者是哈耶克和弗里德曼。哈耶克和弗里德曼及其他学者形成的自由主义框架被称为新自由主义。哈耶克在其《通向奴役之路》《自由秩序原理》《个人主义与经济秩序》和《致命的自负》中阐述了其自由主义的核心要义。自由是指一个人在多大程度上能够自行其是，在多大程度上他能够自己确定其行为方式，以及多大程度上可根据自己所执着追求的目标，而不是根据别人为实现其意图所设定的强制条件去行动。[①] 哈耶克的自由主义观是个人的自由主义，他认为个人行动及其客体在意义序列上优先于社会。个人自由取决行动者本人能否按照其现有的意图形成自己的行动途径，他人是否有权决定操纵各种条件以使行动者本人按照他人的意志而非本人的意志行事。哈耶克一方面反对极权主义和集体主义干涉个人自由，极权主义和集体主义容易忽视个人自由，并限制个人自由的程度，即否定任何非直接出于理性有限或理性不及的社会力量，另一方面又试图根据唯理主义的理性观并且以极端的方式从政治上、经济上和道德上重构社会秩序。而私有制产权制度下产生的自发的合作扩展秩序是保证个人追求自由与民主的必要条件，是经济发展的最好秩序。自发秩序是资本主义经济制度的实质。自发秩序是每个人在追求个人自由的过程中自动形成的，所以它是不同人实现其各自目标的

---

① ［英］费雷德里希·奥古斯特·哈耶克：《自由宪章》，杨玉生、冯兴元、陈茅译，中国社会科学出版社1998年版，第31页。

一般条件，而这个条件本身是没有特定目标的。①

通过对福利国家中自由的考察后得出结论，福利国家对经济活动的过多干涉使公民的自由被干涉。在其《通往奴役之路》一书中，哈耶克明确指出，计划经济缺少明确的产权界定，从而造成资源配置的无效率。在社会主义向市场经济过渡的过程中，如果产权不明晰会带来经济秩序的混乱和破坏效果，若法制不健全，建立产权过程将是步履艰难的。

而在资本主义经济政策方面，哈耶克坚持把市场作为唯一的高效率的资源配置方式，认为只有斯密的自由市场经济理论才是资本主义经济正常运行的法宝。只有自由放任，才能实现人的本性，通过个人自由提高整个社会的运行效率。市场是唯一能够传递市场信息的工具，市场能够实现充分的竞争，而竞争能使参与经济活动的人们了解资源的不同用途并加以权衡。哈耶克还主张限制政府权力，限制政府干涉私人领域。对政府的"干预"或"干涉"所指的是对一般性的规则或法律所着意要保护的那个私人领域的侵犯。② 政府活动的目的在于性质如何，而不是它的活动量的大小如何。政府只能在一些特定领域行使权力，政府的活动能够与运行中的市场相容则市场可以容许政府进行更多的活动。③ 政府的行为要尽可能地给个人的判断提供手段，使个人的经济活动能够到达目的。哈耶克主张限制国有经济的存在范围，因为国有经济的经济活动过多会直接受到国家的限制，这样可能对自由造成危害，其实质是反对国家垄断带来的危害。

弗里德曼是货币主义的主要代表人物，也被认为是"新自由主义思潮最重要的代表人物"。弗里德曼认为18世纪末和19世纪初的自由主义把自由强调为最后目标，而把个人作为社会的最后实体，在国内经济活动中主张自由放任，在对外贸易中主张自由贸易，将国家在经济活动中的管理作用降到最低。而20世纪30年代的自由主义把福利和平等作为自由的必要条件。弗里德曼的经济理论主张不同于传统自由主义的政治和经济政策。其新自由主义思想主要体现在两个方面：新自由主义政治经济观和市场经济理论。其理论观点集成于其《资本主义与自由》和《自由选择》两部著作当中。《资本主义与自由》主要阐述

---

① 张才国：《新自由主义意识形态》，中央编译出版社2007年版，第50页。
② 吴宣恭、关雪凌：《产权理论与实践》，中国人民大学出版社2010年版，第366页。
③ 吴宣恭、关雪凌：《产权理论与实践》，中国人民大学出版社2010年版，第352页。

了两个思想：一是资本主义社会活动的最终目标是达到经济自由，经济自由是政治自由得以实现的基础；二是国家集权对经济生活干预是弊多于利，政府职能范围应受到的限制，尽可能地通过市场和价格机制加以调节。① 弗里德曼把亚当·斯密的市场原教旨主义思想作为自己理论的核心，认为凯恩斯经济学的国家干预理论和政策主张不适应当前资本主义发展阶段的特征，要求限制国家权力范围，反对国家福利政策、经济管制和贸易保护措施，经济自由和自由贸易政策才能使资本主义经济更加繁荣。

弗里德曼认为个人对自由使用的权利非常重要。政府对于保护个人权利具有双重作用，既可以保护个人自由，也可以对自由构成威胁。政府的主要作用是保护本国公民的自由，保证私人契约的履行，培育自由竞争的市场。② 政府的权力必须分散，因为政府不能满足个人多样化和差异化的需求。大部分经济活动是在经济主体自愿的前提下合作完成，或者由私人企业完成的。他还主张私人部门存在的意义就是限制政府的权力。

弗里德曼的私有化核心思想就是将财产所有权从公共领域转移到私人手中，并最大限度地减少对私有财产所有者的管制与约束。③ 他的私有化理论集成是其经济自由主义信仰逻辑的延伸，他对福利国家和政府失灵的批判对发达资本主义国家推行私有化产生了重要影响。

"华盛顿共识"是发达资本主义在全球推行新自由主义的堡垒。"华盛顿共识"是由担任世界银行的经济学家约翰·威廉姆森在《华盛顿共识简史》中提出。提出"华盛顿共识"的初衷是针对拉美国家经济转型而设计的十项改革措施，而后逐渐成为发展中国家和东欧社会主义国家经济转轨中处置国有经济的药方和模式。在意识形态上和经济政策上，它又成为发达资本主义国家以资本输出和新自由主义意识形态输出模式的工具。在具体操作上，"华盛顿共识"是西方发达资本主义国家推进转轨国家私有化的理论和操作工具。

"华盛顿共识"与新自由主义主张及其追随者的核心理论密不可分。"华盛顿共识"根据自由放任信仰，以阿罗·德布鲁的一般均衡理论、弗里德曼和理性预期学派的货币理论、科尔奈的比较经济体制和布坎南的公共选择理论为依

---

① 车卉淳、周学勤：《芝加哥学派与新自由主义》，经济日报出版社2007年版，第92页。
② [美] 米尔顿·弗里德曼：《资本主义与自由》，张瑞玉译，商务印书馆1988年版，第4页。
③ 林光彬：《私有化理论的局限》，经济科学出版社2008年版，第168页。

据，为转型国家设计出了"自由化、私有化、宏观稳定化"的政策方案，并坚持彻底打碎旧机构，直接以"最理想"的资本主义制度取而代之。①

"华盛顿共识"共汇集了十项政策清单②。包括四个方面的内容，即自由化、私有化、政府作用范围论和财政紧缩政策。其核心要义可以概括为"三化"，即"自由化、私有化和市场化"。自由化和市场化意在坚定市场的作用，形成一个最小化政府，而私有化原则是"华盛顿共识"解决拉美国家国有企业低效率的方案。"华盛顿共识"是以新自由主义为代表的理论的集合体，是私有化台前和幕后的理论推手。

（三）经济转轨国家私有化泛化形成的危机

私有化泛化的危机在经济转轨国家尤为显著。"私有化"在20世纪90年代成为拉美地区和经济转轨国家的尚方宝剑，并在这些国家风靡一时。"休克疗法"作为一种激进的私有化理论，是"华盛顿共识"在经济转轨国家的具体应用。"休克疗法"由美国经济学家萨克斯提出。"休克疗法"就是将国有资本和国有企业的产权迅速地、大规模地转移到私人手中，改变原国有制和集体所有制控制国家经济命脉的局面，意图建立以市场为主导的市场经济体制。其主要内容是：实行大规模的私有化和市场化改革。通过私有化政策把产权迅速转移到私人手中；实行价格改革和市场改革，以此激活市场；不论国有企业经营状况如何，一律关停，弱化国家所有制，分化国有产权；将国有财产无偿转化，形成私人产权。

俄罗斯的经济转轨最受人瞩目的就是财政稳定化和私有化。俄罗斯私有化大体分为两个阶段。第一阶段是1992年1月到1994年6月，这一阶段以职工私有化和全民凭证私有化为主。第二阶段是从1994年7月至1995年底，这一阶段通过私有化证券将企业资产转移到企业所有者手中为主，即财团私有化。③ 俄罗斯的私有化产生了两种特殊的想象：第一阶段的职工私有化和第二阶段的财团私有化。在经济转轨国家的私有化过程中，形成了几个主要的私有化方案：全

---

① 林光彬：《私有化理论的局限》，经济科学出版社2008年版，第12页。
② 十项政策清单：财政纪律、重新安排公共支出优先序列、收税改革、利率自由化、竞争性的汇率、贸易自由化、引进外资的自由化、私有化、放松管制和私人产权保护。参见黄平、崔之元：《中国与全球化：华盛顿共识还是北京共识》，社会科学文献出版社2005年版，第63页。
③ 参见吴玉山：《俄罗斯转型1992—1999：一个政治经济学的分析》，五南图书出版公司2000年版，第208—212页。

民凭证私有化、职工配股、职工优惠认购股票、对全民的招标或拍卖股票，以及干部私有化。不同的私有化形式实际上因不同的政治需要而生，因此不同的私有化也会产生不同的政治经济效果。俄罗斯私有化方式的选择是一种价值排序和政治上博弈的结果可见一斑。

全民私有化是将国有企业的股份通过发放私有化证券的方式转移到国民手中。这种方式具有公平性，但就企业效率而言，这种方式将股权分散，以私有化证券形式平均分配给国民，无法产生持有大量股份、关心企业效率的战略投资者。职工私有化由于在企业内部就可完成，不必发放凭证，所以不会对经济的稳定造成大的冲击，因此，职工私有化获得了职工和国会议员的支持。但职工私有化对提升企业效率而言是低效的。因此，职工作为较小的股东其关注点在工作保障、提高工资和鼓励分红，对企业的战略发展缺乏兴趣，企业低效率的发展不可避免。全民招标或拍卖股票的形式在制造"战略性的投资人"的同时，还会产生垄断国家财富的新阶层，即所谓的财团或寡头。干部私有化会导致内部人控制现象，因为国有企业的领导阶层（厂长）以职务之便利以及信息不对称的优势，将公产私藏，或者为控制企业争取到优势地位。

俄罗斯私有化的雏形早在1990年10月就已经出现，也就是沙塔林和阿塞拜疆的经济改革的方案中就已经开始使用。之后，俄罗斯先后通过《企业与活动法》《俄罗斯联邦国有与市有企业私有化法》等法律加速推进私有化。俄罗斯的私有化除了与经济转轨有密切关系之外，还与政治密切相关。第一阶段的私有化以全民和职工私有化为主，其政治目的在于让大多数选民支持叶利钦以使大选能够获得胜利。叶利钦借重新分配国有资产之名来增加新生政权的合法性，即通过分配国有资产制造小资产阶级来削弱苏共的威胁，防止苏共东山再起。第二阶段由于财政压力和应对车臣战争的需要，私有化的方式发生了重大的变化，从全民和职工私有化转向了财团私有化。财团私有化的形式是"国有企业的担保拍卖"，即以"贷款换股权"的计划书，以银行对政府贷款，而政府以国有企业的股权作为抵押，在一年内如果政府不能够偿还贷款，则银行就可获得抵押股权的处分权，并可公开出售国企的股权，所谓抵押拍卖是将俄罗斯境内最有活力和能力的大型国有企业以远低于市价的拍卖方式出售给俄罗斯的财团。"抵押拍卖"和"投资拍卖"既在俄罗斯经济转轨期间产生了国企的战略投资人，又制造了影响俄罗斯政局和经济发展的寡头。俄罗斯财团主要是指金融工业集团，尤以七大财团最为出名，七大财团一度掌控了国家的经济命脉。寡头干政在俄罗斯经济转轨和私有化过程中非常严重，这种财团左右国家政治的情况直到普京担任民选总统之后才得到遏制，普京采取强制手段治理寡头攫取国家利益和干涉国家政治的情形。财团和寡头们凭借国有企业战略投资人的角色，通过"抵押拍卖"和"投资拍卖"的形式攫取国有资产，控制了俄罗斯的石油、重金属及公用事业领域，并不断提升资本积累的能力。与此同时，他们利用其资本实力不断地增加和政府议价的能力，发展政商关系，逐渐从经济领域向政治领域渗透。财团和寡头以其资本实力控制了俄罗斯的媒体，对于民众的视听产生了极大的影响。他们通过操控媒体帮助叶利钦赢得了 1996 年的总统选举。此外，寡头的政治影响不仅限于控制传媒助推叶利钦获得大选胜利，他们还对当时的叶利钦改革政策和改革团队产生了重要的影响，尤其是在 1998 年至 1999 年之间，俄罗斯的总理职务四次被易职。从这一层面可以看出，私有化名为俄罗斯经济转轨的工具，实为改革派与保守派在国家层面角逐的工具。在经济转轨期间，俄罗斯的私有化推进的程度与政治相互影响，当改革派在政坛占优势时，私有化的速度就会加快；而保守势力略占上风时，私有化的步伐就放缓。私有化还成为叶利钦掌控国家政权的利器。与此同时，私有化也成就了俄罗斯的七大财团和寡头，并且成为他们在政坛相互绞杀的工具。很显然，在经济转轨期的俄罗斯，经济和政治的互动，是非常频繁和剧烈的。俄罗斯的私有化虽然在速度和数量方面成就惊人，但其糟糕的后果是令整个俄罗斯始料未及的。一是大国地位的倾覆。俄罗斯在经济转轨过程中出现了严重的负增长，并持续了近 10 年的时间，大国解体加经济倒退使得俄罗斯失去了往日荣光；二是社会问题和社会矛盾剧增。"爆炸式"改革给俄罗斯太多的社会矛盾。如产生了经济负增长引发的大规模失业，私有化导致的人民所得分配不均、贫富差距拉大，政治博弈导致的社会动荡不安，黑手党控制企业等问题。

"休克疗法"成为俄罗斯实施产权制度变革，向市场经济转轨的最基本的理论基础和原则。俄罗斯为了迅速地完成经济转轨，对国有企业和地方企业实行了私有化。俄罗斯的私有化既包括把国有企业变卖给私人所有，还包括将国有企业变为法人所有，也就是国有产权的非国有化和民营化。俄罗斯的私有化不仅包括产权的私有化，还包括管理的分散化和市场化，即通过产权的私有化，从传统高度集中的国家管理模式过渡到与法人和自然人所有相适应的管理模式

——管理私有化。① 俄罗斯私有化的主要方式包括：小私有化、大私有化、个人私有化和农业私有化。②

俄罗斯国有资本和国有经济私有化的最终目标就是以股份制为形式进行国有产权的私人转化。而私有化在经济方面的目的是使国家所有者的功能转向私人所有者，通过所有权的转化提高经济运行效率，更多地依靠市场机制调节经济运行。俄罗斯的股份制是随着国有资产私有化而诞生的。"小私有化"和"大私有化"把俄罗斯的国有企业改造成了股份制企业。俄罗斯的私有化措施推动了产权制度的变迁，具有积极意义，但消极后果则成为拖延俄罗斯经济起飞的制度性因素。私有化进程改变了俄罗斯的所有制结构和所有制实现形式。在所有制的存量结构上和流量结构上建立了个人所有制、股份所有制、国家所有制、法人所有制和合作所有制等所有制形式③；集权模式的国有企业产权制度瓦解，传统的"赢利官僚部门"和"反市场的既得利益者"逐渐被分化；涉及国计民生的国有企业和国有资本得到了产权管制。

俄罗斯国有经济私有化的消极后果是没能形成有效的产权制度，各种所有制成分在俄罗斯的经济中混乱搭配。俄罗斯的私有化过程中强调财富的分配效应，企业职工虽然拥有企业的股权，但只把获得的股权作为一种收益而未投入到企业经营当中。私有化形成的国有企业股份制产权转化未形成产权多元化的公司治理结构，却形成了内部人控制的公司治理结构。内部人治理结构主要表现为，代理人利用经营特权把国有资产作为利用集团的资本积累，形成了私人资本积累机制，国家虽然拥有国有企业的股份，但实质上不拥有国有资产的支配权。特权阶层和国有企业官员利用职务权利，在国有资产产权交易过程中

---

① 唐朱昌：《从叶利钦到普京：俄罗斯经济转型启示》，复旦大学出版社2007年版，第115页。
② 小私有化是通过拍卖、租赁赎买和投标等方式将固定资产在200万（1991年）卢布以下，工作人员不超过100人的小企业进行产权变更。大私有化针对大中型企业实行私有化，固定资产总额在5000万卢布以上，工作人员超过1000人的企业。大私有化分为两个阶段：证券私有化，即发放私有化证券无偿地转让国有财产，本国公民可以获得购买企业股票的优惠权利，还可以将证券交给投资机构，有投资机构来统一购买，还可以将证券赠送他人；货币私有化，即有偿出让国有资产，通过"开放性股份化"，吸收国内外投资基金，把私有化同投资过程结合起来，并把私有化的范围扩大。大私有化主要采用的是对大型企业实行股份制改造。个别私有是指在私有化过程中对私有化做出的修正方案。如，规范私有化的范围、明确国有资产管理机构的职责、明确规定对大中型企业改造的方法（官办和股份制）、对私有化企业的投标者规定了投资条件和社会职能。土地私有化包括土地产权的私有化和农业经营管理形式的私有化。参见唐朱昌：《从叶利钦到普京：俄罗斯经济转型启示》，复旦大学出版社2007年版，第114—122页。
③ 唐朱昌：《从叶利钦到普京：俄罗斯经济转型启示》，复旦大学出版社2007年版，第142页。

"搭便车",贱卖低买国有资产,形成大量的影子收入。国有产权的分散化和国有资产的流失,导致俄罗斯国有企业私有化后国有资本增值的目标难以实现,国有资本实现公共价值的功能也就不能实现,社会保障体系建立步伐缓慢,不能发挥其功效。私有化还造成了国家资源分享的不均等和贫富差距拉大。在私有化过程中,特权阶层和国有企业高管利用其资本优势和关系优势,大量购买企业股份,增持公司股份,成为公司的大股东和实际的控制者。一些国有企业的管理层逐渐在金融、能源、电力等行业等形成了金融寡头、石油大亨等财富集团和权贵阶层。他们对经济的影响和控制作用不断增大,使他们具有了干预国家政治和经济的能力,甚至左右国家政治经济生活,以致政府在同他们的博弈中处于被动地位。① 由"私有化运动"打头阵的转型仅仅启动了资产寡头竞赛,并给其披上了合法的外衣。再加上政府在规范收入分配秩序、限制垄断收入、取缔非法收入方面的改革配套措施采取的不及时,经济长期衰退的惯性影响随之更加加深了私有化的消极后果。

西方发达资本主义国家的私有化与经济转型国家的私有化在私有化的目的、体制环境和私有化的经济空间上都有差异。② 西方国家实行私有化是为了提高国有经济的效益。政府对企业所有权和控制权使企业缺乏活力,市场的价格机制不能发挥效用,导致企业经济效益低下。而私有化有助于发挥市场功能,改善经济的供给能力和竞争能力,提高公共财政资金的供给能力;私有化还可以加速资本的流动,调动私人资本投资的积极性,为其他部门提供资金支持。英国实施私有化的方式包括:非管制化、非国有化、改变国有企业的经营方式、国家实行"黄金股"。西方发达国家未完全否定国有经济的作用,俄罗斯的私有化是在经济转型期的一种对国有制和国有经济的否定。

在私有化体制环境方面。西方发达国家的私有化是在相对稳定的现代市场经济体制环境下进行的,俄罗斯是在计划经济体制向市场经济体制转轨的过程中实施的。在私有化经济空间方面,西方发达国家资本市场、社会保障体系比较完善,自身调节功能较强,能够为其私有化提供支撑,消化私有化的部分消极效果。而俄罗斯一元体制下的社会保障体系和资本市场都未形成,私有化缺少其他改革措施的配合和支撑,因此,私有化的消极效果影响程度深、面积广。

---

① 唐朱昌:《从叶利钦到普京:俄罗斯经济转型启示》,复旦大学出版社2007年版,第134页。
② 冯绍雷、相蓝欣:《俄罗斯经济转型》,上海人民出版社2005年版,第370页。

纵观资本主义经济发展史，资本主义经济经历了20世纪80年代、90年代和2000年之后的三次私有化高潮，但也同时历经了19世纪30年代的经济危机、一战后及20世纪70年代的经济衰退，"二战"后的国有化浪潮和2008年全球经济危机后的第四次国有化的浪潮。植根于新自由主义的私有化理论及其实践虽然在西方发达资本主义国家取得了一定的成效，提高了企业的效率与效益，加快了资本流动的速度，增强了市场资源配置的效率，提高了国家转移支付的能力等，但私有化的实际绩效远未达到其私有化框架所期望的目标。

私有化和自由化导致发达经济体经济增长率下降，即使是美国在私有化浪潮中也不能独善其身。在里根主义时代，执行货币主义和供给经济学混合政策时期（1981—1988年），GDP 增长率为 3.4%；到老布什时期（1989—1992年），GDP 增长率为 2%，到克林顿时期，GDP 增长率为 3.7%。上述增长速度低于 1966—1973 年间平均 4.2%的增长率。1984 年美国贸易赤字高达 1090 亿美元，2000 年为 3780 亿美元，到 2004 年一路攀升到 6170 亿美元。而欧洲发达经济体与美国的境遇也差不多。20 世纪 80 年代欧洲的经济增长率为 2.3%，90 年代只有 1.3%。[①] 到 2005 年欧洲的增长率还不到 1%。1995—2000 年，欧洲投机性资本投资就增长了 5 倍，但社会支出同 GDP 之比从 1994 年的 26.2%下降到 2000 年的 23.7%。

私有化未能缓解公共财政支出负担过重的问题。美国财政赤字 2002 年为 1600 亿美元，2004 年迅速增至 4120 美元。由于经济复苏效果甚微，企业减税和增加军费开支的财政支出得不到补偿，导致公共债务激增至 8 万亿美元，从而使美国的内债总额超过了 37 万亿美元。[②] 美国也因此对外国资本产生严重依赖性。每日以 20 亿—30 亿美元的外资来稀释消费主义和进口贸易引致的巨额财政赤字。

私有化还导致资本的过度虚拟化。西方主流经济学过度相信资本市场功能，因此有意地拓展资本市场的作用。美国政府对金融和房地产的放松管制也使得不动产部门的金融泡沫达到危险境地，最终成为 2008 年金融危机的众矢之的。

---

① ［古巴］奥斯瓦尔多·马丁内斯：《垂而不死的新自由主义》，高静译，当代世界出版社 2009 年版，第 20 页。
② ［古巴］奥斯瓦尔多·马丁内斯：《垂而不死的新自由主义》，高静译，当代世界出版社 2009 年版，第 22 页。

私有化导致社会问题激增：劳动收入比例下降、失业率上升和社会保障功能弱化。2005 年美国的失业率比 2001 年翻了一番，有 1500 万人从事没有任何社会保障的非全日制工作。2004 年美国实际工资比 1970 年减少 30%。2004 年美国贫困人口增至 3660 万，其中 1170 万人是未成年人，340 万是老年人。虽然美国的医疗消费开支高达全部消费开支的 15%，却有 4500 万人没有医疗保险[①]，直到奥巴马政府还在为公费医疗保险问题与国会博弈。与美国相比，欧盟的失业率也超过了 9%，7200 万人生活在贫困中。[②]

通过以上对发达经济体实行私有化和市场自由化后的经济效果可以看出，以新自由主义为依托的私有化是社会利益的私人化和私人成本的社会化。

二、优化国有经济布局、增强国有经济的控制力

国有企业产权制度改革反对彻底的私有化和私人成本的社会化。防止削弱劳动对资本的谈判能力，根据马克思的资本有机构成理论，提升劳动对资本的驾驭能力对于国有企业产权制度改革具有重要意义。私有化加剧劳资对立，收入分化，加剧了收入从劳动向资本的转移速度。新自由主义的反劳动攻势，促使资本的利润在收入分配日渐不公平的环境下与日俱增。解除管制、为投机松绑等为投机性投资创造的条件远远优于给生产性投资创造的条件。因此，获得增长的不是实体经济，而是投资性上层建筑，全球金融市场上寄生现象肆虐，险象环生。[③]

国有企业产权制度改革反对彻底的私有化和私人成本的社会化，从宏观层面上必须优化国有经济布局，通过优化国有经济的布局来实现国有经济的控制力。国有经济布局问题，本质上是国有经济的分布问题，重点解决国有经济行业分布、地区分布，以及国有资本向哪个行业领域集中的问题。国有经济布局调整按照有进有退、有所为有所不为的原则进行，国有企业从不具备竞争力和

---

① ［古巴］奥斯瓦尔多·马丁内斯：《垂而不死的新自由主义》，高静译，当代世界出版社 2009 年版，第 23 页。
② ［古巴］奥斯瓦尔多·马丁内斯：《垂而不死的新自由主义》，高静译，当代世界出版社 2009 年版，第 22—23 页。
③ ［古巴］奥斯瓦尔多·马丁内斯：《垂而不死的新自由主义》，高静译，当代世界出版社 2009 年版，第 22—23 页。

优势的行业或领域中渐次有序退出,使国有资本流转至关系国计民生和国民经济命脉的行业或领域中,合理收缩和扩大国有经济的分布格局。计划经济体制的体制惯性存在,使得国有经济布局调整不是加速调整的过程,国有企业退出不具备竞争优势的领域需要一个过程。就中国目前的发展阶段而言,国有经济比重略高一些可以为经济转型承担巨大的转型成本。国有经济还可以矫正"市场失灵"和"局部私有化"带来的经济发展的无序格局。

国有经济控制力是国有经济对国民经济的控制作用,主要是指国有经济对国民经济的调节能力和保障能力。① 发挥国有经济控制力在于发挥国有经济在促进国民经济增长、维护国民经济稳定以应对外部冲击的作用的效能。② 国有经济控制力是一个经济性的概念,是一个动态的概念。③ 对外开放带来的冲击效应显现了国有经济化解风险的功能,国有经济及国有企业在关系国计民生行业的维稳效果和抵御游资带来的系统风险的作用愈加重要。国有经济控制表现在四个层次上:一是国家层次的国有经济的整体控制力;二是产业层次上国有经济的控制力;三是区域层次上国有经济的地域控制力;四是微观层次上国有经济控制的企业类型。④ 国家层次是指国家作为国有经济的所有者,在国民经济体系中控制着一定经济体量。产业层次是指国有经济在各个不同行业的控制力。区域层次是指国有经济在不同地区的控制力。微观层面是指国有企业作为微观经济单位运行所带来的经济效益能提高国有企业控制力的效能。

国有经济控制力的效果与国有经济的绝对量、国有经济的相对量、国有经济的质量和国有企业的产权制度变革都密切相关。国有经济的绝对量是一个国家国有经济能够以货币或者其他形态显示的价值量,在经济核算上通常以 GDP 来计算。国有经济绝对量是一个动态价值量。国有经济的控制力要求国有经济具有保值增值功能,否则国有经济的控制力不能发挥作用。国有经济的绝对量在产业层次、区域层次和企业层次上的存量和流量是不同的。因此,国有经济的控制力的效果是不同的。国有经济的相对量是国有经济在国民经济中所占的份额或比重。国有经济的相对量也是动态的。国有经济相对量的比重也需要依

---

① 国家统计局课题组:《对国有经济控制力的量化分析》,载《统计研究》,2001 年第 1 期。
② 谢敏:《宏观视角下中国国有经济控制力》,中国经济出版社 2010 年版,第页 25—26。
③ 谢敏:《宏观视角下中国国有经济控制力》,中国经济出版社 2010 年版,第 26 页。
④ 谢敏:《宏观视角下中国国有经济控制力》,中国经济出版社 2010 年版,第 26—27 页。

不同行业和不同区域和不同企业的具体情况而定。

国有经济的质量是体现国有经济控制力的核心和关键。国有经济的质量主要体现在国有企业的质量上。国有企业在同行业中经济效益如何、是否具有竞争力。国有经济的质量还体现在国有资本在行业、区域中所占的比重和质量的高低。国有经济的进退问题是国有资本实物形态转化为货币形态的问题，所有权并未发生变化。货币形态的国有资本具有流动性，可以进入经济效益好的领域或行业，并在这些行业或领域内获得资本增值，使国有经济的控制力增强。资本具有增值的功能，因此流动性强的、质量优质的国有资产通过流动可以转化成为国有资本，并体现其控制力。国有经济控制程度还有个临界点的问题。如果国有经济达到绝对控制的程度反而会形成国有企业在行业领域内或地区内的垄断，会阻碍国有经济质量的提高。

20世纪90年代中后期，中国开始实施国有经济强体瘦身的大动作——国企改制。1995年，中央政府决定采取"抓大放小"来优化国有经济的布局，在瘦身的基础上实现强体，进一步推进政企分开和政资分开。所谓"抓大"，是指政策决策者希望集中力量控制最大型的国有企业（中央企业），并将这些央企重组为更大型且更有竞争力的企业集团，再将这些企业置于国家控制之下的同时，对它们进行产权制度改革（公司制改造）和再融资。所谓"放小"就是指国家给予地方政府权力，对小规模的地方国有企业进行改制，使这些国有企业适应市场化的竞争要求。1995年，中央政府决定保留500—1000家大型国企，允许较小国企租赁或变卖。1997年，500多家由中央政府直接控制的国企资产占全国工业资产的37%，上缴税收占所有国企的46%，利润占所有国企利润的63%。"放小"实质上是通过"改制"来实现的。我国国有企业原本是属于全民的资产，也是公共事业的公器，甚至还承担了许多国家安全任务和社会责任。因此，中国国有企业的"改制"不是私有化，否则会动摇社会主义基本经济制度的基础，违背建立中国特色的社会主义市场经济的目标。而"改制"的目的则以优化国有经济布局这个总目标为出发点，让国企强身塑体，以此来巩固社会主义基本经济制度。可见，中国的国企改制不同于20世纪80年代末发生在东欧和苏联的全面的"私有化运动"。相对而言，中国的改制是渐进的，是兼顾经济转型、社会安全以及国企利益相关者的权利的改革。

"改制"是指企业的任何结构性的变化。因为改制的核心问题是重新分配企业的全部资产和负债的产权。改制的模式包括公开发行股份、内部重组（组建公司和分立）、破产和通过债转股进行的重组、引进投资人或实行职工持股计划以实现所有权多元化、向管理层（内部人收购）、职工、外部投资人出售国企股份等方式。在行业调整与改组政策方面，重点突破了亏损最为严重的纺织行业，在全国范围内开展限产压锭，压缩了大量过剩产能，同时也启动了对煤炭、冶金、有色金属、军工和制糖行业的结构性调整，淘汰过剩的生产能力，提高行业的整体经济效益。在企业联合与重组政策方面，通过重建企业集团，改变目前国有企业布局分散、企业规模小的状况；通过兼并破产政策，疏通企业退出通道，实施破产，关闭部分企业，为早已名存实亡的国有企业退出市场找到出路。在直接融资政策方面，实行债转股，改善国有企业资产负债结构。中央政府于1999年开始推行债转股方案，通过四家资产管理公司执行债转股。截至2004年末，四大资产管理公司总共处置了5287亿元人民币的不良贷款，收回了20%的现金。在金融政策方面，通过国债贴息，支持国有企业进行技术改造。

国企改制以及之后的国企三年脱困都存在一定的改制成本或者说是交易成本。所谓改制的交易成本包括国有资产流失、国企职工利益受损、内部人控制现象、经济犯罪等问题。正因如此，公众和部分学者认为改制是否演变成了东欧和俄罗斯式的私有化。其实不然，为了防止改制演变成私有化，中央政府通过完善《公司法》等相关法律，以及在改制过程中采取有效和及时的措施，不断地对改制过程中出现的问题进行纠错，最终使国企改制顺利地完成。通过国企改制，解决了国企的经营困境、下岗职工的再就业问题，还解决了国有中小企业有序退出的问题，完成了国企业战略布局调整，为优化国有经济的战略布局奠定了基础。当然，国企改制过程中存在的问题是不能回避的。首先是内部人控制导致的腐败和国有资产流失的问题。国企改制中，国企的管理者（厂长）通过收购国企或者在资本市场当中利用MBO大量购买国企的股份，逐渐成为国企的大股东，并逐步拥有了对企业的控制力，具备了支配国有资产的巨大自主权，在收购的过程中由于监管力度不够及法律的缺位使得国有资产大量流失，经济犯罪现象也屡屡发生。改制过程中相关的法律制度滞后，以及管理层恶意收购，使得国企没能有效地解决代理问题，因此管理层恶意收购现象层出不穷，导致大量国有资产流失，正是由于改制过程中委托代理问题没有得到较好的解决，公司法人治理结构不能有效地发挥作用，国企股权多元化的步伐也就被延迟了。为防止国有资产流失和实现政资分开，国家成立了国资委，负责管理资产和人事问题。其次，改制过程中，国有企业和国有资产管理面临的最大的问题是，在全民所有代理结构下，出资人的权力的模糊，也就是国有企业和国有资产所有权人虚位的问题，因此在监管层面就急需一个既能监管国企又能监管资产的机构，为了适应国企改革的需要，国资委出现在国企改革浪潮之中，并开始履行其使命，与国企改革相伴而行。国资委成立之后，在2003年陆续出台了《关于规范国有企业改制工作的意见的通知》和《企业国有资产评估管理暂行办法》等法规，规范国企改制和规制改革当中存在的问题，强化对改制的监管，强调保护债权人和国企职工的权力，并叫停了管理层收购，还要求大型国有企业成立董事会，对大型国企的管理者实施绩效评估考核，逐步推进国企公司治理结构的构建。

国企改制涉及的一个核心利益问题是国企职工的利益和就业问题。从1998年以来，到国企改制结束前，大约有3000万国企工人下岗。2000年的各种劳动纠纷比上年增加了12.5%，2001年增加了14.4%，达到15.5万例。国企职工利益保护问题和再就业的问题也成为评判国企改革成功与否的标志之一。国企职工在改制过程中面临的最大问题就是失业的风险，而职工失业的风险对于国家而言则是破坏社会稳定最具有破坏力的因素。对国企职工的利益保护，一直是中央政府关切的问题。中央政府一直采取干预的做法保护国企职工的权益。所以，中国政府在改制的过程中，要求改制的计划要得到职工大会的同意。最高法院要求在企业破产或改制时，首先要解决劳动力的赔偿问题。2003年国资委对合理改革国企提出了几点意见，指出：国企应该动用其现有的所有资产来彻底解决所有没有支付的职工工资，职工的医疗费用报销、不当使用的职工住房基金以及没有支付的社会保障基金等问题。

中国的国企改革能否取得既定的效果，后续的两项托底工作极为重要：一是国民社会保障体系的完善；二是发展非公有制经济，并赋予其合法性，以便吸纳国企改制产生的国企再就业职工。这两个问题关涉如何在成功维持发展新生力量与处理历史遗留问题之间找到平衡点。党的十五大确立了社会主义基本经济制度，社会主义基本经济制度的确立也为非公有制经济合法性提供了制度保障。非公经济的发展弥补了国有经济盈利能力下降带来的缺口，与此同时，非公经济还大量吸纳了国企职工分流产生的人力资源。在国企剥离办社会职能之前，国企尤其是在计划经济时期一直替国家承担了社会保障职能，而社会职能的渐次剥离，加速了国家提速社会保障体系建设的速度。中国社会保障制度的建立，为国企改革解决了后顾之忧，使国企轻装上阵，还尽可能地避免了因国企战略调整而导致的社会稳定问题。中国的国企改制不同于东欧国家和苏联的私有化运动。改制是坚持以巩固和维护社会主义基本经济制度为前提的，以"抓大放小"避免私有化，通过改制优化国有经济的布局，力争使国企强身塑体。在存量和增量之间进行理性选择，以增量改革推动存量优化。在改革过程中，中央政府关切国企利益相关者的权利，尽量以较小的交易成本换取优质的改革成果。在改制的后期，中央政府采取措施加强了国企内部的治理结构，防止国企内部形成利益集团，减少了国有资产的流失，逐步探索建立起了以"三会"为核心加党委监督的公司治理结构。此外，国企改革与国家的政治活动无关，不是政治活动的附属品，完全是经济转型在微观层面进行的产权制度变革。

第三节　国企与民企协同发展的"国民共进"布局

一、"国进民退"和"国退民进"的争论

经过金融危机的洗礼后，国家为了缓冲危机的负效应，将危机的影响降到最低，通过宏观调控手段调控经济运行。国有企业作为宏观调控的工具，发挥了重要作用。与此同时，理论界的部分学者对国有企业的诟病又再次遭受热议，而"国进民退"和"国退民进"又一次成为争辩的主题。这一问题实质上是国有经济的合理布局，国有经济有进有退，有所为有所不为，国企与私企进入需要控制的行业和领域的问题。所说的国有经济或者国有企业的"进入机制"，主要是指国有经济需要掌控的行业和领域，强化国有经济在其控制行业领域内的竞争能力和生存能力，并为国有经济的存续和发展提供适度的制度条件。国有经济的"退出机制"是指国有经济根据市场经济的竞争机制和淘汰机制退出国有经济应该退出的行业和领域。国有经济进入某一领域应根据国有经济的性质

和国有经济应发挥的功能来确定,范围包括关系国家安全、国民经济命脉的重要行业和关键领域和非国有经济无力介入的成本过高的行业领域。国有经济退出领域是国有经济应从大多数竞争性领域完全退出或者部分退出,将其交给其他市场经济主体经营。国有经济按退出的性质分为主动退出和被动退出。[1] 主动退出是指国有经济从国家宏观经济战略调整和维护国家利益的角度出发,主动从某些产业或领域退出,进入另一类产业或领域的过程。被动退出是由于市场环境的变化导致国有经济盈利能力下降,导致其在某些行业和领域内国有资本损耗必须退出的行为。国有经济按退出的程度分为相对退出和绝对退出。[2] 相对退出是指在国家与国有企业资本联系的条件下,国家作为出资人在某些产业或单个企业内国有资本资产份额和比重的减少(国家作为出资人对国有企业控股比例的降低,导致国家控股权比重降低)。绝对退出是指在国家与国有企业资本联系的条件下,国家作为出资人在某些产业或单个企业内国有资本资产彻底地从一个产业领域或企业中退出,进而将这些产业或企业通过产权转让、产权交易等方式转让给其他非国有经济实体经营。相对退出分为两种情况:一是从宏观角度讲,国有经济或国有资本在某个行业和领域资产比重的减少;二是从微观领域讲,一个企业内的国有股权或资本的比重下降,剩余国有资本不影响国有经济在企业的控制力。

国有资本的相对退出、绝对退出与主动退出、被动退出之间存在辩证关系。由于相对退出实际上是其他非国有经济的在行业或企业内所占资本增大导致的。相对退出和绝对退出是就国有资本在产业领域内所占资本份额比重程度而言的。在相对退出的情况下,不同类型的市场经济主体进入某一行业,加剧了行业的竞争程度,形成竞争机制。竞争机制的形成会影响国有企业存在形态[3]的进退程度,国有企业依据效益原则和其性质不得不从该行业领域逐步退出,这就形成了国有经济的被动退出。而从一个行业主动的完全退出,就是国有经济的绝对退出。

正是国有资本的相对退出与绝对退出和主动退出与被动退出之间存在辩证关系才引出了"国进民退""国退民进"的争辩,以及如何促进国民共进的问

---

[1] 徐传谌、郑贵廷:《国有经济资源优化配置系统论》,经济科学出版社2006年版,第89页。
[2] 徐传谌、郑贵廷:《国有经济资源优化配置系统论》,经济科学出版社2006年版,第90页。
[3] 价值形态和资产形态。

题。国与民进退问题的争论违背我国的基本经济制度的内在要求。"坚持有进有退，有所为有所不为"是国有经济布局，产业结构优化升级，所有制结构调整，提高国有企业发展能力，改善资产质量的可行性指导方针。国有经济退出后留下的市场空间补缺者自然是私营企业、乡镇企业和集团企业。这种互补关系是巩固基本经济制度的基础和条件，否则这个缺口将更多地由外资企业来补缺。私企和其他企业同样需要自己的定位和发展空间，并发挥其优势弥补国企的缺陷。

胡鞍钢通过对改革开放以来国有经济和非国有经济的统计数据证明"国进民退"是一个伪命题。所谓伪命题一是指不符合客观事实，二是指不符合一般事理逻辑和科学道理。"国进民退"的论断与中国经济改革的基本趋势和取得的已有成果是相悖的。胡鞍钢认为，首先"国进民退"的前提不成立，即前提是零和博弈。这种假设把国有经济和非国有经济都看作是完全竞争市场下的竞争对手，双方只有竞争的意向，没有合作的趋势。在利润总量一定的前提下，只要国有经济获益，非国有经济就获损。

胡鞍钢以国有经济和非国有经济对国民经济的贡献率数据为蓝本，分别从企业数量、就业人数、企业产值、企业利润、税收及公共财政资源等指标来证明"国进民退"是伪命题，不具有科学性。而且他认为，"国进民退"在理论界并没有明确的定义和普遍的共识，更不能强行地把非专业的理论标签作为中国经济改革的"硬伤"。胡鞍钢以从工业领域选取的数据为分析基础，分析"国进民退"的原因，因为农业行业以个体和私人为主，而服务业更是缺少实证数据。如果从农业和服务业选取数据，则国有经济占比重更低。胡鞍钢还从历史唯物主义的维度，论证了国有经济和非国有经济的发展历程及在社会主义市场经济中的地位。他认为国有经济和非国有经济共同构成了中国经济的基础，是基本经济制度核心要义。正是国有经济和非国有经济共同发展和共同繁荣才形成了中国经济的基本特征。国有企业与私营企业共同繁荣才是保证中国经济高速、稳定、健康发展的前提和基础。国有经济发展也需要从"大而全"向"强而精"的方向发展，在关系国计民生的基础性、战略产业做强、做精，充分发挥了社会主义市场经济集中资源发展战略的优势，通过在不同行业的产业链中与非国有经济形成良性互动，在竞争中合作，在合作中共赢。① 国有经济与非国有经济在竞争中合作的基础就是他们各自的溢出效应。国有经济和非国有经济的共进才能为中国企业"走出去"夯实基础。

国内其他经济学家和学者也认为"国进民退"的观点不符合我国的客观情况。卫兴华同样认为"国进民退"的命题不符合中国的实际。他认为国有经济与民营经济的关系，以及国有经济在社会主义经济发展中的地位和作用，须从坚持和完善中国特色社会主义制度总体理念和要求去考虑与研究，这样才会得出科学的认识和结论。② 国有企业的效率问题受到质疑也是不切实际不负责任的。国有资本的绝对量的增加不是"挤出效应"所致，即挤压私有制经济取得的增量。国有资本与私人资本的增长相比，国有资本的相对量是降低的。

学界同样对"国退民进"的理论观点进行了证伪。卫兴华认为"国退民进"的观点是伪命题。认同中国特色社会主义理论和制度，就应该理性地看待国有经济的地位，不能认同国有经济所谓"国退民进"的改革与发展的方向。而一味地赞同"国退民进"则意味着私有制经济的取而代之，国有经济的全部退出。"国退民进"会造成大量的国有资产的流失，国有经济的控制力下降，主导作用消失。宗寒认为，"国退民进"的理论主张也不符合国家关于国有经济调整的政策主张，"国退民进"不是国有经济结构调整的根本所在，不是实现国有企业改革攻坚的战略目标。③ "国退民进"论认为市场经济必须以非国有经济为基础，把国有经济排斥在市场之外，这与我国建立社会主义市场经济体制的目标是背道而驰的。坚持以公有制为主体，必须坚持国有经济的主导地位。而国有经济与市场经济是相容的，必须正确把握"国有"和"非国有"进退关系，不能偏颇一方。

顾钰民认为，"国退民进"违反市场经济规则和竞争规律。国有企业退出竞争性领域，实质是取消国有企业在社会市场经济的发展中应该享有的待遇和权利。在竞争领域中只允许非公有制经济企业存在和发展的逻辑，实际上是给予非公有制经济超经济特权，这样做有失公平。④ 只有"国退"没有"国进"，让国有企业"有所不为"，不能"有所为"的逻辑势必要影响国有企业的生存能

---

① 参见胡鞍钢：《"国进民退"现象的证伪》，载《国家行政学院学报》，2012年第1期。
② 卫兴华：《坚持和完善中国特色社会主义经济制度》，载《政治经济学评论》，2012年第1期。
③ 宗寒：《质疑"国退民进"论》，载《当代经济》，2001年第6期。
④ 顾钰民：《论国有企业改革的战略定位——兼对"国退民进"观点的质疑》，载《高校理论战线》，2005年第2期。

力和存在空间。对国有企业的这种偏颇的理解不符合国家关于国有经济战略调整和国有企业战略改组的根本原则。

二、国民共进

国民共进的最终目标是国家利益的实现。国有企业的存在、发展和壮大，不仅是社会意识形态的刚性需求和推动，同时也是特定国情条件下国家利益的特殊诉求，是一种内生的经济制度安排。国家利益是能满足自身需要的物质财富和精神财富的集合，从时间跨度来看可以将国家利益分为长期利益和短期利益，从重要性可以分为主要利益和次要利益；从国家行为的具体领域可以分为经济利益、政治利益和生态利益等。[1] 因此，国和民的进退与否不能以是否属于所谓的竞争性行业或领域为标准，不能以谁挤占了谁的发展空间为标准，而是要适国情来调整，以是否有利于社会主义公有制经济的巩固和发展、是否有利于生产力水平的提高、是否有利于广大人民群众的根本利益为战略和调整标准。

国有经济布局优化、增强国有经济活力、控制力和影响力是满足国家利益的需要。同样，私营经济也必须在国家利益的框架下实现自身的发展。国有企业和私营企业在提升国民经济增长的贡献中都发挥了各自的作用和承担了各自的社会责任。在国家财政体系和社会保障体系尚未完善的时期，国有企业承担了大量的政策性社会负担，并在一定程度上延迟了国有企业的改革进度。国有企业承担政策性社会负担是由国情决定的，私营企业不能承担起这种成本巨大的政策性社会负担，如果由私营企业来承担，社会公共产品和服务的水平将不能够满足国民和社会的需求。随着国家整个社会保障体系的健全，国有企业逐渐剥离企业办社会的职能，自然要退出一些领域和行业，而这些行业就可以由私营企业来经营。而在一些特殊产业和行业中，私营企业不能代替国有企业，因为只有国有企业才能承担起私营企业不能承担和不愿意承担的社会公共生产任务、社会责任以及国家战略目标。尤其是在遇到经济周期带来的冲击时，国有经济能够缓冲经济周期负效应对国民经济的冲击，并对私营经济起到一定程度的保护作用，这种保护作用体现在对行业的控制，以防外国资本快速进入对

---

[1] 刘得杨，杨征：《国家利益与国有企业的"进与退"》，载《财经问题研究》，2012年第1期。

私营企业造成冲击，待经济进入恢复期时，私营经济可以再次进入被国有经济保护的行业和领域。

私营企业的发展和进入范围必须根据国情和自身资本素质决定。按照马克思的资本有机构成理论，私营企业资本有机构成程度低，这就导致私营企业只能进入资本有机构成较低的行业和领域。私营企业进入资本和资源密集型行业，应当以其自身的转型和实力提高为前提，以符合这些行业规模经济和技术经济的准入标准，达到这些行业有机构成和市场准入门槛。

私营经济的自我发展同样是资本社会化的过程，即扬弃家族小私有产权的过程。资本社会化程度加深为实现资本创造利润社会共享创造了条件，也是"国民共进"，共同实现国家利益的产权改革的价值取向，也为"国民共进"提供了理论框架。

现代公有制和现代私有制的最大共同点是现代公司制度下的财产组织形式已经高度社会化，并使资本社会化程度加深。不论是公有制企业还是私有制企业都必须按照公司制的框架运行。现代财产组织制度要求公有制经济和非公有制经济都必须适应资本社会化的发展趋势。因此，保证公有制经济福利分配的功能就需要强化公有制经济的个体独立性和局部利益，使公有制经济在微观领域能够更好地适应市场经济规律要求，体现竞争活力和动力。在宏观上通过国家的强制力构建公平的分配制度，强化政府对社会再分配政策的作用，使公有制经济的公平性在整体上得到充分的体现。另外，资本社会化程度加深必然使资本利益在社会范围内分享，使资本利润由少数人独享到全民分享，这是资本关系发展的必然趋势。现代私有制的资本关系在微观领域的变化，使整个社会的资本化规模和程度有了极大的提高，不再是单个私人资本，而是以法人的身份出现的社会资本。因此，在社会主义市场经济条件下必须规制现代私有制经济利益独占倾向，需要启动国家权力。国家有发挥国家理性大于私人理性的优势，以便获得更多的信息，抛弃无效的产权安排，保留和植入有效的制度安排。通过运用国家权力制定利益分享机制，在整个社会范围内构建一个能够适应社会化生产力发展要求的经济关系。①

资本的利益分享的社会化是资本关系社会化的必然结果，二者之间的内在

---

① 顾钰民：《马克思主义所有制理论的时代发展》，载《经济学家》，2012年第11期。

逻辑不可改变。我国国有经济实行的"资本社会化"同私有经济所实行的"资本社会化"是两股潮流，它们将逐渐汇流，形成社会主义的新生产关系格局和产权格局，最终将生产资料的社会占有成为社会生产关系的主体，社会产权成为产权格局的主体。① 在这种逻辑下，可以不必纠缠"国进民退"或者"国退民进"，国有经济和非国有经济，而是依据市场经济规律和法律法规必须共同发展，互相取长补短，实现资本利益的社会化。

---

① 陆剑杰：《广义经济结构论》，社会科学文献出版社2005年版，第282页。

第五章　深化国有企业产权制度改革的新问题研究

第一节　完善国有企业公司治理结构和治理体系

公司治理是关于企业的组织方式、控制关系、利益分配等方面的制度安排和制衡机制。它界定的不仅是企业与所有者之间的关系，还包括企业与所有相关利益者、利益集团的关系。公司治理是各国共同关注的关于公司的战略发展问题。企业作为微观经济的细胞，关系整个经济运行的效率，而公司治理结构优良程度是增强经济活力、提高经济效益的基本手段。

由于各国经济、社会和文化等方面的差异以及立法制度的历史演进轨迹不尽相同，不同国家和地区的公司治理结构存在较大的差异。从各国法律体系演进进程的角度，可以将公司治理分为两大体系。其中，英国和美国作为发达资本主义国家的代表，企业资本结构中股权的地位相对重要，采取的是"股东至上"的公司治理模式。而在德国和日本企业中，企业的债权人多源于银行和财团组织，鉴于这种利益相关人的股权结构，采取的是多方利益者"共同治理"的公司治理模式。

表格13　英美公司与日德公司治理模式特点

英美模式	日德模式
1. 资本市场发达 2. 公司的所有权与控制权较为分散 3. 公司的所有权与控制权相分离 4. 外部投资者参与公司控制的积极性不高 5. 敌意收购的现象较为常见，收购成本高，敌对性较强 6. 股东外的其他相关利益人的利益难以体现 7. 上市公司外部投资者对公司的长期投资计划限制不多 8. 收购兼并易形成垄断	1. 资本市场较不发达 2. 公司所有权比较集中 3. 公司所有权与控制权相互联系 4. 公司由相关利益集团（银行、股东、业务伙伴和员工）控制 5. 敌意收购少见 6. 所有相关利益人的利益都能体现 7. 外部投资者对公司的干预仅限于公司财务失败清算期间 8. 公司内部交易形成腐败和合谋

资料来源：宋增基、李春红、樊澎涛：《国外公司治理模式及对我国的启示》，参见张宗益、宋增基：《中国公司治理：理论与实证分析》，北京大学出版社2011年版，第243—250页。

根据伯利和米恩斯的研究，由于技术经济条件的变化，公司中的所有权与控制权发生分离以及在此基础上形成的控制权进一步分化的结果，致使所有者与管理者之间形成了一种"委托—代理"关系，在"委托—代理"的约束下，所有者通常处于弱势地位，对管理者的监督和约束主要是通过引入外部制衡机制来实现。基于这一理论框架，各国的公司治理构建的模式从形式到内容大致上是相同的，不论英美的"股东至上"的公司治理模式，还是德日的"共同治理"公司治理模式。

中国是通过现代企业制度而不是私有化过程来实现国有企业产权制度改革的国家。虽然资本市场的融资制度和公司的规范制度使中国公司的公司治理模式越来越与国际接轨，但中国公司的治理模式明显不同于其他国家的治理状况，尤其中国国有企业赋有体现公有制优势的重任。

一、国企公司治理制度的演进

（一）国企多重目标与公司治理

国有企业天生具有多重目标和内涵不确定的特点。国有企业自诞生之日起就受到两种力量的制约：一种是出于"经济人"假设的目标，以营利为最终目标；一种则是出于服务意识形态的目的。国有企业的非经济目标具有完全区别于经济目标的属性，它们衍生于一个国家的政治体制需要，其源泉是非经济的因素，它们并不像经济目标那样相对的精确和可度量，而是带有松散的、模糊化和意识形态化的特征。① 国有企业目标的不确定包括三个方面内容：一是政治因素对国有企业的影响，这一因素对国有企业目标的不确定性影响最大；二是个人行为差异对国有企业目标的影响，也就是指企业家（管理者）的行为及企业家能力对国有企业目标不确定性的影响；三是社会文化因素等对国有企业目标不确定性的影响。

国有企业因国有产权制度下的委托代理关系而产生的目标冲突问题，容易因为缺乏最终的权威机制及相配的调节机制，而陷入混乱之中。经济转轨中的中国，国有企业目标不确定的问题则显得更为突出。各个利益集团作为"经济人"必须将其利益诉求纳入整体改革的目标之中，并间接地反映到具体的国有企业的目标集合当中，并影响国有企业目标实现的程度。我们在考察国有企业公司治理的时候必须考虑国有企业的多重目标和国有企业的特殊地位、特殊性质。国有企业是一种兼具"国家属性"与"营利性质"的双重属性的特殊法人组织。

国有企业的多重目标和地位决定了国有企业具有政府公司的性质。国有企业作为政府公司法人治理的特点。首先，政府公司的股份普通持有者的利益与政府公司公共目标是冲突的。股份持有者作为政府公司的持有者一方面是政府公司的债权人或员工，另一方面又是政府公司商品服务的受众者。而政府公司与股民之间是一种垄断关系，表现为自然垄断。在我国，国有企业的国有资产为全民所有，在这条件限制下，国有企业作为政府公司与普通持股者的双重关系使得国有企业经营的经营性国有资产很难代表全民。国有企业的"公共服务义务"加剧了与普通持股者之间的利益冲突。② 国有企业受控于政府，其管理层

---

① 余菁：《国有企业公司治理问题研究：目标、治理与绩效》，经济管理出版社2009年版，第12页。

② "公共服务义务"（community service obligation，CSO）是指政府公司为了实现公共服务效益最大化的目标，而牺牲能够实现公司利益最大化的收益，即政府公司实现公共服务效益最大化的目标的机会成本，政府将出资弥补因为政府公司实现公共服务效益最大化的目标给政府公司股民持有者带来的这部分损失。参见［澳］迈克尔·温考普：《政府公司的法人治理》，高明华译，经济科学出版社2010年版，第7页。

难以获得独立的立法目标。因此,国有企业作为政府的公司尤其是作为自然垄断行业的国有企业和作为公众最大化社会福利的维护者难以实现双边治理。国有企业作为政府公司还有可能被利益阶层利用来实现其"寻租"的目的。其次,国有企业作为政府公司法人治理博弈需要在正式治理机关的"框架外部"来进行。① 因为,政府国有企业的出资人,又是国企的规制者,决定国企的存在和经营的法律环境要素。同时还是国企的资金提供者和消费者受众者。政府凭借这些资质能够轻易地躲避治理规范对其的管制,因而会威胁到公司经理人的权威。再次,法人治理结构需要受到保护以此抵制政府部门对国有企业的权利滥用。通过以上分析可以判断,国有企业作为政府公司的公司治理不同于非国有企业的公司治理。

(二) 国企公司治理制度的演进

1. 国有企业公司治理与国有企业所有权

吴越认为,国有企业公司治理必须在国有企业所有权四重含义的实践意义下进行。国有企业所有权的四重含义:一是国有企业国家宪法意义下的全民所有权,即全民所有制性质下的所有权;二是民法意义上的企业法人财产所有权,《物权法》规定法人的财产所有权,具有私法的性质;三是传统《公司法》中规定的股东具有的所有权;四是西方"份额持有"理论下的所有权。②

表格 14　国有企业所有权的四重含义及其理论与实践意义

国有企业所有权类型	全民所有制	法人财产所有权	出资人所有权或"股权"	"份额持有"意义上的所有权
法律属性	宪法	民法和公司法	传统公司法	革新的公司法
性质	只具有集合性、抽象性,不具备个别性、具体性。	具有抽象性意义,但主要体现为个别性、具体性。	主要具有集合性、抽象性;但可以派生出个别性意义。	具有抽象性和集合性,但主要具有个别性、具体性意义。

---

① [澳]迈克尔·温考普:《政府公司的法人治理》,高明华译,经济科学出版社2010年版,第9页。

② 吴越:《国有企业所有权重奏与治理目标论战》,见吴越:《公司治理——国企所有权与治理目标》,法律出版社2006年版,第19—32页。

续表

国有企业所有权类型	全民所有制	法人财产所有权	出资人所有权或"股权"	"份额持有"意义上的所有权
理论含义	社会主义市场经济理论体系的有机组成部分。	法人财产独立及责任独立的基础；法人享有对其财产的占有、使用、处分和收益权；国企的法律人格独立。	出资人或其代表不能擅自占有、使用和处分公司财产并获得收益，不得抽回投资；但是股东个人享有表决权和属于自己的收益权。	国企的智力和财富的分配不应以股东（政府或其授权的机构）利益最大化为主要目标，而应实行共同参与，并且实行合理的利益分享。
实践意义	由国家或其授权机构代表全民行使出资人的权利并约束代理成本；个人对企业的宪法意义上的建议权和监督权。	国企的改革和公司治理以维护企业法人财产权为出发点；偏离此目标导致新时期的政企不分或者国有资产的贱卖。	作为出资人代表的国有资产管理机构必须尊重企业法人财产权，尤其不能随意地占有、使用和处分国企资产并牟取代理人自身的或者个人的利益。	国企的改制和治理应建立在管理层和职工合法利益参与决策的基础上；国企财富的分配应兼顾出资人、职工以及管理层。

资料来源：吴越：《国企所有权四重奏与治理目标论战》，见吴越：《公司治理：国企所有权与治理目标》，法律出版社2006年版，第19—32页。

国有企业所有权的四重含义说明，国有企业在宪法意义上的全民所有权只能是抽象的、集合的所有权，这种所有权观念是我国社会主义市场经济理论体系的重要组成部分。在微观实践层面，任何个人只能在宪法意义上行使对国有企业的监督权。国有企业作为法人对企业自身的独立的所有权是私法意义上的所有权[①]。企业法人财产所有权是企业人格独立和独立承担责任的基础，也是市场经济的基本要求。这与我国20世纪90年代推进的国有企业股份制改造和现代企业制度理论的内涵是一致的。国有企业的法人财产所有权也是国有企业公司治理的基本出发点。虽然国有资产管理机构作为国家或全民的出资人代表，

[①] 吴越：《国有企业所有权重奏与治理目标论战》，见吴越：《公司治理——国企所有权与治理目标》，法律出版社2006年版，第19—32页。

但却不能否认国家作为出资人对国有企业所有权抽象的属性或者集合所有权这一特征。国家作为出资人，其自身的财产权和企业的法人财产权不区分又会导致国有企业产权制度改革倒退，回到政企不分、政资不分的轨道上。"份额持有"的所有权形式要求国有企业的公司治理必须考虑利益相关人的要求，也包括国有企业职工的利益。国有企业所有权的四重含义为我们从法理上梳理了国有企业公司治理的方向，即国有企业所有权在不同法律领域中具有不同的含义，混淆国有企业所有权将影响国有企业治理的制度基础。

2. 国有企业公司治理与政企关系的演化

中国的公司治理与中国的经济体制改革有千丝万缕的联系。在中国改革开放40年过程中，无论是宏观经济体制改革，还是企业制度改革或者资本市场发展，都遵循了一条由"探索路径"至"明确目标"再到"完善体制"的演进过程。[①] 公司治理的推进也沿袭了经济体制改革及资本市场建设过程中这一探索路径，市场化推进程度诱生的市场因素相对薄弱，因此依靠行政权力推进国有企业治理便具有合理性。中国现代公司制度与资本市场社会约束机制的形成及其演进，完全是一个历史过程，是一个能力禀赋诱导的制度变迁与市场发展的过程。[②]

中国企业制度与资本市场的发展与变迁过程，是多种因素综合作用的结果，这些因素包括利益驱动、制度资源禀赋与能力建设、问题导向、政府主导、策略互动、从干中学、不断试错和路径依赖等，同时也是在无序与过度控制、分权与集中、混乱与规范、稳定与发展、市场化与政治化、发展专业化技巧与倚重政府决策等不同状态中相机进行选择、变换和组合的结果。这是一种内生的过程，是在特定历史条件、激励结构、组织资源禀赋与能力约束下，具有不同偏好的有关各方在追求自身效用最大化或能力建设成本最小化过程中博弈互动的结果。[③] 在这一过程中，中国企业制度和资本市场出现的问题以及解决这些问题能力禀赋和能力建设，对公司治理的提出与演化具有显著的影响。[④] 胡汝银这段对中国现代企业制度、资本市场与公司治理的内在关系的逻辑阐述，高度概

---

① 胡汝银：《中国公司治理：当代视角》，上海人民出版社2010年版，第29—30页。
② 胡汝银：《中国公司治理：当代视角》，上海人民出版社2010年版，第30页。
③ 胡汝银：《中国公司治理：当代视角》，上海人民出版社2010年版，第30页。
④ 胡汝银：《中国公司治理：当代视角》，上海人民出版社2010年版，第30页。

括了中国公司治理的缘起、路径、方向。中国的公司治理有本土化的特点，有别于西方发达国家的公司治理。

通过以上论述可以发现，国有企业的公司治理形式是在政府与企业的产权关系调整之下不断演进和完善的。国家作为国有企业改革政策制定者和政策的受约束者，通过引入市场力量和不断地修改公司法律制度，不断地调整与国有企业的产权关系，经历了从作为国有企业所有权的完全所有权者，再到以出资人的身份作为国有企业所有权的所有者的演化过程。政府与企业之间存在着关系刚性，这种关系刚性是政企关系不能彻底理顺的根本所在，也是国有企业治理形式化的根本所在。① 我国历史演进的轨迹形成了政治权利参与经济生活的现象，国家通过政治权利干预经济发展也形成了习惯。政府参与企业事务也同样形成了一种制度惯性，因此仅仅试图依靠私法，放弃国家所有权来调节政企关系，形成国有企业公司治理机制是难以实现的。因为政府和企业之间形成了一种关系刚性，即在国有产权范围内政府和企业之间存在着非市场化关系，而企业并没有随着产权制度的改革而发生根本性变化。②

3. 现代企业制度建立之前的国有企业公司治理

在计划经济时代，政府与企业之间的关系导致国有企业治理机制失效。在国有企业框架内，产权制度残缺，委托代理机制不能有效发挥效能，而在国企内部还不存在事实上的委托代理机制，国有企业的管理者（厂长）的工作成果并不能反映国家所有者的利益，一旦实行委托代理，也就意味着失去了制衡。

"放权让利""利改税""推行承包经营责任制"阶段的国营企业产权制度改革都未能形成企业内部的治理机制。这些改革都未能涉及企业产权制度的真正变革，企业的治理还只是局限于对政府和企业关系的调整，企业治理依然受制于政府权力的影响。在没有培育市场机制的条件下，企业内部的治理机制与外部治理约束不能有效结合。

扩大企业自主权改革不能避免内部人控制的难题。由于放权让利没有改变国有企业的基本制度框架，也不存在以董事会为核心的现代公司治理结构，厂长制企业只能依靠"党委领导下的厂长负责制"，依靠党委、职工和上级党政机

---

① 葛杨：《经济转型期公有产权制度的演化与解释》，人民出版社2009年版，第212页。
② 葛杨：《经济转型期公有产权制度的演化与解释》，人民出版社2009年版，第212页。

关来监督厂长。① 承包制是在不改变原有企业财产制度的前提下，对国有企业的治理结构的一种调整，是通过契约的方式来解决政企合一的产权关系和企业内部经营机制问题。租赁制是一种对国有企业产权改进治理的形式。在不改变原有产权制度的前提下，实行所有权与经营权的分离。承包制的两权分离也没能对国家与企业的责权利的界定加以明确地规范，而是经过政府与企业之间的讨价还价确定的，而讨价还价结果取决于双方力量对比和价值取向。由于"所有者缺位"和发包者作为代理人的"道德风险"，产生了承包者和发包者之间的权钱交易。②

厂长负责制是针对原先的党委领导下的厂长负责制而推行的一种治理结构。在国营企业中厂长作为企业的经济责任人和法人代表，对企业的全部经济活动负责。厂长还可依法行使企业生产经营计划、机构设置、人事任免等决策权。这种全民所有制工业企业的厂长（经理）负责制是一种典型的首长负责制，是政府行政权力在国有企业内的延伸和代表，是计划经济体制管理模式的体现。

这种政府权力在国有企业延伸的模式为后来的国有企业改制中的管理层收购提供了制度基础，为管理层私有化国有资产提供了便利条件。同时也为国有上市公司的内部人控制问题埋下了隐患。不涉及国有企业产权制度变革的企业治理机制是难以形成的，因此造成国有产权关系不顺畅和产权责任不到位，在没有有效监督机制的情况下，国有企业管理机构及管理者便利用权力"搭便车"和"寻租"，造成大量的国有资产流失。

现代企业制度建立之前的国企公司治理可以称为过渡型的国有企业公司治理模式，这种模式是建立在政府主导型产权制度基础之上的，通过行政契约所维持的治理模式。过渡型的国有企业公司治理模式仍然带有行政化治理模式的浓重色彩。国家作为企业的所有者，拥有对企业的剩余索取权，通过对企业的监督来实施其外部治理。③ 这种模式下，政企关系得到改善和调整，企业的经营自主权进一步扩大，国企管理者对企业的控制权得到强化。

4. 现代企业制度下国有企业公司治理的探索

国有企业的公司治理是与现代企业制度、资本市场的发展共同推进的。在

---

① 吕政、黄速建：《中国国有企业改革30年研究》，经济管理出版社2008年版，第39页。
② 吕政、黄速建：《中国国有企业改革30年研究》，经济管理出版社2008年版，第56页。
③ 吕政、黄速建：《中国国有企业改革30年研究》，经济管理出版社2008年版，第255页。

国有企业实行"承包制"改革的时期，中国的一些城市的国有企业就开始进行股份制的试点工作。例如，四川省的一些国有企业就开始进行股份制的改革试点。1984—1986年期间，北京、广州、上海等城市选择了少数大中型国营企业进行股份制试点。1986年后，随着对股份制企业组织形式认识的深化，国家允许一些大型国营企业半公开或公开发行股票，股票和债权的一级市场与柜台交易陆续在全国出现。1986年我国第一家股份制企业在上海证券交易所上市，1987年开始股份制试点，1991年开始进行企业集团试点。在中国，市场元素天生发育不足，因此决定了资本市场成长的过程必定是个艰难、不断试错的过程。1990年国家允许在有条件的城市建立证券交易所，上海和深圳交易所先后于1991年成立营业。1992年10月国务院设立国务院证券管理委员会和中国证监会。同年12月，国务院颁布了《关于进一步加强证券市场宏观管理的通知》，确立了中央政府对证券市场的统一管理，证券市场迈进了有法可依的轨道。

全国各地的国有企业股份制改造为国有企业向现代企业制度迈进提供了技术条件和基础。资本市场的发展和逐步成熟为国有企业进行现代企业制度的形塑提供了平台和空间，也逐渐成为国有企业公司治理的外部条件。由于中国外部治理机制不健全和关于公司的法律法规不完善，在国有企业的公司治理制度上不能实现实质性的突破，国有企业的公司治理机制的探索也将缺少制度支持和政策掌舵。国有企业只是按照自己对股份制和资本市场的理解进行公司制的探索，没有明确的公司法律作为公司治理的规范。

1994年以后，我国国有企业进入了建立现代企业制度的阶段。伴随着我国经济体制改革和国有企业改革的不断推进，我国国有企业公司治理的模式也逐步从计划经济体制下的行政型政府治理向市场经济体制下的规范化的公司治理转变。1993年11月，中国共产党第十四届三中全会通过了《关于社会主义市场经济体制若干问题的决议》，提出建立"现代企业制度"的国有企业产权制度改革的新概念，要求"切实转化国有企业经营机制，建立适应市场经济要求，产权明晰、权责明确、政企分开、管理科学"的现代企业制度。

在现代企业制度框架约束下，国有企业的领导体制开始按照公司制企业治理的治理结构来规范。在国有企业内部，党委会、厂长（经理）、职工代表大会分口负责的横向分权模式，变成由股东会、董事会、经理层、监事会组成的相互制约的纵向授权模式。① 国企行政治理模式逐渐开始向政府治理模式转变，这个转变实际上就是我国的企业治理从单一的政府治理向与公司有利害关系者的共同治理的转变过程，同时也是政府对企业的控制力度不断削弱，公司其他利益相关者对企业的制衡力量不断增强的过程。②

我国国有企业公司治理结构的形成离不开外部治理条件的参与。外部治理条件包括：政府关于规范企业的相关法律法规、资本市场的发展、利益相关者的参与等。1994年7月《公司法》开始实施，《公司法》的颁布为国有企业建立现代企业制度和形成规范的公司治理结构提供了法律支持，还奠定了中国目前公司治理机制的基本架构。《公司法》对有限责任公司、国有独资公司和股份有限公司的组织形式、设立要求和股权结构等做出了明确的规范，尤其是对有限责任公司和股份有限公司的法人治理结构做出了明确的规范，主要是对国有企业改造成为有限责任公司和股份有限公司后的股东会、董事会、监事会公司治理机构做出了明确规定，为国有企业的股份制改造提供了法律依据。

中国证监会成立伊始，就相继出台了一些旨在推动资本市场发展的证券市场法规和规章。这些关于规范证券交易的法规和规章再加上《公司法》基本形成中国公司治理的框架。1993年4月颁布的《股票发行与交易管理暂行条例》，对股票发行、交易及上市公司收购等活动予以规范；1993年6月颁布的《公开发行股票公司信息披露实施细则》，规定了上市公司信息披露的内容和标准；1993年8月发布的《禁止证券交易欺诈行为办法》和1996年10月颁布的《关于严禁操纵证券市场行为的通知》，对禁止性的交易行为做了较为详细的规定，以打击违法交易行为。1994年8月，《国务院关于股份有限公司境外募集股份及上市的特别规定》和《到境外上市企业公司章程必备条款》颁布实施。

中国的国有银行是国有企业重要的利益相关人，尤其是在国有企业进行股份制改造时期和资本市场没有形成和完善时期，国有银行是国有企业最主要的融资渠道。在经济转轨时期，政府与国有企业是"父子"关系，国家通过财政的转移支付手段支持来为国有企业提供资助，承担这一任务的就是国有银行。从公司治理规范的角度出发，国有银行是国有企业的利益相关人和外部治理手段。在资本市场发育不成熟的条件下，国有银行代替资本市场成为国有企业重

---

① 吕政、黄速建：《中国国有企业改革30年研究》，经济管理出版社2008年版，第260页。
② 吕政、黄速建：《中国国有企业改革30年研究》，经济管理出版社2008年版，第260页。

要的外部治理途径。首先，国有企业可以通过银行的融资弥补信息披露的缺陷。银行在审查企业资质时，就可以了解企业经济决策重大事项来获得企业的内部信息，包括企业的资本机构、资产经营状况、企业的内部治理结构。在国有企业进行改制阶段，国家实施了"债转股"政策性融资手段，其目的是通过"债转股"帮助国有企业稀释不良资产，提高国有企业的经营活力，加速国有企业建立现代企业制度，形成公司治理结构。国有银行通过对资本结构、资本金不足、经营效益不佳的内部人控制的企业进行债转股的治理重组，一定程度上强化了国有企业内部的治理。但由于政企关系不分，产权关系不明确，再加上"转债股"没有相关国企改革的配套措施，因此未能帮助国有企业形成有效的外部治理机制。在软预算约束体制下，国有银行的低息贷款供给不仅不能扭转国企的亏损局面，反而使国有企业的贷款需求，形成了套利行为，给国有银行造成大量的呆账和坏账，最终导致国有银行对国有企业的信贷软约束。

纵观中国的公司治理历程及相关改革措施可以看出，中国公司治理在不断试错、循序渐进的发展过程中前行，并形成了"规则先行、能力发展滞后"的治理特点。[1] 公司治理经历了一个由行政规章推进上升到国家法律规范，再由国家法律细化到行政规章实施细则提升的过程。[2] 公司治理的组织能力与推动能力也同步由行政方面向市场方面转换。[3]

二、国企公司治理制度存在的问题及完善方向

（一）国企股权结构不合理产生的治理问题

因国有上市公司一股独大、内部人控制等问题的公司治理问题由来已久。国内上市公司国有股的形成主要有两种方式：国企改制上市和国有企业新设股份公司上市。在中国国有企业股份制改造初期，大量的国有股权是通过集团公司改制形成的。集团改制的模式为国有股成为第一大股东，并形成内部人控制提供了基础。而且在改制时，对于国企改制为股份制的企业，国家对股权结构人为设置为国有股成为第一大股东创造了条件。为了保证国有股的绝对或相对

---

[1] 胡汝银：《中国公司治理：当代视角》，上海人民出版社2010年版，第29—30页。
[2] 胡汝银：《中国公司治理：当代视角》，上海人民出版社2010年版，第40页。
[3] 胡汝银：《中国公司治理：当代视角》，上海人民出版社2010年版，第39页。

控股地位，对公众股的比例做出不低于25%的规定（股本超过4亿元的公司，公众股比例不少于10%），这种股权结构的构造设计使国有股与公众股的结构失衡成为必然。而在市场准入政策上也为"国有股"形成"一股独大"的地位奠定了制度基础。国家证券部门对上市公司首次融资额度的规定为大型国有企业开通绿色通道，无论是国家证券主管部门发行股票规模采取额度控制模式还是采取数量控制模式。

在股权分置时代，中国国有上市公司的股权结构最基本的特征是股权高度集中，国家股和法人股处于不流通的状态。在国有上市公司的股权结构上表现为：一是股权结构不合理，流通股比例低；二是非流通股集中度过高；三是流通的公众股股权高度地分散于个人股东之中，机构投资者弱小；四是上市公司的最大股东为一家控股公司，不是自然人。这种政策性的设置导致了国有上市公司一系列的公司治理问题。例如，委托代理问题、一股独大、内部人控制问题等。

股权分置改革前后，中国国有企业的公司治理结构存在两种顽症：内部人控制模式和控股股东控制模式。而国企公司治理的这两种弊端在一个企业中往往是相互交替存在的。股权分置改革主要解决了非流通股（国有股）吞噬流通股利益、同股不同权的问题，为国有上市公司治理开辟了道路。但股权分置改革后，国有上市公司的股权结构和公司治理又陷入了"一股独大"导致的股权高度分散和"内部人控制"的泥潭。

股权分置是因为国家为保持国有资本的公有制性质，在政策上人为设计了流通股和非流通股的"股权双轨"运行机制，反映了国家通过行政手段对全资国有企业进行股份制改造的倾向。而股权分置改革后，政府对国有企业与对国有资本控制的方式发生了变化，从过去将资本市场作为国有企业的融资来源，转变为依靠其在资源优化配置方面的作用使国有企业做大做强。一些资产优质的大型国有企业的整体上市和资产注入的速度加快，而这种外延注入式的增长使得国有和非国有上市公司的差距也进一步拉大。因此，国有股在资本市场占比不但没有降低，反而再次回升。随着大量优质国有资产陆续地进入资本市场，国有股比重也就再次上升。尤其是在2003年国资委成立以后中央政府和地方政府分别代表国家履行出资人职责，对于国有上市公司的国有资产的管理更加规范，更加强调国有资本的控制力问题，因此国有股在整个上市流通的份额中的比重没有明显地下降。

表格15　1998—2006年国有和非国有上市公司资产、负债、净资产、净利润情况（单位：%）

年份	上市公司类型	资产比重	负债比重	净资产比重	净利润比重
1998年	国有	64.00	62.82	65.01	——
	非国有	36.00	37.18	34.99	——
1999年	国有	66.55	67.06	66.03	——
	非国有	33.45	32.94	33.97	——
2000年	国有	59.72	58.92	60.55	——
	非国有	40.28	41.08	39.45	——
2001年	国有	69.52	70.20	68.92	69.95
	非国有	30.48	29.80	31.08	30.05
2002年	国有	58.78	52.24	69.35	69.52
	非国有	41.22	47.76	30.65	30.48
2003年	国有	58.49	53.16	68.45	71.26
	非国有	41.51	46.84	31.55	28.74
2004年	国有	57.81	53.06	67.39	73.50
	非国有	41.51	46.84	32.61	26.50
2005年	国有	56.78	52.12	67.30	77.51
	非国有	43.22	47.88	32.70	22.49
2006年	国有	83.15	84.45	76.65	81.16
	非国有	16.85	15.55	23.25	18.84

资料来源：中国证券监督管理委员会：《中国上市公司发展报告》，中国经济出版社2009年版，第124页。

从资产比重变化看，国有上市公司的比重从1998年开始一直高于非国有上市公司，到2006年两者之间比重更为悬殊，国有上市的资产比重达到了83.15%，而非国有上市公司的资产比重仅为16.85%。这主要是由于2005年股权分置改革前后国有大盘蓝筹股尤其是国有银行股加速上市以及并购带来大量的资产进入资本市场。从负债比重变化来看，国有上市公司同样也高于非国有上市公司。1998年，国有上市公司的负债比重为62.82%，非国有上市公司为

37.18%，相差 25.64%。股权分置改革后的 2006 年，国有上市公司的负债比重为 84.45%，非国有上市公司为 15.55%，差距进一步拉大。从净资产比重变化来看，国有上市公司也一直高于非国有上市公司。在 1998 年，国有上市公司为 65.01%，非国有上市公司为 34.99%。股权分置改革后的 2006 年，国有上市公司变为 76.65%，而非国有上市公司下降到 23.35%。从净利润方面看，2001 年国有上市公司为 69.95%，非国有上市公司为 30.05%；2006 年的差距进一步扩大，国有上市公司为 81.16%，非国有上市公司为 18.84%。

(二) 国家作为出资人情形下的控制权和"委托—代理"问题

所有权是公司治理的权力基础和权力来源。国有企业进行股份制改制后，形成了产权多元化的股权结构，但是在大部分国有企业依然是国有股作为第一大股东。国有企业股份制改造的过程中，虽然在法律上界定了企业独立的财产权，但在所有者与经营者之间未订立产权契约合同，来彻底地解决企业剩余索取权的分配问题。国企股改仅完成了企业资本运营管理与政府行政权力的分离的目标，但企业的资本所有权与经营权的分离还远未到位。

在股权分置改革前，中国国有上市公司的内部治理结构中，所有者缺位和内部人控制问题、公司治理行政化问题相对突出。而在股改后，所有者缺位的问题得到了解决，内部人控制问题和公司治理行政化的问题依然存在，这些问题集中表现在国有及国有控股公司。国有股管理权属的划分是影响代理问题强度和广泛程度的重要因素。[①] 对国有股权管理权属的变更也同时反映了政企关系、政资关系的演变过程。1998 年以来，国有资产的监管职能分散在各个职能部门，也就是所谓的"五龙治水"，政出多门的状态，政府的公共管理职能与国有资产出资人职能没有分离，现代企业制度也流于形式。国有资产的管理政出多门导致国有产权所有者缺位问题突出，进而产生了"委托—代理"问题。2003 年国有资产管理委员会成立，解决了出资人所有者缺位的问题。中央政府和地方政府分别代表国家履行出资人职责，建立专门的管理机构，解决了国有资产长期以来政出多门、效率低下、监管缺位、无人负责等问题。但对于国有企业公司治理的内部人控制问题和公司治理行政化的问题依然没有得到有效地解决。在政企关系完全理顺的前提下，国有及国有控股公司的公司治理仍具有

[①] 杨桦：《公司再造：中国上市公司治理的新路径》，中信出版社 2011 年版，第 53 页。

行政化的色彩。国有股东对公司的控制仍然表现在经济上的"弱化"与行政上"强化",导致国有股股东以其优势削弱董事会的权利配置和权利行使,不能有效形成竞聘机制、激励机制和监督机制,作为代理人的经理人更多地表现为政治上的机会主义和经济上的道德风险。在国有及国有控股公司中公司法人治理呈现单一化的特征。国有及国有控股公司所有权结构是国有股一股独大,这种所有权结构使得控制权呈现单一化的特征,尤其是在国有独资公司中国家所有权绝对单一化。公司治理机制的核心是"委托—代理"关系的理顺。"委托—代理"关系主要包括三个方面,代理人的选用、激励机制和监督机制。代理人的选用是解决国有及国有控股企业(包括国有上市公司)代理人的选择和聘用问题;激励机制主要是设计什么样的激励措施如何使代理人效能地完成委托人的目标;监督机制是通过公司治理的规则和相关法规防止代理人的机会主义行为损害委托人的利益。

从国家所有权宪法意义角度上讲,国家作为出资人行使出资人权利使得国有资本的所有权与控制权是分离的。国有及国有控股公司包括国有上市公司的国有股份最终所有权属于"全体人民",而"全体人民"作为一个集合体对公司控制权没有控制力,难以对公司的事务行使决策权或实施监督。"全体人民"作为出资人的权利职能通过"逐级的委托代理关系"来履行。具体到最终代理人,则是由经理人代替最终所有人"全体人民"行使股份代表的所有权。在行政治理的环境下,经理人又成为"次级代理人"。在这种逐级委托代理关系下,国家所有权容易出现出资人虚位、法人治理行政化的问题,并且形成较高代理成本和监督成本。根据国有企业实际控制人的性质,可以将其划分为中央和地方两大类,其中,中央大类又可以细分为国务院国资委、中央国家机关和中央国有企业,地方大类中可以细分为地方国资委、地方政府和地方国有企业。[①] 胡汝银根据2009年主板上市公司中988家国有企业统计,国有控股企业占到全部统计样本的58.6%。其中,中央类占34%,地方类占65%。[②]

对于国有控股上市公司而言,政企不分的问题依旧阻碍着国有企业法人治理的进程。政府超出出资人职责对国有上市公司的经营进行直接的行政干预依然存在。而国有资产管理部门对国有及国有控股公司及国有上市公司的"三管

---

① 胡汝银:《中国公司治理:当代视角》,上海人民出版社2010年版,第74页。
② 胡汝银:《中国公司治理:当代视角》,上海人民出版社2010年版,第74页。

职能",即"管人、管事、管资产"为政府干预国有企业的经营事务提供了可能。国资委对国有及国有控股公司及国有上市公司具有人事任免、参与经营决策、高管薪酬管理、监督与执法等职权。国资委的职能定位形成了与国有企业行政化的治理关系。政府在行使国有股权利的同时派生出来的政府化行为,表现为政府超越国有股东的权力而行使治理权力。① 在国有及国有控股公司法人治理结构的各级权力机构中均体现国家意志。从董事会的组成和选派来看,政府通过国有资产管理部门掌握董事长的任免权力,并通过其控制的董事会来任免总经理。② 国资委既行使了国有控股上市公司的股东大会职权,同时又行使了部分董事会职权,其权限远远超过了出资人或股东权限的范围,有可能剥夺或侵犯非国有股东的权利。而且国资委的管理职能和出资人职能相结合,极易导致国资委对国有控股上市公司的过度干预或者消极承担国家所有者角色。③

国资委作为国资的代管者具有"行政人"的身份,其对国有企业的行政化监管容易诱致内部人控制,导致国有企业控制权的异化,形成低效率的激励机制。因此导致国有企业经理人身兼"行政人"和"经济人"的双面特性④,容易使国有企业的经理人的所有权权能强化,削弱董事会职能,利用合谋和关联交易等手段获得私利,侵吞和转移国有资产。因此,真正实现"政企分开"是完善国企内部治理机制的关键所在。真正实现"政资分开"是理顺国有资产出资人与国有资产经营者(代理人)"委托—代理"关系,完善国有资产监管者(代管者)与国有资产经营者(代理人)治理关系的关键所在。

三、国有企业外部治理机制的完善

我国国有企业的外部治理机构主要包括:银行体系、资本市场、经理人市场和政府的政策法规。银行、资本市场和政府的政策法规目前是国有企业最主要的外部治理者。

在银行没有建立股份制的企业形态时,同样面临着从行政型公司治理到规

---

① 郭金林:《国有及国有控股公司治理研究》,经济管理出版社2008年版,第111页。
② 郭金林:《国有及国有控股公司治理研究》,经济管理出版社2008年版,第111页。
③ 杨桦:《公司再造:中国上市公司治理的新路径》,中信出版社2011年版,第57页。
④ 葛杨:《经济转型期公有产权制度的演化与解释》,人民出版社2009年版,第213—214页。

范型公司治理的转变。尤其是银行未建立公司制形式前，其组织结构的设置、管理方式同政府的组织结构和管理方式相近。国有企业的融资方式决定了银行与其有着密切的联系，在其公司治理外部机制中发挥重要作用。在中国会计制度未与国际接轨之前，存在诸多技术缺陷，不能对国有企业的重要信息进行披露，如企业的重大事项、资产变动等，信息披露机制难以实现外部监督的效果。这个外部信息披露和监督任务就由银行替代来完成。尽管银行与国有企业之间存在软预算约束的关系，尤其是国有银行，但银行也必须因自身生存和发展的需要选择资产质量较好的国有企业进行信贷活动。通过信贷活动银行能够比较清楚地了解到国有企业的财务状况，并对其起到一种外部治理的作用。而国有银行作为国有企业外部治理者的作用也依赖于其自身治理结构的形成和完善。

（一）银行作为国企外部治理机制的完善

政府和金融系统之间的关系是中央计划经济时代留下的产物。国有银行一直扮演着政府代理人的角色，其主要任务是支持政府的经济目标和社会目标。政府和金融系统体制性关系使得银行，尤其是国有银行既是国有企业的债权人又是外部治理者。中国金融体系中的国有成分非常突出。几乎所有的主要商业银行，事实上连同绝大多数小型商业银行都由中央和地方政府控制。

中国国有企业是重工业优先发展的内生产物，在改革之初政企难分产权关系制约下，背负着沉重的政策性负担。国有企业所承担的政策性负担可分为社会政策负担和战略性政策负担。社会性政策负担是指由于国有企业承担过多的社会性职能形成的负担，即国有企业办社会的职能；战略性政策负担是指在计划经济体制发展战略指导下，国有企业由于投资于中国不具比较优势的资本相对密集的产业和产业区段所形成的负担。[①] 国有企业的政策性负担是社会化分工内部化的结果。国有企业进行明晰和理顺产权关系的同时，还面临着普遍承担政策性负担的问题，因此产生了国有企业的软预算约束问题。在不充分竞争的市场环境下，国有企业因委托代理问题存在信息不对称的情况，政府因不充分的竞争和产品市场而不能有效地辨析国有企业的亏损是否是因政策性亏损造成的，因此对亏损的国有企业进行补贴来减轻国有企业的负担，就此形成了企业的"软预算约束"。"软预算约束"的政策代价直接表现为国有企业利用政策性

---

① 林毅夫、李志：《中国国有企业与金融体制改革》，载《经济学》（季刊），2005年第7期。

的保护侵犯所有者的权益。国有企业以管理层为核心的利益层不但获得了越来越多的控制权，还促使其获取剩余索取权的欲望愈加膨胀，因此，更多地通过管理层收购方式攫取国有资产。国有企业管理层以其信息优势和谈判优势强化了其获得国有资产积累获得的收益，最终将因管理不善、超分配等因素造成的亏损都以政策性亏损的名义转嫁给国家，要求国家以财政补贴的形式予以承担给予补贴。

我国企业融资政策对国有企业产权结构和公司治理产生了重要影响。在产权制度改革之初，国企的融资方式是财政主导型。在这种体制下，国有企业资源配置手段单一，经济活动中的权利高度集中，全部经济资源都由行政手段来配置与分配。行政手段控制了企业的所有权、经营决策权、收入分配权。政府是企业的资金投入主体，政府既是储蓄主体又是投资主体，企业的股权和收益权完全由国家占有和支配，企业股权构成完全由国家出资形成国有股本。企业融资渠道单一，资本金由财政部门和国有银行提供。国有企业既没有投融资的决策权，也不承担企业资本经营亏损的经济责任，国有企业资本经营结果最终由政府负责承担。政府承担无限责任的后果一方面导致政企不分的产权关系，一方面形成了政府对企业的软预算约束。国有企业承担的本应由政府承担的社会责任不解除，形成的债权、债务关系也就必然是一种软约束。

在1993年行政分权改革后，国家开始解决硬化国有企业的预算约束问题，国家对国有企业的亏损进行补贴逐年减少，对于连年亏损或资不抵债的中小国有企业不予补贴。因此，1999年国家又采取了"债转股"的方式为国企消化不良资产，为国企改制排除障碍。国家先后成立金融资产管理公司，由这些公司负责购进由国有企业形成国有商业银行的部分不良资产，也就是国有银行对国有企业的债权，这就把银行对企业的债权转为金融资产管理公司的股权。

在经济发展的初级阶段，企业多采取的间接融资方式具有合理性。因为企业规模小、资金需求量少、信息渠道狭窄，间接融资成为企业的融资方式。而在计划经济体制下，受"父爱主义"影响，国有企业在融资方面具有天生的优势。随着市场环境变迁和法律体系的健全，企业自身组织结构逐渐健全，市场信息机制不断完善，企业具备了采取直接融资的方式的条件。我国直接融资市场逐渐发展起来，股票、债权等直接融资方式在非金融机构部门资金来源中重要性明显提升。但我国资本市场自身发展仍然存在体制性问题，股权融资的准入门槛较高，因此银行业在企业资金配给方面仍然处于重要地位。银行贷款在非金融机构部门融资结构中一直保持在75%以上的份额，而且在众多年份达到80%～90%甚至达到95.4%绝对高额的占比。① 2001—2010年中国非金融部门的外部融资来源也是以银行贷款为主，而且每年的融资比重均在70%以上。股权分置后，资本市场的融资功能得以释放，但股票和债券市场融资的比重依然较小，股票融资只有在2007年资本市场总体向好时，比重才超过10%，其他年份均低于10%；政府债券和企业债券之和的比重各年也不超过20%。②

由于中国的特殊国情，政府始终是金融制度变迁的主导者，在这种制度变迁过程中，政府作为一个垄断了国家所有权和具有信息优势的行为主体③，既是制度变迁中的制度供给者也是制度的创新者。正是政府在金融体系改革中扮演了制度供给者的角色，使得银行同国有企业一样，摆脱不了"父爱主义"导致的"软预算约束"问题。再加上政府对制度转轨和改革知识存量的有限性，也导致了国有企业的"软预算约束"向"硬预算约束"的转化，必须依靠建立和健全国有企业和银行的治理机制来解决。

外部治理机制主要是解决由于委托代理问题产生的企业所有者与代理人之间的信息不对称的问题。由于"软预算约束"问题使国企与其债权人紧密地联系在一起。国有银行作为政府的代言人，承担着为国有企业改革服务的任务，这实际上也是另外一种形式的"政策性负担"。④ 因此，只要政府不剥离国有企业的政策性负担，并且政府与国有企业仍然存在"软预算约束"的关系，银行系统作为国有企业的外部治理手段就无法从根本上发挥作用。

我国金融发展与经济增长之间存在双向因果关系且为良性循环。⑤ 银行业是

---

① 参见李志辉：《从"司库"到"银行家"：中国银行业的发展与变迁》，见史正富：《30年与60年中国的改革与发展》，上海人民出版社2009年版，第226—249页。

② 参见张礼卿、谭小芬：《中国金融部门改革的展望》，见胡永泰、陆铭、[美]杰弗里·萨克斯、陈钊：《跨越"中等收入陷阱"：展望中国经济增长的持续性》，上海人民出版社2012年版，第47—174页。

③ 参见张礼卿、谭小芬：《中国金融部门改革的展望》，见胡永泰、陆铭、[美]杰弗里·萨克斯、陈钊：《跨越"中等收入陷阱"：展望中国经济增长的持续性》，上海人民出版社2012年版，第47—174页。

④ 林毅夫、李志：《中国国有企业与金融体制改革》，载《经济学（季刊）》，2005年第7期。

⑤ 参见张礼卿、谭小芬：《中国金融部门改革的展望》，见胡永泰、陆铭、[美]杰弗里·萨克斯、陈钊：《跨越"中等收入陷阱"：展望中国经济增长的持续性》，上海人民出版社2012年版，第47—174页。

我国金融体系的核心，为中国经济的增长做出了突出贡献。中国金融体系的发展和经济体制改革是同步推进的，尤其与国有企业产权制度改革有密切的关系。国有银行业的股份制改革稍晚于国有企业的股份制改革，但二者的改革是双向互动互为治理条件的。银行业是一个高风险行业，其系统风险较大，这就决定了银行业体制改革不可超越企业体制的改革，迅速的"市场化"势必带来巨大的市场风险和成本。国有银行为整个经济体制改革提供资金保障，为国有企业保持国有经济的控制地位源源不断地输送了资金，并在此过程中推动了国有企业的体制转轨。以保持渐进式改革的方式付出较低的改革成本。以国有控股银行为主导的银行体系也有效地维护了国有经济的安全，使国家经济在出现较大波动时付出较低成本。

国有商业银行的存量改革同样是公有产权的制度演化，其改革核心在于改变国有银行的产权结构。在对国有银行进行股份制改造时，必须扫除商业银行历史遗留问题，化解不良贷款，让国有商业银行轻装上阵。银行历史遗留问题基本是由于国有企业"软预算约束"造成的，也是为改革而承担的部分改革成本。因此，解决国有银行的历史遗留问题是国有银行改革的前提。国有银行的公有产权的增量改革沿着"公司制—股份制—公开上市"的路线图展开。2002年四大国有商业银行股份制改造开启了产权改革的序幕，经过2004年产权多元化的改造，国有银行的内部治理结构逐步建立起来。此后，国有银行通过引进战略投资者提升国有银行的竞争力，择机上市后实现了股权的流转。通过渐进的市场化改革，引进战略投资者使现代银行体系的框架初显，国有银行治理结构初步完善、银行资本结构趋于合理，市场化程度和竞争力大大提升，服务经济的功能逐步完善，成为真正的金融企业。作为国有企业的外部治理的手段的作用也得到释放，与国有企业的产权制度改革的互动作用也逐步增强。中国银行业尚处于垄断行业，缺乏市场竞争机制，银行掌握议价权。只有不断降低银行业的垄断程度才能更好地发挥银行外部治理功能。

如何使国有银行作为政府代言人的角色转变为国有企业外部治理人，是国有银行发挥外部治理机制的关键。这不仅要求金融机构具备较高的资本充足率以防范和抵御市场风险，还必须进行体制改革，以完善其内部管理机制及监控制度并建立规范的公司治理结构。中国金融监管部门发布和出台了一系列关于金融机构监管和内控的法规。2002年6月，中国人民银行发布《股份制商业银行公司治理指引》和《股份制商业银行独立董事和外部监事制度指引》，旨在进一步明确股份制商业银行公司治理结构，切实维护存款人和社会公众利益。第一份文件对股东大会、监事会和高层管理人员的职责进行了规范，并要求完善银行信息披露制度。而第二份文件则是对银行的独立董事外部监事的功能和作用做了明确规定。2004 年 3 月，中国银监会在中国银行和中国建设银行股份制改造初期，制定并发布了《关于中国银行、中国建设银行公司治理改革与监管指引》，这个《指引》为国有商业银行的股份制改造提供了范本，积累了公司治理的经验。2006 年 4 月，银监会还通过了《国有股份制商业银行公司治理及监管指引》和《银行业金融机构内部审计指引》，这两个《指引》明确了公司治理改革的考核和监测指标以及检查报告制度，对于确保实现国有商业银行股份制改革的目标发挥了重要作用。金融机构在本质上是信息的处理系统，如果缺乏信息和数据传输功能，其作为国有企业的外部治理者的作用将被严重削弱。金融系统尤其是银行作为国有企业的债权人和利益相关者，其外部治理作用的有效发挥，有利于国有企业形成利益相关者的治理模式。

（二）资本市场作为国企外部治理机制的完善

中国资本市场是伴随着经济体制改革逐步发展起来的，具有"新兴加转轨"特点。中国资本市场具有自身的发展轨迹和特点，即"政府自上而下推动"与"市场自我演进"相结合的市场化道路。

资本市场是经济资源市场化和资本化的重要平台。资本市场融资和资源配置功能为国有企业做大做强拓宽外部融资渠道。资本市场加速了优质资源向优势企业集中，增强了企业的核心竞争力。资本市场有力地推动了企业的重组和产业结构调整，一方面，为国有资产保值增值提供了平台；另一方面，为非国有资本进入资本市场参与市场竞争提供了机会。资本市场提供了公开有效的竞争平台，可以使投资者依照市场规则公平、公开、公正地参与竞价。在资本市场上，企业的价值主要由其未来盈利能力而非净资产来决定。因此，企业可以凭借资本市场在各方参与者尤其是机构投资者的不断博弈中形成相对公允的价格。资本市场可以解决国有企业股权和资产转让过程不够透明的问题，通过公开有效的平台参与竞价使国有企业的市场价值得到发现和价值重估。

资本市场为国有企业形成公司治理机制提供技术手段。国有企业通过股份制改造上市，并逐步建立起现代企业制度，在建立现代企业制度过程中逐步认知和发挥了公司治理机制的作用。公司治理机制也因此经历了由被忽视到被高度重视，从无章可循到日趋完善的过程。资本市场使机构投资者、普通投资者进入资本市场，通过市场交易变成国有上市公司的股票持有者，成为国有企业的利益相关者和外部治理人，实现了国有企业股权结构的多元化，完善了公司治理结构。资本市场的准入条件能够促使欲将上市的国有企业完善股权结构、提高资产质量、完备公司治理结构。资本市场还为国有资本的流通和流转提供了平台。资本市场可以为国有资本流向资金收益率较高的行业提供信息和交易平台，提升国有资产保值增值的能力。资本市场的融资和信息导向功能使国有资产的经营管理从以企业监管为主向以资本运营为主的方向转变。资本市场作为外部治理机制使国有企业逐步建立起激励机制（股权激励）、风险管理机制和企业综合评价指标体系。国有上市公司的股价表现和每股收益价值逐渐成为评价国有企业运行效率的经济指标，而这个评价指标也是衡量国有资产运营水平的主要指标之一。

资本市场在技术上不断完善和法律法规的健全基础上，大量吸引了国际资本的进入。从此，国有上市公司股权结构中国际战略投资者开始变得多元化，使国有企业股权结构愈加多元化，而国有企业的治理结构可以通过市场交换技术逐步健全。此外，各国投资者还可以利用国际惯例对中国企业的价值进行评估，这有助于提升国有上市公司的资产质量和国有资产的管理水平。

目前，中国的资本市场直接融资的比例还较低，不能使大量的机构投资和个人投资者进入资本市场，因此，国有上市公司股权结构还需要继续拓宽直接融资比例。公司外部融资主要是股票、公司债券等直接融资方式。2006年，中国非金融企业的直接融资仅占企业外部融资总额的 15.1%，间接融资比例高达 84.9%。[①]

表格 16　2001—2008 年中国国有企业资金来源

年份	2001 年	2002 年	2003 年	2004 年	2005 年	2006 年	2007 年	2008 年
股票筹资（亿元）	1252.34	961.75	1357.75	1474.75	1882.51	5594.29	8680.17	3852.21

---

① 中国证券监督管理委员会：《中国资本市场发展报告》，中国金融出版社 2008 年版，第 82 页。

续表

年份	2001年	2002年	2003年	2004年	2005年	2006年	2007年	2008年
企业债发行（亿元）	147.00	325.00	358.00	327.00	2046.50	3938.30	5058.50	8435.40
银行贷款增加额（亿元）	12439.41	18979.20	27702.30	19201.60	16492.69	30595.90	36405.60	41704.00
股票融资占全部融资的比重（%）	9.04	4.75	0.49	7.02	9.21	13.94	17.31	7.13
银行贷款占全部融资的比重（%）	89.88	93.65	99.38	91.42	80.76	76.24	72.60	77.24

资料来源：根据《2005年中国市场经济发展报告》《2008年中国市场经济发展报告》和《2010年中国市场经济发展报告》整理。

国有企业2001年银行贷款增加额为12439.41亿元，是当年股票筹资的9.93倍；2008年国有企业银行贷款增加额为41704.00亿元，是当年股票筹资的10.83倍。2001年股票融资在国有企业融资结构中所占比例为9.04%，银行贷款在国有企业融资结构中所在比例为89.98%。股权分置改革的2005年，股票融资在国有企业融资结构中所占的比例为9.21%，银行贷款在国有企业融资结构中所占的比例为80.76%。2006年，股票融资在国有企业融资所在的比重所在的比例有所提高为13.94%，而银行贷款在国有企业融资结构中所占比例为76.24%。2008年，股票融资在国有企业融资结构中所占比例为7.13%，而银行贷款在国有企业融资结构中所占比例为76.24%。股权分置改革导致了直接融资方式在国有企业融资结构中的比例有所上升。中国资本市场发展的高峰时期是2007年，股票融资的比例达到了17.71%。从2001—2008年的国有企业融资结构可以看出，银行贷款仍然是国有企业融资的主要来源，而资本市场还未真正发挥作用。

由于中国资本市场仍然处于"新兴加转轨"的阶段，资本市场还存在由计划经济体制造成的体制性问题，这就需要随着经济体制的制度完善来加以解决。一个国家的资本市场的发展受其社会组织能力存量或制度资源条件的制约。资本市场发展过程实质上是一个能力建设过程，是与资本市场运作密切相关的各种核心能力的扩展、改善与能力组合不断变动、调整、合理化的过程。资本市场的能力建设基本上可以分两类，一类是市场参与者主导能力建设，另一类是政府主导能力建设。

目前，我国政府行政控制掌控着资本市场发展的脉搏，其主导超过了市场规律和法律等因素对资本市场的影响。中国的改革开放过程是一个以计划经济为起点、以特定的社会政治制度禀赋和强有力的政府行政控制为基础、由政府主导的自上而下的渐进过程。行政性能力存量丰富，而市场化能力存量稀缺的国家，选择政府主导能力的建设道路通常是最便捷的。

由于中国的资本市场制度资源禀赋和社会组织能力的限制，中国的资本市场既不存在现成的、明晰的、可操作的法律规则，也不存在现成的、明晰的、可操作的、有效的自我组织机制，没有一个完整、可靠、成熟、配套的法律体系和法制环境。因此，导致政府的经济与金融政策的变革和相应的社会实践通常走在法律改革的前面，先于具体的法律机制而存在。

中国资本市场的完善必须解决正当性和无序发展的问题。只有切实解决这两个问题，资本市场才能发挥"资产定价""价值发现""优化资源配置""优胜劣汰"等功能。资本市场的自我发展力强化后，其自我调节、自我平衡、自我稳定机制才能逐步发挥功效。目前，资本市场的"价值发现"功能表现为资金驱动，而不是价值驱动，因此，资本市场不能成为国民经济的晴雨表。资本市场要想健康有序地发展，必须解决受市场治理混乱掣肘的问题，从而建立市场秩序，确保市场有序扩展。

目前，中国资本市场的制度安排已经逐步从"政府主导型"向"市场主导型"方向转变，但是在资本市场不健全时，出于"维持社会稳定"的需要，政府仍往往不得不在特定的时点对市场走势进行不同形式的行政干预，包括用行政手段调节股市的供求关系。正是因为出于"维稳"的考虑，资本市场上的金融产品创新速度放缓，金融产品创新被抑制，产品结构单一，衍生品市场发育不良，股市供求失调，最终只是为减轻股市波动产生的市场风险而采用政府行政审批为基础的数量控制和价格控制手段。这样导致市场形成了依赖数量扩张和资金驱动的惯性，这种惯性的长期存在导致市场不能按照市场运行进行定价，市场也就缺乏内在的稳定机制和高效的自我矫正机制。

中国资本市场转型的核心是基于能力建设的制度转型。资本市场长期以来形成的行政化、政治化、官僚化，造成了严重的金融抑制和市场机制发育滞后，出现强政府、弱市场、官本位、低效率的局面。中国资本市场的发展带有浓厚的传统经济体制色彩，以市场参与者的经济自由缺失为代价，缺乏国家治理机制对行政控制权的约束，最终使自律机构和中介机构成为政府与监管机构的行政附属物。资本市场还存在监管机构的行政控制"替代"法律实施的趋向，导致了"强管制，弱监管"和"多管制，少监管"的问题。

资本市场对于经济转型国家的发展具有重要作用。中国的资本市场已经开始注重制度建设和能力建设，而资本市场的自生能力建设还需要进一步地去行政化、去政治化、去官僚化，形成有效的国家治理约束，进一步推进市场化、法制化、规范化进程，形成现代市场经济和现代资本市场。资本市场的完善有助于推动国有企业产权制度改革，可以为国有企业形成有效的外部治理机制。通过资本融资功能加深国有企业产权结构多元化的程度。国有企业产权结构多元化程度的加深还可以使机构投资者、外资投资者和国内的中小投资者成为国有企业的利益相关者，形成国企的利益相关者治理模式。此外，功能健全和运转协调的资本市场还可以为国有企业培养合格的经理人。因此，资本市场的完善为国企产权制度改革提供了技术条件，二者相互促进。

第二节　完善国资监管和国有资本投资运营体系

一、现行国有资产监管体系的架构

（一）国外国有资产管理模式

现代公司企业以产权为标准，可以大致分为国家独资的独立法人企业和国家控股公司两种类型。国有资产的经营方式则包括股权经营和债权经营，前者是国家作为出资人以股票形式持有企业资产，成为企业第一大股东参与企业经营；而后者是国家作为出资人持有企业债权，成为企业债权人，或者出资人将企业出租给他人或其他企业经营，出资人不参与企业经营。①

国家作为出资人的形式，是国家通过各种机构或者法律授权的方式来履行其国有企业出资人的职责，实现对国企的监管。国家一般通过两种途径对国有企业进行监管。一种是国有股东或国家出资人代管者对国有企业的所有者的管控；另一种情况是政府对微观经济实体实施的社会经济管制。具体履行社会经济管理职能的是政府的职能部门或者独立于政府部门之外的其他专设机构。

国家控股公司模式是国家通过成立一个国有资产管理控股公司，负责对绝大多数的国有企业乃至全部的国有企业，代表国家经营国有资产形成逐级控制的格局，形成从政府到国有资产经营管理公司多层次的产权结构组织，由国家支配股权，并由国有控股公司来履行国有股东角色。国家控股公司模式具有两个优点：一是能够较好区分国家作为国有股东的角色和国家扮演社会经济管理者的角色；二是可以使市场化运作的国有企业独立性更强，更少受到政府的行政干扰。

淡马锡公司成立于1974年，直属于新加坡财政部，成立之初有35家国联企业归其管理，此后陆续增加，国内政联企业除极少数属于国家发展部下的国家发展控制部之外，主要的国联企业几乎都归属淡马锡旗下。国联企业是国家机关基于公权力而拥有控制权的企业，多为政府直接掌握多数股权，成为企业的拥有者，或者虽然只拥有少数股权但由于特定地位与法令规章得以直接介入经营的企业。国联企业具有双重目标，既要实现营利的目标，又要完成政府要求的特定使命。国富基金是政府在官方储备之外，以持有的外汇资产成立的投资基金，一般由独立于中央与财政当局之外的专业投资机构经营管理。在全球化形成的交错竞争环境中，国富基金尤其成为国家统合对外投资于高回报资产的重要手段。国家通过善用投资组合以增加财富，提高存底价值、维护国家信誉、协助经济发展、提升综合国力，甚至使金融体系的能力超越实质经济生产的水准。②

新加坡淡马锡公司及其麾下的企业（淡联企业），在经历30多年发展历程

---

① 胡汝银：《中国公司治理：当代视角》，上海人民出版社2010年版，第59页。
② 吴鲲鲁：《全球化前瞻策略：新加坡淡马锡经验》，载《台湾东南亚学刊》，2008年第5卷第2期。

中，由起初传统的国有企业改革成为新形态的政联企业，最后再转型成为兼具主权财富基金形式的跨国投资企业。淡马锡公司的发展看似具有新自由主义的路径，实际上并不是完全盲目地接受。其发展并不仅仅是应对外在环境的变化，反而是其构建既有制度路径的策略，预先掌握未来内外可能趋势，先一步渐进地转型，使淡马锡公司走出以国联企业为主体的独特发展路径，并已经成为其他国家相继效仿的案例。在1980年前后全球主要资本主义国家先后经历着经济增长的滞胀与通货膨胀，并相继采取了去国有化的措施。新加坡也成立了"公共部门撤资委员会"，试图处理国联企业及法定机构的公司化与民营化问题。新加坡没有完全跟随新自由主义的国有企业私有化的潮流，虽然将原来全属政府所有的法定机构进行改组，管制功能独立于政府机构接手，营运部分则实施资本化与公司化，实际上淡联企业只是在经营方向上有所转变，涉足的领域不减反增。许多长期获利的淡联企业只是将部分股权释出，政府仍掌控股权和经营权，国家出售了钢铁和新加坡石化公司的经营权。而私有化的进程到1993年也逐步放缓。① 新加坡淡联企业始终扮演国家经济成长与提升国际地位的关键角色。新加坡由小国政府主导营利事业，受限于本来的经济规模，当跨足区域与世界各地的国际市场竞争时，就不再是有从事不公平竞争嫌疑的垄断者，反而必须凭借其真正的竞争能力与国际上的跨国巨型企业展开竞争。

新加坡的淡马锡控股股份有限公司是新加坡国有企业的典型代表，也是典型的国家控股公司管理模式。该公司隶属于新加坡财政部，其产权机构组织体系是一种政府到母公司、子公司、分公司等多层次的宝塔形结构。淡马锡股份有限公司实行国家控股，公司的财产组织形式根据公司章程规定采取有限责任公司形式，其主要职责是代表新加坡政府对经营性国有资产行使支配股权，实行市场化运营管理。淡马锡股份有限公司具有重大事项的决定权，包括有权决定国有资本的扩张、送股和售股以及按照股权回报率调整股权结构，有权决定直属控股子公司董事会的人选等。该公司的经济目标是通过对企业实施控股、参股或买卖企业、有价证券等经营方式，在国内及国际资本市场上进行投资和控股公司的多行业经营活动。② 淡马锡股份有限公司资本运作目标是为旗下投资

---

① 吴鲲鲁：《全球化前瞻策略：新加坡淡马锡经验》，载《台湾东南亚学刊》，2008年第5卷第2期。
② 上海证券交易所研究中心：《中国公司治理报告（2006）：国有控股上市公司治理》，复旦大学出版社2006年版，第131—132页。

公司的股东和战略投资者创造价值。淡马锡国有资本运营是在调和公共目标和经济目标的前提下进行的，国有资产的运行管理不受制于行政目标和行政力量，遵循市场化原则。淡马锡的国资运行模式取得成功归功于市场化的资本运营方式。淡马锡作为独立的法人主体遵循私法体系法律规范，其国有资产的运营以新加坡的《公司法》为法律规范，与其他战略投资者享有相同权利。淡马锡公司构建了较为完善的公司治理结构。根据新加坡公司法律规定，新加坡国有控股公司均实行董事会下的总经理负责制。淡马锡股份有限公司董事会成员及公司主要经理人员的任命都需要经过新加坡总统的审批并由总统任命。淡马锡的董事会由不同的政府代表和不同阶层代表共同组成，因此董事会的作用能够发挥功效，在公司内部形成制衡机制和监督机制。董事会作为政府的产权代表，有责任监督管理属下子公司的经营活动，以保证资产的增值。董事会还具有决定公司经营的大政方针、股权分配及配股等事宜。

　　淡马锡公司治理结构。政企关系方面，政府通过向淡马锡委派董事，控制人事权。淡马锡公司通过董事代表制实现对企业的管控，通过影响下属公司的战略方向来行使股东权利，不干预企业的商业运作，投资主体与决策主体分离。按照新加坡公司法和其他相关法律法规来规范公司运行。[1] 新加坡公司法规定，公司在董事会的领导下经营业务，董事会下设常务委员会、审核委员会以及领导力发展与薪酬委员会三个专门委员会。淡马锡的10名董事会中，4名由财政部提名、总统批准，但不在企业获取薪酬，其他6名为独立董事，一般负责董事会中专门委员会的工作。淡马锡董事会成员虽然由财政部负责遴选，但董事会中只有财政部常务秘书为官方成员，其余都是民间身份。董事会只负责监管各淡联企业的经营，维持所有权和管理权的分离，以市场规则为行事准则。[2] 淡马锡关联企业享有充分的经营自主权，淡马锡通过加强董事会建设，实现对相关企业的有效监督和管理。在母公司权限划分方面，淡马锡公司实行"积极股东"的管理方式，也就是通过影响下属公司的战略方向来行使股东权利。[3]

　　首先，新加坡是采取国家控股下国有资本投资公司国家监管和运营的模式。

---

[1] 上海国有资本运营研究院：《国资内参》2016年合订本，上海国有资本运营研究院2016年版，第78页。

[2] 吴鲲鲁：《全球化前瞻策略：新加坡淡马锡经验》，载《台湾东南亚学刊》，2008年第5卷第2期。

[3] 上海国有资本运营研究院：《国资内参》2016年合订本，上海国有资本运营研究院2016年版，第78页。

新加坡政府部门通过设置大型控股公司来实现对国有资产监管。新加坡国有资产的最高代表机构是设在财政部内的财长公司，也是新加坡国有资产监督管理的最高机关，由财政部部长兼任财长公司主席。① 财长公司下辖三大控股公司，即淡马锡控股有限公司、国家发展控股公司（主要控股建筑企业）和新加坡保健有限公司（主要控股政府的医疗保健事业）。淡马锡控股有限公司是新加坡最大的全资国有控股公司，拥有29家大型直属企业，主要涉及金融、交通、通信、工程、电力和科技等领域。淡马锡依靠产权衔接政府和企业，代表政府管理国有资产和国有企业，并采取市场化方式运作国有资本。在国资经营方面，淡马锡以追求利润最大化和股东利益最大化为目标，采取积极的投资策略和灵活的资本退出机制，实现国有资产保值增值，通过审阅淡马锡财务报告、投资计划，把控企业发展方向，通过直接投资、管理投资、割让投资等方式，实现国有资产保值增值。②

其次，新加坡国有资产管理同样实行分类与分层相结合的管理方式，对不同类型的国有资产采取不同管理模式。淡马锡控股公司按照所经营业务的性质和职能，将政联企业分为两类：一类是涉及国家重要战略资源和实施公共政策目标的企业③，这类企业服务于政府目标和社会公共目标，受公法调整；而另一类企业是参与市场竞争市场化运行的企业。对于涉及公共职能的企业，淡马锡控股公司采取完全控股的形式经营，对于市场化运作的企业则采取收购、出售、减持股份等市场化手段进行运营管理。淡马锡的国资运营模式能够使公共目标与商业利益达到平衡，是因为新加坡国有资本的运营管理是依照本国的经济发展水平特点，以及国有资本规模的水平来实现的。新加坡淡马锡控股公司国有资本的运营模式对中国国有资本运营管理具有借鉴意义。国有资本作为特殊的资本，需要在经济职能和社会职能之间找到平衡点和运营管理的空间，既实现国资的保值增值，又要实现服务社会公共需求。

国有资产管理分类管理模式是根据立法机构所确定的一国政府在国家所有

---

① 上海国有资本运营研究院：《国资内参》2016年合订本，上海国有资本运营研究院2016年版，第78页。

② 上海国有资本运营研究院：《国资内参》2016年合订本，上海国有资本运营研究院2016年版，第78页。

③ 张晖明、张亮亮：《对国资职能和定位的再认识——从新加坡淡马锡公司的全称说起》，载《东岳论丛》，2010年第4期。

权事务上的权利框架，政府下设的机构或部门被授权行使与国有产权相关的各项权力。法国的国资监管是以财政部门为核心，各个部门协同监管的模式。法国不设置专门机构对国有资产实行统一监管，由财政部门作为国有资产的所有者代表，行使出资人权力，并和企业相关的主管部门协同履行监管职责，实现对各行各业国有企业的监管。法国是欧洲国家中国有化程度最高的国家，在"二战"后大规模实行国有化。

法国是国资分类管理的国家之一。法国国有企业按照法律组织形式可分为三种类型：第一种是从事工商业经济活动的行政性公共事业机构，如邮电、印刷、自来水和运输公司等；第二种是具有工商业性质的公共事业机构和国有企业，前者如森林管理处、广播局、电视局，后者如法兰西电力公司、国营铁路公司、国有银行和保险公司等；第三种是国家掌握部分股票的混合公司，如宇航公司、法国石油公司、雷诺公司、大西洋总公司。法国政府根据企业是否具有竞争性、行业是否存在规模效益、是否需要大量基础设施投资等三个标准，将国有企业划分为垄断性国有企业和竞争性国有企业两大类型。垄断性国有企业主要集中于能源、交通、邮电通信等基础产业和基础设施部门。垄断性国有企业采取国有独资企业或国有控股公司的形式。而竞争性企业拥有完全的自主经营权来参与市场竞争，采用商业股份公司的形式。法国国有企业按其法律形式可分为三种类型：第一种类型是主要从事商业活动的行政性公共事业机构、国有企业；第二种类型是具有工商业性质的公共事业机构和国有国有企业；第三种类型是国家掌握部分股份的混合股份公司。法国国有企业分别由议会、政府部门、国家参股局、审计院、企业内部共同实施监管。其中，直接控股由财政部和预算部代表国家持股，间接控股由国家银行和金融公司机构持股。国家参股则负责能源、交通、财政等部门的国有资产管理，代表政府行使参股国有企业出资人的权利。①

法国国有企业的监管部门主要有财政经济与预算部、工业贸易部、运输部、邮电部、能源部等部门。其中财政经济与预算部权限最大，是国有资产管理的核心部门，统一管理所有国有资本，各主管部门负责经营国有企业。法国国资监管模式就是典型的以财政部门为主、财政和主管部门相结合的"双重监管"

---

① 郑海航、咸东、吴冬梅：《国有资产管理体制与国有控股公司研究》，经济管理出版社2010年版，第25页。

模式。国家对国有企业的领导监督更集中体现在人事任免、企业经营方向、财产管理、价格与投资控制等方面。主要有：实行任命国有企业董事长的人事制度；实行规范政府和企业权、责利、关系的计划合同制度；实行对垄断性国有企业和竞争性国有企业分类管理制度；实行以重大决策和财务为核心的多层次监督制度。

立法机构是管理国有企业的最高权力机构。立法机构的功能是确定与国有企业相关的法律法规安排，并将国家的双重监管职权明确地赋予不同的机构。美国和英国是立法机构管理国有企业的代表。美国是以国会为国家立法核心，对政府财产进行管理。美国对国有企业的监管是通过以国会为主的监管体系进行的，由国会听证会、政府审计机关和公民三个方面对本国国企进行监督管理。在国有资产经营主体上，美国在涉及一些关系国家安全的部门设立特殊的管理机构。国会是国有资产的所有者，具有立法权，并具有授权和审批行使所有者职能。财政部负责财产、财务监管；审计署负责监控国企的财务经营状况；而各专业主管部门负责人事控制。① 美国国会通过两种方式管理国有资产：一是国会作为立法机构，通过立法组建和裁撤国有企业，并对国有企业的内部管理体制进行改革；二是国会掌握国家的财政权，间接地制约政府国有资产管理权限。美国对国有资产监管的总体原则是：财产所有权归政府所有在政府的有效控制下，依据各企业的经营自主权，租赁经营和系统承包模式将大部分国有企业租赁或承包给私人经济组织按照市场化方式经营。

各国国有资产的管理模式形成不同的国有资产出资人委托—代理机制，主要有单层"委托—代理"制（双层）和双层"委托—代理"制（三层）两种代理机制。前者是指国家或政府作为国有资产的出资人代表与国有企业之间形成的"委托—代理"关系②；后者包括两层代理关系，第一层代理关系是指作为国家各级政府或国有资产出资人代表与授权经营企业（一般为国有资产经营公司）之间形成的委托代理关系，第二层是国有资产经营公司与被投资企业之间的委托代理关系。

---

① 郑海航、咸东、吴冬梅：《国有资产管理体制与国有控股公司研究》，经济管理出版社2010年版，第18页。

② 胡汝银：《中国公司治理：当代视角》，上海人民出版社2010年版，第68页。

表格17　各国国有资产管理体制模式的对比

国别	国有企业	管理方式	管理机构	管理职责
美国	纯国有企业、公私合营企业。	部分企业直接监管、租赁制、系统承包制。	国会、财政部、行政主管部门、企业董事会、社会群体。	立法监管、财产和财务监管、人事和合同监管、董事会领导下的总经理负责制、媒体、民间审计、公民监督。
英国	国营企业、国有公司、国有控股公司。	政府直接管理、专门法管理、政府间接控制。	议会、财政部、国有企业局、行政主管部门、企业董事会。	立法监管、财务和价值管理、管理和运作股权、直接和具体监管、董事会领导下的总经理负责制。
法国	行政性、商业性公共事业企业混合股份公司	计划合同管理、政府直接或间接控股。	议会、财政部、主管部门、企业董事会。	审查经营报告和账目、监督企业财务、任命企业领导人、检查生产经营、董事会领导下的总经理负责制。
日本	直营企业、特殊法人企业、第三部门、国有民营企业。	政府直接领导、政府监督承担社会责任、有限公司制、政府从公共福利出发监管。	国会、大藏省、政府主管部门、企业董事会。	立法、预算监督、直接执行监管、受国会委托直接经营、通过协商机制进行管理。
新加坡	法定机构、政府控股公司、国联公司。	专门法监管、人事委派、财务报告、项目审批、股权、人事控制。	国会、财政部、控股公司、国联公司。	立法、审计监督、人事控制、政府担保、促进公司持续成长的治理、董事会领导下的总经理负责制。

资料来源：郑海航、戚东、吴冬梅：《国有资产管理体制与国有控股公司研究》，经济管理出版社2010年版，第33—34页。

(二) 中国国有资产经营管理体系的架构

中国目前形成的国有资产管理体制属于单层"委托—代理"制，即国家授权国有资产管理委员会管理国有资产。2002年11月，国资委的成立使国有资产管理体制形成了中央政府与地方政府分别代表国家履行出资人职责的国资管理体制。其中，国资委作为专门的管理机构，具体负责国有企业的"人事制度、重大事项、资产管理"的三管事务。国资委的成立旨在形成权利、职责和义务相统一的"统一所有、分级代表"管理模式。全体人民将国有资产委托给政府进行管理，这种委托代理关系是通过法律形式确立的，法律从整体赋予全国人民代表大会代表了全体人民的意志。"统一所有、分级代表"管理模式结束了国有资产长期以来政出多门的管理格局，目的在于解决国有资产运行效率低下、监管缺位、出资人不到位的问题，提高国有企业经营性国有资产的资本回报率。

计划经济时代国有资产的管理还停留在以实物资产作为载体和以国企作为载体的运作方式。这种管理方式只是国家对国有资产进行行政调配，将国有企业的生产资料视作资产，对资产的考核只停留在实物形态的数量指标和完损情况上，不存在资产价值形态上的保值增值要求。而企业之间也不能进行产权交易、转让和流动。把国企的生产资料看作是资产的认识是造成国资经营管理效率低下、流失浪费的原因所在。国资体制改革一方面是为了规制政府权力范围，实现政企分开、政资分离；另一方面是为了改变国资经营管理的理念，将国资的价值形态作为经营管理的起点，实现国资的保值增值。产权经济认为，企业是一种产权束，市场是权利交易的场所。而企业也同样可成为交易的商品，企业成为商品的意义在于企业可以实现产权交易，这就为国资经营管理从实物形态向价值形态提供了理论依据。产权束的权利来源是资本，资本本身具有商品的特性和增值的内在要求，资本的交易属性又内生了企业的商品的特性和交易性。所以将国有资本作为国资运行的载体才能触及改革的实质内容。

国资委成立后，我国国有资产形成了"统一所有、分级代表"的管理体制。"分级代表"是全国人大必须授权地方政府，地方政府才具有同中央政府履行出资人和享有出资人权益的职能。在实际操作中，并不是所有级别的地方政府都具有"出资人代表"的资格。2003年出台的《企业国有资产监督管理暂行条例》规定，只有省级与地市级地方政府具有出资代表的资格，而县级及以下政府不具有资格作为出资人，因此，县级政府不设国资管理机构。

国有企业的产权制度改革目的在宏观层面上，是国家以市场化为导向，建立有效的国有资产管理体制；在微观层面上，则是在国有企业内部建立现代企业制度，通过国有企业产权多元化建立有效的公司治理结构，变革计划经济体制下形成的政资不分、政企关联的产权格局。

二、国有资产监管体制存在的问题

（一）国资委的"三管"职能导致其"跨界"履职

现行国有资产管理体制存在的主要问题是出资人代管职能不能完全履行和跨界履行职能。2003年出台的《企业国有资产监督管理暂行条例》赋予国资委"管人、管事、管资产"的职能，即"选聘国企管理者""参与国企重大决策""资产收益管理"。国资委"三管"职能容易使其监管职能和社会管理职能人的角色相混淆。因此，国资委的"三管"职能使得其经常"跨界"行使权力，尤其是作为出资人的代管者经常超越企业董事会，直接决定企业重大事项。我国现行的国有资产管理体制形成了层层的委托代理关系链条（法律层面的委托代理关系）：全体人民→全国人大→人民政府→国资委→国有企业。[①] 再加上我国国有资产管理规模庞大，涉及面广，国资委"跨界"行使职权就不可避免使委托代理中的运行成本增高，耗费大量的公共资源。此外，国家鉴于国有资产的安全属性的考虑，使得国资委往往更多地利用行政控制来管理国有企业，对国企的重大经营决策进行行政干预，尤其是企业的投资决策。因此，国资委既当"婆婆"，又担当"老板"的角色，导致"政企不分"。国资委"跨界"行使职权还导致了与国家其他职能部门管理职能的冲突，削弱了财政部、发改委等部门的职能执行力。

（二）国有资产监督管理职能需要强化

国有资产的实际"出资人代表"是中央政府和地方政府。[②] 在我国宪法中，没有明确的法律依据规定国有资产的所有权的归属问题，更没有规定哪些财产归属中央所有，哪些财产归属地方所有。因此，中央和地方两级国资委成立后，要面临权属不清的难题，而这一问题也直接涉及中央和地方利益分配的问题。

---

① 吴刚梁：《国资迷局》，中国人民大学出版社2010年版，第5页。
② 吴刚梁：《国资迷局》，中国人民大学出版社2010年版，第13页。

正是国家在宏观层面上对国有资产监督管理中的定位不清晰，导致我国国有资本长期存在参与主体定位模糊的历史问题。这一问题导致了两个后果：一是对国有资产资源进行的行政性配置和直接干预过多，不同程度上产生了系统性的激励不足和信息不对称问题，最终表现为国有资产资源配置的扭曲和低效率[1]；二是国有资本与非国有资本的相互争利及权利配置不对等，导致的竞争失范和社会福利水平的下降。

（三）国有资产经营管理需要完善

国有资产具有社会性职能和经济性职能。国有资产的社会性要求国资必须保障国家经济安全和全民共享及服务社会公共事业，而国有资产的经济性职能是指国有资产必须具备资本增值的特性，通过资本化运作实现增值。社会性职能和经济性职能作为国有资产管理的两个特性是一对矛盾，相互博弈。政府为了确保国有经济的控制力和国有资产的社会职能，往往优先选择强化国有资产安全性和社会性职能，其经营性职能则让位于安全性和社会性。国有资产的安全性和社会性要求国有资产必须保值，服务社会公共需求和保障国家经济安全，而国有资产的经济性则要求国有资产必须具有增值功能。因此，当前国有资产经营管理不能只实现安全性和社会性目标，还要实现经济性目标。

国有企业股份制改造后，国有资产管理模式基本形成了"出资人→国资委→集团公司或国有上市公司"的管理模式。在当前两级代表的制度下，以及中央企业股份制改革尚未完成的情形下，形成了"国资委→国有资产公司→中央企业"的国有资产管理模式。[2] 这种管理模式使国资委直接面对国企，在国有资产管理过程中，容易使国资委陷入法律纠纷，尤其是国有企业在涉及一些涉外投资经营时产生的法律纠纷。国资委作为国有资产管理行政机构难以以法人的身份进入司法程序来解决法律纠纷问题，这容易使其管理权威受到威胁。因此，国资委管理职能需要延伸和进一步探索。

出资人可以授权国有资产经营公司来对一部分国有资产进行市场化和资本化运作，通过授权经营可以更好地处理国有资产社会性和经济性之间的矛盾，以及国有资产面临的法律纠纷问题。国有资产授权经营模式可以帮助出资人实

---

[1] 张晖明、张亮亮：《对国资职能和定位的再认识——从新加坡淡马锡公司的全称说起》，载《东岳论丛》，2010年第4期。

[2] 吴刚梁：《国资迷局》，中国人民大学出版社2010年版，第32—33页。

现部分国有资产增值的目标，还可以培育市场经济主体处理法律和经济纠纷，使国有资产运营管理更具合法性。因此，国有资产管理模式可以向"出资人→国资委→国有资产经营公司→国有集团公司或国有上市公司"的管理模式发展。而国有资产授权经营模式也使国有资产的委托链条发生了变化：出资人→国资委→国有资产经营公司→国有企业集团公司或国有上市公司→国有上市公司的子公司。

三、拥抱国有资产监管和国有资产授权经营的新时代

国有资产管理体制改革就是在国有资产管理层面明确国资委的监督管理职能，在实现国有资产保值增值基本目标的前提下，发挥国有资产间接调节国民经济的作用。通过国有资产在国家战略性产业的进退来优化国有经济战略布局的调整，增强国有经济的控制力和影响力。在国家与企业层面，实现政资分开，政企分开，通过提高国有资产运行效率和国有资产质量为国企产权制度改革提供保障。

国有资产管理经历了以实物资产作为载体和以国有企业作为载体的阶段。国有资产管理现在逐步进入资本化管理的阶段。国有资产进入资本化运作管理方式以后，国有资产对经济的作用是通过国有资本的运营来实现的。而国有资本在国家管理中的作用更多的是作为一种调节国民经济运行的手段。国有资产可以通过流量效应、资本的投放与回收来间接地调节国民经济，尤其是在一些垄断行业、公益性行业和关系国计民生的行业，国有资产可以发挥直接的控制作用。国有资产管理体制改革的目标就是要实现政企分开、政资分开，解决国有资产改革的制度性障碍，逐步实现部分国资资本化运作，发挥其调节国民经济的作用。而在国资管理体制逐步成熟时，完善我国国有资产授权经营模式。

（一）以国有资产分类监管落实出资人代表的职责

"国有资产"被界定为国家基于国家权力的行使而依法取得和认定的，或者国家以各种形式对企业投资及投资收益形成的，以及国家贷款、接受赠与等形成的各种财产和财产权利。[①] 从法律的角度来看，国有资产指的是全民所有即国

---

① 李曙光：《企业国有资产法释义》，法律出版社2012年版，第5页。

家所有的财产以及附着于这些财产之上的权利，它不仅包括经济性资产、非经营性和资源性资产，也包括国家依据法律或者凭借国家权力从这些资产上所取得的准物权以及国家享有的债权和无形资产。① 其中，国有物权是指国有经营性资产的权利，国有非经营性资产的权利，国有资源性资产的权利；国有准物权指的是对土地和矿藏资源等的开发、开采权以及渔业的捕鱼权等；国有债权指的是国家债权；国家无形财产权指的是国家外交权、国旗、国徽设计以及国家声誉等无形资产的权利。② 广义的国有资产包括三种类型：经营性国有资产即企业国有资产、非经营性国有资产即行政事业单位国有资产和资源性国有资产。狭义国有资产通常指企业国有资产。经营性国有资产是指国家对企业各种形式的出资所形成的权益。企业的国有资产具有营利性的特征，追求资产的保值增值。企业国有资产还担负着保障国家经济安全和提高国家整体经济竞争力的责任，这体现于国有经济布局与结构的安排当中。对于国企产权制度改革来讲，经营性国有资产是国有资产管理核心和重点。非经营性国有资产，即行政事业单位国有资产，是指行政事业单位占有、使用的，依法确认的国家所有，且能以货币计量的各种经济资源的总称，也就是行政事业单位的国有财产。这类资产主要用于国家管理以及发展科技、教育、文化、卫生等各项社会事业的需要。资源性国有资产是指在法律上由国家拥有或控制的具有经济与社会价值的各类国有资产自然资源，包括国家依法拥有的土地、矿藏、森林、海洋等资源性资产。国家保持对资源性国有资产的垄断。这是因为资源性资产对于国家资源的可持续利用和国家战略资源的安全具有重要意义。

企业国有资产属于经营性国有资产的一种，即国家基于公共利益和社会管理的需要，而以各种形式对企业投资及投资收益形成的权益。国家作为出资人将相关生产要素投入到企业后，该相关生产要素即转化为企业的法人财产，由企业对该部分法人财产依法行使占有、使用、处分和收益的权利。③ 企业国有资产只是企业资产中国家所有者权益部分，还包括其他出资人所有者权益的资产。经营性国有资产大都是出资人投资到企业当中的投资性资产，最终形成股权，

---

① 李曙光：《国有资产立法重大问题探讨》，见张宗益：《公司治理：热点透视与实证分析》，法律出版社2006年版，第136—148页。
② 李曙光：《企业国有资产法释义》，法律出版社2012年版，第7页。
③ 李曙光：《企业国有资产法释义》，法律出版社2012年版，第5—6页。

因此要求经营活动中取得投资收益，实现保值增值，需要国资委行使出资人权利，按照市场化规则实现出资人利益。因此，经营性资产按照功能不同可以分为服务于社会目标和增进经济效益目标的两类企业进行经营管理和监管。非经营性国有资产尤其是资源性国有资产在涉及国家安全、环境问题等方面，可以按照"重社会性，轻盈利性"的管理原则进行监管，使其服务于社会目标。

我国国有企业从职能定位上可以分为公共服务性、自然垄断性、市场竞争性三类，鉴于其职能定位不同，所以在监管中对其经营绩效评价指标在经济目标与非经济目标上也应有所差异。① 国有资产在公共目标和经济目标的资源配置不合理，领域界定不清，会导致国有资本在两类目标领域内配置经常性移动，同时使运营目标即使在同一领域也会发生经常性的偏离。② 因此，国有资产的分类管理应该是对不同领域的国资采取差异化的职能定位：对于服务于社会公共服务目标的国有企业和分布于国家安全领域、公共产品领域、自然垄断领域及国民经济支柱产业的国有企业，其社会目标优先于盈利性目标。对于集中于竞争性领域并服务于效率与效益目标的国有企业，应以盈利目标为主。

（二）国资委代管职责的强化和细化

2008年10月审议通过的《企业国有资产法》规定了中央和地方政府出资人的职责权限。国务院确定的关系国民经济命脉和国家安全的大型国家出资企业，重要基础设施和重要自然资源等领域的国家出资企业，由国务院代表国家履行出资人职责。其他国家出资的企业，由地方人民政府代表国家履行出资人职责。最终形成了中央、省级、地区级三级出资人代理制度。部分学者认为，国资委作为一个"特设机构"，其最大的缺陷就在于我们设计了出资人代表，但在法律上还没有给它真正的地位。真正的出资人代表应该是人民代表大会，国资委应该成为国有资产经营公司这一层次。③ 目前，对于国有资产监督管理机构的法律地位还不够明确，国资委是经济组织，还是政府机构的职能定位依然颇受争议。

在国资管理的实践中也同样如此，国资委承担"出资人代表"的角色，履

---

① 郑海航、戚东、吴冬梅：《国有资产管理体制与国有控股公司研究》，经济管理出版社2010年版，第35页。

② 张晖明、张亮亮：《对国资职能和定位的再认识——从新加坡淡马锡公司的全称说起》，载《东岳论丛》，2010年第4期。

③ 参见李曙光：《国有资产立法重大问题探讨》，见张宗益：《公司治理：热点透视与实证分析》，法律出版社2006年版，第136—148页。

行代理人的义务，同时还承担一部分的社会公共管理职能，采取行政管理方式。国资委既是规则的制定者，又是规则的行使者，难免出现政策执行效果相互抵消的矛盾。国资委在国有企业人事任免、企业重大投资决策、国有资产收益等方面仍具有"管人、管事、管资产"所赋予的行政权力，既是"裁判员"，也是"运动员"，既是国企的"老板"，又是国企的"婆婆"。因此，国资委作为出资人代表应向单纯的国有资产出资人代管者的角色转变，不承担政府社会公共管理职能。

"统一所有、分级代表"的国资管理模式存在中央和地方国资委上下级权属不清晰的问题，对国资委的出资人的定位产生了负面影响。因此，很多学者主张国有资产的管理模式应向"统一所有、分级所有"或者"统一所有、准分级所有"转变。根据国有企业的实际控制人的性质，可以将其划分为中央和地方两大类企业，中央大类中又可细分为国务院国资委、中央国家机关和中央国有企业，地方大类中可以划分为地方国资委、地方政府和地方国有企业。[①] 因为不同的股权实际持有者和行使主体具有不同的利益诉求，再加上其不同的知识和监督环境，都会产生不同的国资经营管理行为。中央机关所属的国企和国务院国资委直属的国企是否能够代表出资人行使股东权和承担相应的责任取决于"政企分开"的程度和自身治理机制及激励问题。地方政府作为出资人的国有企业同样存在"政企难分"和缺少激励约束机制的问题。正是中央政府和各级地方政府对于国有资产的权限和权益界定不清晰，导致地方政府部门作为出资人，在所有者目标与行政目标发生博弈时缺少监督，经常以行政目标代替所有者目标，以致损害所有者利益。地方政府的行政权力过大，导致市场规则不能发挥功效，国有资产运作缺少市场因素。地方政府不作为法律上的出资人，不受产权约束，容易导致"内部人控制"，更容易加速国有资产流失。实现国有资产管理模式向"统一所有、分级所有"或者"统一所有、准分级所有"转变，需要明确中央政府的国资管理权限。从事权上看，涉及国有企业改革、国有产权转让、国有经济布局调整等方面的大政方针，应当集中由中央政府统一决策，地方政府不能擅自决定。而且中央还需要统一确定经营性国有资产控制的领域，统一确定经营性国有资产经营预算的内容和格式，统一确定国有股转让的规范

---

① 胡汝银：《中国公司治理：当代视角》，上海人民出版社2010年版，第68页。

性程序以保证不发生大规模的国有资产流失，统一确定国有股转让收入的使用办法以保证改革成本的支付、社会资金的充实和国有企业的显性和隐性债务的妥善处理。①

从国资委成立以来的工作实践来看，"出资人"应该是国资委的"本"。②明确国资委的出资人代表的角色的目的就是推进政资分开，明确国资委的法律地位。国资委是代表本级政府履行出资人职责、负责监督管理企业国有资产的直属特设机构，不是行政机关，不享有行政权，仅代理行使国家作为财产所有人和股东享有的民事权利。③国资委与其他股东、国资委与公司之间的法律关系为平等民事主体之间的横向民事关系。国家股东具有股权一般性，属于民事权利的范畴。因此，政府及其所属国家股权代理机构行使股权要遵循民事权利行使的一般规则，而非行政权力行使的一般规则。④

国资委监管错位和越位会导致其滥用权力，破坏政企关系。"管人"职能并不意味着国资委可以直接任免国家出资企业的所有董事、监事、高级和中级管理人员，也并不意味着国资委可以直接越过企业聘用和解聘企业的全体劳动者。⑤"管事"职能也并不意味着国资委可以直接决定企业所有事项，只有股东会决策权限之内的事项才由国资委单独行使决策权或者与其他股东共同在股东会上行使决策权；其中属于董事会、监事会和经营管理层的决策事项只能由董事会、监事会和经理层依法自主决策，国资委原则上不宜干预。⑥"管资产"职能也并不意味着国资委可以直接对企业资产行使占有、使用、收益和处分的权利。因为股权不等同于物权，股权内容多为请求权，而物权为支配权。国家股东只能通过自益权与共益权的形式实现投资目的，而不能直接对企业资产享有

---

① 胡汝银：《中国公司治理：当代视角》，上海人民出版社 2010 年版，第 68 页。
② 张文魁：《改革开放以来国有资产管理体制演进及走向评估》，载《改革》，2008 年第 12 期。
③ 《企业国有资产法》第 6 条规定：国务院和地方人民政府按照政企分开、社会公共管理职能与国有资产出资人职能分开、不干预企业依法自主经营的原则，依法履行出资人职责。
④ 刘俊海：《现代公司法》，法律出版社 2011 年版，第 813—814 页。
⑤ 国资委的"管人"权限，依据《企业国有资产法》第 22 条的授权：履行出资人职责的机构依照法律、行政法规以及企业章程的规定，任免或者建议任免国家出资企业的下列人员：（一）任免国有独资企业的经理、副经理、财务负责人和其他高级管理人员；（二）任免国有独资公司的董事长、副董事长、监事会主席和监事；（三）向国有资本控股公司、国有资本参股公司的股东会、股东大会提出董事、监事人选。
⑥ 刘俊海：《现代公司法》，法律出版社 2011 年版，第 813 页。

物权。①

政、资、企关系的进一步理顺是国资委与国有企业理顺治理关系的基石和努力方向。国有企业通过股改使国有股作为第一大股东的情形已经初步得到改善，但仍存在大股东"以权行事，以权凌弱"的情况。这需要国资委在职权范围内行使职权，减少过度参与。国企股权结构的优化能够发挥董事会的作用。董事会专业性与独立性的释放是企业微观层面治理的核心。董事会在公司治理中起到"承上启下"的作用，连接着大股东和经理层。董事会专业性的释放可以使国有企业在日益复杂的市场环境中确保经营效率。由于董事会是一个意思决定机构，而非公司的代表机关，因此董事会决议对外法律效力需要借助法定代表人或代理人的意思表示行为。国资委管事也并不意味着国资委可以直接决定企业的所有事项，至于属于董事会、监事会和经理层的决策事项只能由董事会、监事会和经理层依法自主决策，国资委原则上不予干预。② 国资委应努力强化董事会的独立性、有效性和集体领导的作用。股权分置改革后，实施操纵市场的行为主体将可能由原来的流通股"庄家"而直接变成上市公司的控股股东或实际控制人，因此，董事会的议事规则和运作规则的制定至关重要。

（三）对国资委的权力约束与监管

随着国有企业经营规模的扩大和经营效益的提高，经营性国有资产的规模也随之逐年上升，规模愈加庞大。经营性国有资产的庞大规模，加大了经营性国有资产经营管理的风险和不确定性。国资委作为出资人的代表所承担的职责重大，行使监管职能的国资委也需要兼具风险管理、风险决策的经理人的资质。

---

① 《企业国有资产法》第16条明确规定：国家出资企业对其动产、不动产和其他财产依照法律、行政法规以及企业章程享有占有、使用、收益和处分的权利。国家出资企业依法享有的经营自主权和其他合法权益受法律保护。这一条确认了企业的法人财产权包括物权。第14条规定：履行出资人职责的机构应当依照法律、行政法规以及章程履行出资人职责，保障出资人权益，防止国有资产损失。履行出资人职责的机构应当维护企业作为市场主体依法享有的权利，除依法履行出资人职责外，不得干预企业经营活动。

② 《企业国有资产法》第31条规定：国有独资企业、国有独资公司合并、分立，增减或者减少注册资本，发行债券，分配利润，以及解散、申请破产，由履行出资人职责的机构决定。就经营层决策机制而言，国有独资企业、国有独资公司享有《企业国有资产法》第30条所列的事项，除依法由出资人履行职责的机构决定以外，国有独资公司企业由企业负责人集体讨论，国有独资公司由董事会决定。就国有资本控股公司、国有参股公司的投资决策机制而言，国有资本控股公司、国有资本参股公司有《企业国有资产法》第30条所列的事项，依照法律、新政法规以及公司章程的规定，由公司股东会、股东大会或董事会决定。由股东会、股东大会决定的，履行出资人职责的机构委派的股东代表应当依照该法第13条的规定行使权利。

在这种情形下，国资委自身的管理也必须建立有效的内部治理机制，建立出资人代管者评价机制、约束机制和激励机制也势在必行。

国资委的最终权力来源是国有资产的终极所有者，根据我国宪法的规定，国资归全民所有，因此终极所有者是人民，国资委的权力来源也就应该是人民代表大会赋予的。在我国社会主义体制下，任何国家经济运行权力都来源于人民代表大会，这是由宪法保障的，也是国家控制力的根本。因此，监管国资委和对其进行权力规制的权力机构应该是全国人大。全国人大可以通过在《企业国有资产法》中对国资委的职能、权责进一步细化，从法律上确认国资的最终托管人——全民可以行使监督国资委的权力，监督国有资产权力，建立有效的监督与约束国资委的机制。这样就会形成一个长期有效的国资委的监督、约束、激励机制。

此外，还需要通过技术手段来确保监督保证出资人代管职能的有效履行。技术手段是指国家内部审计制度和财政部门的财务监察制度规范国资委的监管行为。通过这些技术手段进一步规范国资委的"三管"职能，使国有资产尤其是经营性国有资产的重大经营决策和国有企业的人事制度更加符合法律规范，更加透明。

（四）经营性国有资产授权经营模式的探索

1. 国有资产授权经营

国有资产出资人代表的职能分为资产管理职能和资产经营职能。管理职能主要是指出资人代表对经营性国有资产所能实施的管理职能和权限。管理职能可分为：投资决策、投资的执行、对投资决策和执行的过程监管。[①] 这三项内容都是出资人应该履行的职责。

我国国有资产经营管理模式需要借鉴他国运行经验进行创新和改进。就资产经营职能而言，需要成立专门的国有资产经营管理公司对经营性国有资产进行资本化运作。国有资产授权经营，在产权关系上能够实现"政企分开"，国有资产经营公司作为市场主体按照市场化原则运行可以达到出资人管理职责与经营职责分开的效果。而国资委与国有资产经营公司的关系就是监管与被监管的关系，各司其职。从资产经营的角度讲，授权经营可以降低经营性国有资产运行的市场风险。从经济外部性的角度讲，可以避免国资委作为国资监管者，而去争取出资人的经营职能时具有追求自身利益最大化的倾向。国有资产经营公

---

① 顾功耘：《国有资产法论》，北京大学出版社2010年版，第199—121页。

司作为联系出资人与国有资产的平台,使出资人与国有资产经营公司之间形成了一种行政授权关系,进而形成了行政性委托关系。国有资产经营公司对经营性国有资产的经营则是授权经营方式。授权经营是指政府将界定清楚的国有资产委托给有关经营机构经营。国有资产经营公司被行政授权后,成为出资人与国有企业之间的隔离带。国有资产经营公司成为特殊的法人,是政府单独出资成立的国有资产的经营实体,以自己的名义进行资产经营,拥有经营自主权,并自行承担相应的法律责任。授权经营机构没有政府管理职能,与其全资、持股和参股企业不再有"行政隶属关系",是出资人股东与用资人的关系,并按照《公司法》行使出资人权利。[①] 出资人与国有资产经营公司之间之所以是一种行政授权或行政性委托关系,是因为国有资产不仅具有资本增值的特性,而且在国民经济的分工中具有特殊的社会功能。从宪政的角度出发,经营性国有资产及其实现的增值必须代表全体人民的利益,以增进全民的福利为目的。因此,国有资产的授权经营模式的尝试也为国企经营成果及其增值形成全民共享机制的形成提供了手段。

2. 四大金融资产管理公司成为国有资产经营公司的条件

计划经济时代,国家为了扶持国有企业发展,通过国有银行向国企提供大量的贷款,由于国企经营亏损,因此在国有银行形成大量的不良贷款,为了解决国有银行的不良贷款问题,并通过"债转股"的方式加快国企建立现代企业制度。国务院于1999年成立了信达、华融、东方、长城四家专门的处置国有银行不良贷款的金融资产管理公司。四大金融资产公司由国家分别注资100亿元按照账面价格对口收购、管理和处置国有银行和政策性银行的不良资产。金融资产管理公司设立之初,完全定位为行政性机构,因此,第一次接收的不良资产也是政策性的资产,处置的不良资产损失也由国家来负担。我国金融资产管理公司成立之初的目标设定:一是收购、管理和处置国有银行的不良资产,化解金融风险;二是通过剥离国有银行的不良资产改善国有银行的财产结构,提高其运行效率和经济效益;三是通过债务重组、债转股等方式支持国有企业股改重组。截至2010年7月,四大国有商业银行全部改制上市,金融资产公司处

[①] 参见张晖明:《探寻公有制与市场经济融合之道——从上海国有资产管理体制改革引发的思考》,见史正富、刘昶:《民营化还是社会化:国企产权改革的战略选择》,上海人民出版社2007年版,第63—93页。

置不良资产的任务基本完成。金融资产公司通过减少不良资产保全了国有资产，降低了国有商业银行的金融系统性风险，为其改制上市提供了条件，推动了国企改革，为国企实现产权多元化提供了技术支持。

金融资产管理公司在完成政策性任务后，面临政策性经营期满后转型存续的问题。各个国家金融资产管理公司的目标定位，因各国经济环境的差异而不同，退出模式也不尽相同，包括关闭清算、继续保留政策性职能、商业化转型等退出模式。我国金融资产管理公司经过十年的运作已经积累了商业化运作的经验和基础，其商业化转型具有可行性。我国的金融体系改革已经进入关键时期，同样还存在金融系统性风险，也尚未形成比较成熟的金融机构退出机制，金融资产管理公司还有继续存在发挥其功能的意义。而且金融资产管理公司商业化转型还能解决其存续的问题。金融资产管理公司商业化转型可取的模式有：专业金融资产管理公司、专业的综合金融服务机构、国有资产经营管理公司。就金融资产公司的发展轨迹、从事的业务范围看，金融资产公司适合转型为兼具专业金融资产管理和国有资产经营管理的公司。我国国有企业经过股份制改造后，企业经济效益大幅提高，积累了大量的国企红利，国家对这部分国有资产的要求就是保值增值，而中国目前缺少国有资产经营管理公司来对这部分存量和增量的国资进行价值管理和资本化运作。国资资本化运作有利于国资与其监管企业之间"政企分开"，减少不必要的行政干预，按照经营权和所有权分离的原则对国企进行管理，按照公司法确定的股权管理原则规范所有者的权责，进行资本管理。金融资产管理公司的业务已经逐渐多元化，其业务领域已经拓展到保险、证券、信托、金融租赁、基金、风险投资、期货等。四家金融资产管理公司中，信达的公司业绩较好，业务多元化程度高。2010年6月，经国务院批准，由财政部独家发起，中国信达资产管理股份有限公司成立，注册资本251亿元，公司性质为非银行机构，经营范围为收购、受托经营金融机构和非金融不良资产，对不良资产进行管理、投资和处置，债转股权，对股权资产进行管理、投资和处置、破产管理，对外投资，买卖有价证券，发行金融债券、同业拆借和向其他金融机构进行商业融资，经批准的资产证券化业务、金融机构托管和关闭清算业务、财务、投资、法律及风险管理咨询和顾问，资产项目投资等。信达金融资产管理的业务结构为其转型为兼具金融资产管理和国有资产经营的公司提供了技术条件和基础。四家金融公司虽然发展基础、资产负债结构、风险管理和商业化业务的发展方面存在差异,但总体业务范围和商业化业务范围没有区别,因此,可以整合成一家专业金融资产管理和国有资产经营公司。国家(出资人)通过授权经营的方式使整合后的资产金融管理公司成为国资经营管理公司。这样可以形成国资经营公司成为专营国资的公司,国资委负责其资产运行管理的国资管理模式。鉴于国有资产的特殊功能和属性,国资经营公司职能对部分国资进行资本化运作,以确保国资的保值增值。国资经营公司与出资人之间可以按照合同约定的比例获得国资资本化运作的收益。

国有资产经营公司一般均为特设的国有独资公司。其设立必须由政府批准,专门从事国有资产的经营,既是国有资本的受托人,又是被控股子公司国有资本的出资人。国有经营公司作为独立的市场主体,可以将公权性质的经营性国有资产投资转化为私法上的商事行为。

表格18　信贷金融管理公司业务形成

业务结构	操作机构	主要业务及功能	持股比例
不良资产经营(公司主营业务)	总司及分公司	不良资产业务的收购和计划管理	100%
金融业务(资本化和商业化业务)	信达证券	证券期货经营平台:为债转股企业提供资本运作	99.27%
	幸福人寿	人寿保险业务平台	51.78%
	信达财险	财产保险业务经营平台	51%
	西安商业银行	商业银行业务平台	24.33%
	西部租赁	融资租赁业务平台	98.7%
	金谷信托	信托业务平台	92.29%
	信达澳银基金	公募基金资产管理平台	54%
	信达国际	拓展境外金融、资产管理业务平台	62.19%
资产管理(资本化和商业化业务)	信达地产	综合性房地产开发平台	54.75%
	信达投资	直接投资及房地产资产管理平台	100%
	信达资本	私募股权投资管理平台	60%
	香港建华公司	海外金融服务和资产管理平台	100%
	中润公司	托管清算和受托资产管理处置平台	90%

资料来源:中国信达金融资产管理公司官网。Http://www.cinda.cn。见杨军华:《转型与发展——中国金融资产管理公司竞争力分析》,中国金融出版社2012年版,第92页。

（四）迈进"管资本"和国有资本授权经营的新时代

公共财政理论认为，政府应担当提供公共产品和公共服务的角色，并履行其职责，而不是以投资主体的角色出现。诚然，具有公共属性的非经营性国有资产应纳入政府公共管理的范围之内，那么经营性国有资本需要由独立于国家之外的出资人代表政府进行运行和监管。"委托—代理"理论则认为，只有成立专业的国有资产管理部门，替国家统一履行出资人职责，才能更有效地解决国有企业所有者长期缺位和对国资监管不到位的问题。国资监管机构的设立，可以规避所有者和国企之间信息不对称的风险，进而规避道德风险、内部人控制、利益输送、国资流失、国企经营管理者激励不足等问题。由于两种理论基于不同的价值取向，进而产生的效果也就不尽相同。公共选择理论关注的是公众利益的实现程度，其侧重点是公平问题，政府实现社会公平最大化是否有所作为。而委托代理理论注重解决公司治理问题，涉及国企财产安全和国有资本的增值与回报，侧重效率的提高。在我国，国有资产和国有资本具有社会主义经济制度的属性，属于全民所有，因此，二者既要实现效率，又要兼顾公平（公共性）。而效率和公共性之间存在此消彼长的矛盾，这也是国资监管和国资运营的难题所在。部分学者认为，从能力和风险管控的角度来看，国资监管机构应该作为监管机构存在。而履行出资人角色则要适应市场化的运作规则，具备市场化的运作能力，遵循市场化运行规则，而国资监管机构是政府部门的行政性机构，存在职能冲突。因此，需要建立中间层行使公司履职出资人的职能。

国有资本投资公司和运营公司的改组是对国有资本授权经营体制的有益探索。"政企不分"和"政资不分"制约了国有企业治理结构的改善。2003年后，虽然建立了国资统一监管的体制，但国有资本布局分散，运营效率低的问题仍是国有资本做强做优做大的掣肘。一方面，国企供给侧结构性改革所需的资金过度依赖债务融资，因此财务负担过重，不能满足国家战略的需要；另一方面，部分国有资本处于闲置状态，流动性低，资源配置效率低，影响其保值增值的效果。建立国有资本投资运营公司，可以对存量的国有资本进行统筹规划，激活闲置的国有资本，提高国有资本的运营效率，调整国有经济布局。2013年11月，党的十八届五中全会通过的《中共中央关于全面深化改革若干重大问题的决定》提出将"改革国有资本授权经营体制，组建若干国有资本运营公司，支持有条件的国有企业改组为国有资本投资公司",并明确改革主要目的:一是坚持"以管资本为主"完善国资监管,提高国资监管的实效性;二是加快国有经济布局结构调整,避免重复建设、恶性竞争,以提高资源配置效率。2015年8月,《关于深化国有企业改革的指导意见》作为新时期国企改革的"顶层设计"纲领,设计了国有资本投资公司和运营公司的运营模式,即发挥国有资本投资公司和运营公司的作用,通过开展投融资、产业培育、资本整合,推动产业集聚和转型升级,优化国有资本布局结构;通过股权运作、价值管理、有序进退,促进国有资本合理流动,实现保值增值。之后,《关于改革和完善国有资产管理体制的若干意见》具体细化了国有投资公司和运营公司的具体实操模式:国有资本运营公司主要是通过划拨现有商业类国有企业的国有股权,以及国有资本经营预算注资组建,以提升国有资本运营效率、提高国有资本回报为主要目标,通过股权运作、价值管理、基金投资、有序进退等方式,盘活国有资产存量,促进国有资本合理流动,实现保值增值。[1]

国有资本投资公司则是国家选择具备一定条件的国有独资企业集团,通过改组等方式设立,以提升产业竞争力、服务国家战略、优化国有资本布局为主要目标,在关系国家安全、国民经济命脉的重要行业和关键领域,通过开展投资融资、产业培育和资本整合等,推动产业集聚和转型升级,优化国有资本布局结构,进而达到提升国有资本控制力和影响力的目的。

国有资本运营公司主要是按照财务管控的方式管理控股和参股企业,不直接参与控股和参股企业的市场运营,主要是在资本市场通过资本运作实现配置国有资本,推动国有资本在流动过程中增值。可以看出,国有资本运营公司存在的目的就是追求和实现国有资本保值增值。国有资本运营公司的主要业务是运营资本,不投资实业,营运的对象是持有的国有资本,包括国有企业的产权和公司制企业中的国有股权,以资本市场作为运作媒介,一方面在资本市场中以发行股票的方式募集资金,另一方面通过股权买卖来改善国有资本的分布结构和质量,侧重做"减法"和"变现"。

国有资本运营公司功能在于培育产业核心竞争力,在企业技术创新、管理创新、商业模式创新方面发挥功能,更好地发挥国有资本的联动效应。国有资

---

[1] 周丽莎:《国有资本投资改组组建的实操方案十大细则》,http://blog.sina.com.cn/s/blog_1803e8a6a0102xkbk.html(访问时间:2018年8月4日)。

本运营公司的目的是推动国有资本合理流动，改善国有资本的分布结构并提高其质量效益，提高资源配置效率，促进涉及国家安全、国民经济命脉的国有企业有效地推进国企混改。

国有资本投资公司的主要业务是产业资本投资，以投资实业为主，以投资融资和项目建设为主。投资实业并持有股权，对所持有的资产进行经营和管理。国有资本投资公司通过产业与金融资本融合的形式，提高国有资本流动速率，开展资本运作，进行企业重组、兼并与收购。国有资本投资公司主要侧重于矫正和弥补市场失灵，在信息不对称和自然垄断领域、市场不愿意及无力投资的、但又涉及国计民生的重要领域，以及涉及国家安全和国民经济命脉的重要领域发挥重要作用。这样才能实现公共服务和公共政策目标，通过资本的运作发挥国有经济的控制力和影响力。通过国有资本的有序进退引导产业结构调整，支持产业升级，把产业竞争与国有资本保值增值有效结合。

两类公司都是国家授权经营的国有资本的公司制企业，代表国家行使出资人的职能，采用国有独资的形式。两类公司都服务于国家关于国有资本发展的战略目标，以国有资本的保值增值为目标，以提升国有经济的活力、控制力和影响力为己任。两类公司都以资本为纽带形成投资与被投资的产权关系。两类公司采取新设和改组两种形式设立，其中改组又具体采取合并组建、吸收组建、直接改组。① 两类公司的设立主要有新设和重组两种方式，即以新设方式组建国有资本运营公司，以重组方式组建国有资本投资公司。新设是指各级政府通过划转国有资本经营预算支出设立国有资本运营公司。在国有资本运营公司设立后，中央政府还可以分次把一些产业属性不强、国有相对控股与参股公司的国有股权直接划转给国有资本运营公司。重组是指依托现有条件成熟的国有企业集团，通过资产重组和少量国有资本增量注入而组建国有资本投资公司。②

在最新一轮的国资监管体制改革前，国资委的职能是"管人、管事、管资本"的三权合一，改革后国资委将注意力集中到"管资本"上，国有资本投资运营公司则是侧重持股，国有企业成为独立的市场经营主体，实现政企分开、

---

① 周丽莎：《国有资本投资改组组建的实操方案十大细则》，http：//blog. sina. com. cn/s/blog_1803e8a6a0102xkbk. html（访问时间：2018年8月4日）。

② 文宗瑜：《未来3-5年可设立2-3家国有资本运营公司》，http：//www. cs. com. cn/sylm/js-bd/201808/t20180801_5851142. html（访问时间：2018年8月1日）。

政资分开,实现国资的保值和增值。全新的国资管理及国有资本运营体系由三个层次构成:第一层次为国资的监管机构,其主要履行国资管理的行政管理和监管职能;第二层次为国有资本的产权层次,主要是国有资本运营公司与国有资本投资公司依托市场从事国有资本的专业运营;第三层次为国有企业或国有公司的经营层次,主要是通过改革改制成为混合所有制企业公平参与市场竞争而增加利润与创造价值。① 产权纽带链接三个层次的国资管理和国有资本运营体系。第一层次与第二层次之间是国有资本授权经营的关系,逐步成为国资运营的市场主体,两类公司受到国有资本经营预算的规制,并向国家上缴红利;第二层次与第三层次之间是控参股的关系,国有资本运营公司与国有资本投资公司对国有企业实行控股参股,并逐步发展成为混合所有制企业。②

新时期国资监管和国有资本授权经营体制改革进入"三期并存"的关键时期:一是国有资本运营方式从数量型管理向质量型提升的重要时期;二是借力混合所有制改革推进国资监管进入"管资本"的关键期;三是中国资本借助"一带一路"国家战略平台走出去,提升国际核心竞争力的重要窗口期。国有资本投资和运营公司是市场化的出资人和国有资本运营机构,直接持有国有股权,以出资额为限度对国企行使出资人的权力。国有资本投资公司和运营公司是国有出资人及监管人(国资委)和国企之间建立的国有独资、从事国有资本投资运营的法人,在国资委和国企之间形成了一道隔离墙,为厘清政企关系和政资关系,起到了承上启下的功能。与此同时,还要将两类公司纳入到国有资本经营预算管理当中,及时上缴红利,逐年提高上缴红利的比例,积极服务国家战略安排。国有资本运营公司与国有资本投资公司设立后可以有 3—5 年的过渡期,力争在过渡期满后上缴利润的百分比达到 30% 左右,甚至高于 30% 而达到 35%~40%,支持国有资本经营预算收入的逐年持续增长。③

---

① 文宗瑜:《未来 3-5 年可设立 2-3 家国有资本运营公司》,http://www.cs.com.cn/sylm/js-bd/201808/t20180801_ 5851142.html(访问时间:2018 年 8 月 1 日)。

② 文宗瑜:《未来 3-5 年可设立 2-3 家国有资本运营公司》,http://www.cs.com.cn/sylm/js-bd/201808/t20180801_ 5851142.html(访问时间:2018 年 8 月 1 日)。

③ 文宗瑜:《未来 3-5 年可设立 2-3 家国有资本运营公司》,http://www.cs.com.cn/sylm/js-bd/201808/t20180801_ 5851142.html(访问时间:2018 年 8 月 1 日)。

第三节 实现国企经营成果的社会分享

一、自然垄断行业国企产权制度改革

（一）国有经济逻辑边界与垄断行业国企分布

国有经济逻辑边界是国有资本进入自然垄断行业的前提条件。首先，国有资本具有社会责任和实现其自身经济目标的有机结合的内在要求，因此国有资本进入垄断行业能够使自然垄断行业的规模控制在较为合理的区间，并能够提高自然垄断行业的国有企业利用社会公共资源的效率，提高社会福利。因为国有企业（国有资本）代替私人企业（私人资本）进入自然垄断行业能够弥补私人资本提供公共事业服务不足的缺陷。在经济转型国家，法律法规还相对不健全，国有资本进入垄断行业有助于保障处于信息劣势的经济主体参与经济活动的权利。其次，在一些高新技术产业，国有资本可以依赖其技术成熟、规模大、抗风险能强的特性，进入一些外部性溢出强的产业，来实现资源的优化配置。再次，国有资本还具有调控宏观经济的作用。乘数和加速数原理表明，乘数和加速数可以影响经济波动程度，而企业乘数和加速数相互作用才会导致经济大幅的波动。因此，政府可以通过国有资本介入调解边际消费倾向和加速数。国家通过大规模直接产业投资实现社会总资本存量的增加。国有资本调解加速数可以降低国有资本的"挤出效应"，使私人资本也可进入一些垄断行业。此外，国有资本还具有间接和直接塑造产业竞争力的优势功能。因为国有资本自身具有的众多特性，所以可以作为规制垄断、调控经济、提升产业竞争力的政策工具。国有经济的逻辑边界体现了一个国家政府干预经济的程度，也就是国有经济市场化的程度。

国有经济及国有资本具有其演变的逻辑。市场本身的内在结构可以形成国有资本分布的边界，这种内在结构是经济性壁垒和制度性壁垒。经济性壁垒是

指由于技术进步和创新使得自然垄断产业边界发生收缩的情形。[1] 包括技术进步降低垄断的程度、替代品的出现导致垄断企业的成本收益发生变化而引起的自然垄断边界收缩和扩张、由于网络经济的发展引起垄断纵向一体化程度大大降低而导致的自然垄断边界的收缩和扩张。经济性壁垒可以使自然垄断产业沿着完全垄断→寡头垄断→垄断竞争→完全竞争的路径演进。经济性壁垒的演进会逐渐使产业的自然垄断消失,国有资本也就自然进行宏观战略调整退出自然垄断产业。经济性壁垒的约束反映了国有资本的逻辑边界与一国经济发展阶段是密切相关的。[2] 制度性壁垒是指由于要素市场,产权市场以及社会保障体系的不健全,再加上政府管制过多和市场准入门槛过高等导致企业无法自由进出要素市场和产权市场,企业无法实现资本的流动,形成的国有资本退出机制单一的格局。[3] 我国国有资本的逻辑边界的动态变化受制度性壁垒的制约。尤其是在要素市场、社会保障制度不健全、不成熟的阶段,国有企业起到了替代作用。国有企业办社会的职能是在社会保障制度不能满足社会公共职能的条件下,国有企业承担社会政策性负担的体现。当要素市场和社会保障制度发挥其功效时,国有经济的替代作用才发挥完毕,国有经济就必须进行战略调整,国有资本的逻辑边界也就开始发生变化。生产要素组合方式的变动是国有企业进入产业的内在动力。当企业依靠密集的劳动创造产值时,企业的生产要素组合中,劳动要素成为决定性因素,企业自然分布在劳动密集型产业;而当企业技术提高,生产要素组合中技术因素成为企业创造价值的决定因素时,企业的产业分布逐渐移向以技术型为主的产业或行业内;而当生产要素组合中资本因素成为企业创造价值的决定因素时,企业的资本有机构成较高,产业分布逐渐移向以资本密集型为主的产业或行业。

由此可以看出,国有资本的逻辑边界由制度性因素、市场因素和企业自身的生产要素组合状况共同来决定。其中,企业的生产要素组合是企业进入产业的内在动力、制度性因素和市场因素是企业进入产业的外在因素。对于国有企

---

[1] 郝书辰、蒋震:《国有资本产业分布:理论界定及其演变逻辑》,载《经济社会体制比较》,2011 年第 3 期。

[2] 郝书辰、蒋震:《国有资本产业分布:理论界定及其演变逻辑》,载《经济社会体制比较》,2011 年第 3 期。

[3] 郝书辰、蒋震:《国有资本产业分布:理论界定及其演变逻辑》,载《经济社会体制比较》,2011 年第 3 期。

业来说，由于其兼具经济目标和社会目标的特性，因此国有资本的分布边界在大多种情况下受政府社会经济目标的影响。所以，国有企业是否进入自然垄断行业需要以社会经济目标为前提，根据市场规则，再依据国有企业生产要素组合的情况决定其进入的程度。国有资本的逻辑边界同国有经济战略调整密切相关。从国民经济产业布局和结构调整角度出发，国有经济战略调整包括国家整体产业结构调整、地区产业结构调整、所有制结构调整。①

按照国民经济分类，国有经济涉及的主导产品经营范围大致可分为七种类型，包括国防军工业、自然垄断性产业、提供公共产品和服务的产业、基础产业、支柱产业、战略新兴产业和其他产业。2006年12月，国有资产监督管理委员会宣布，将维持对七大"战略"行业的绝对控制（国防、电网电力、石油石化、电信、煤炭、民航、航运），国有经济在七大行业和领域内将保持绝对控制力，并且保持对基础性和支柱性产业领域的较强控制力，包括机械、汽车、信息技术、建筑、钢铁、冶金和化工等。

垄断行业涉及采矿、制造业、电力、燃气及水的生产和供应业，交通运输、仓储和邮政业、信息传输、计算机服务和软件业，居民服务和其他服务等多个国民经济行业。自然垄断行业主要包括各类运输干线（铁路、公路、管道、河道）、机场、港口、供水、煤气、电网等行业领域，这些行业具有公共产品和服务的产业性质。

垄断行业国有企业是我国国有经济和国民经济的重要组成部分。它们是作为基本要素投入是生活必需品的主要供给者，直接影响经济竞争力和人民生活质量，而且是体现国家战略意图、落实国家宏观调控职能、执行国家竞争政策和产业政策不可或缺的重要力量②。目前，国有企业涉及的自然垄断性产业基本都是在增长潜力或最具规模属性的行业。因此，自然垄断性行业应主要由国有经济控制经营，国有经济必须对其保持绝对控制力，国有资本要保持绝对控股，以维护国家经济安全和社会稳定。而国有企业涉及的自然垄断性产业并非都是

---

① 严汉平：《国有经济逻辑边界及战略调整》，中国经济出版社2007年版，第166页。
② 吕政、黄速建：《中国国有企业改革30年研究》，经济管理出版社2008年版，第305页。

完全自然垄断产业，也有准自然垄断产业。① 准自然垄断产业是指主要分布在传统自然垄断产业中，可以引进竞争机制的那一部分产业。

(二) 自然垄断行业国企产权制度改革现状

国有经济所有制结构调整包括三方面内容，一是宏观层面的国有经济布局的调整，公有制经济成分与非公有制经济成分形成混合所有制经济，多种所有制经济在所有制结构内部的混合，多种所有制形式和经济成分形成并存的格局；二是从国有资本的控制力的角度出发，在需要绝对控股的行业实行绝对控股（国有独资形式），一般竞争性领域采取国有相对控股的形式，吸纳非国有经济成分，调整国有企业产权结构，实现产权结构多元化；三是微观层面的国有企业的股份制改革，实现国有企业产权结构多元化，形成以法人治理结构为核心的现代企业制度。②

国有经济所有制结构调整是一把双刃剑，既可以实现国有经济（国有企业）进入重点行业和领域，从一般性竞争领域退出，又可能使国企在自然垄断领域内形成国企垄断。因此，垄断行业国有企业的改革仍然是制约国有企业产权制度改革的一个障碍。垄断行业的国有企业基本上都是中央企业，而中央企业的股份制改造的步伐明显滞后于一般竞争领域的国企改革的速度。垄断行业的国有企业尤其是自然垄断行业，国企的产权结构仍然是以单一国有股为主。虽然对中央企业进行了股份制改造，但由于对于战略投资者的限制使得其他股权形式难以出现，再加上国有股进退机制缺乏，所以其产权多元化结构还未形成，股权结构多元化程度不高，普遍以国有股"一股独大"为主。

由于垄断行业的国有企业产权多元化的结构单一，不能形成有效的公司治理结构。因此，政企合一、政监合一、政事合一在垄断行业的国企中普遍存在。垄断行业的国有企业因行业特性和公司治理结构不健全，容易催生行政垄断。

---

① 完全垄断产业的特点是其具有较强的网络经济效益，竞争机制所产生的效益无法与其相比，以至于任何竞争机制的引进都只能导致低效率的重建建设，增加社会总成本，而不会带来任何消费剩余。完全垄断也并非与竞争无关，只是垄断的市场股不宜被打破，但可以在保持垄断的前提下实行垄断经营权的招投标制度，或者实行各种间接的竞争形式。准垄断产业具有较强的规模经济或较弱的网络经济效益，仅能满足自然垄断的必要条件的要求，而不能完全满足充分条件的要求，同时其市场结构具有可竞争的特征。准自然垄断产业即便引进竞争机制，也还需要市场准入制度设置的进入"门槛"，以限制进入企业的数量，保持适度竞争规模。参见戚聿东、柳学信：《自然垄断产业改革国际经验与中国实践》，中国社会科学出版社2009年版，第35—36页。

② 严汉平：《国有经济逻辑边界及战略调整》，载《福建论坛·人文社会科学版》，2008年第2期。

行政垄断形成了垄断国企利益层，导致了国企转移财富功能的弱化，抑制了财富转移和分配。行政垄断是当前我国国有企业垄断的主要表现形式，但不是唯一形式。行政垄断也是影响国有企业产权制度改革整体效果的制约因素之一。行政垄断是政府运用其行政权力排斥、限制市场竞争的行为或状态。[①] 行政垄断是基于行政权力形成的垄断，是政企合一的形态。[②] 行政垄断的形成与我国的经济体制改革的进程和制度约束具有紧密的关系，是计划经济向市场经济转型过程中遗留下的体制问题。行政垄断主要有两种表现形式：地区垄断和行政垄断，又称"块块专政"和"条条专政"。[③] 地区垄断指的是地方政府或其职能部门出于地方利益保护目的，利用行政职权人为设立市场准入条件的行为。[④] 地区垄断的市场行为主要表现为市场准入制度的规制，这种市场准入制度主要是地方政府出于地方利益保护而人为设置的制度。行政垄断具有以下特征：行政垄断的主体是政府，包括中央政府、地方政府及其职能部门；行政垄断来源于行政权力；行政垄断具有强制性特点；行政垄断具有多重性，即国家收入的实现抑或社会公共目标的实现。[⑤]

寻租经济学认为，垄断大多时候都会扭曲资源的配置。垄断一方面会产生大量社会的福利损失；另一方面是将消费者的剩余转移给垄断厂商。从行政垄断具有的特征可以看出，行政垄断的消极影响颇多：滋生腐败、行政垄断形成的租金耗散、延缓国有企业产权制度的改革。腐败是典型的寻租行为。在寻租过程中，政府往往受到利益驱使成为寻租的主体。因为政府具有无意创租、被

[①] 王俊豪、王建明：《中国垄断性产业的行政垄断及其管制政策》，载《中国工业经济》，2007年第12期。

[②] 胡鞍钢、过勇：《从垄断市场竞争到竞争市场：深刻的社会变革》，载《改革》，2002年第1期。

[③] 过勇、胡鞍钢：《行政垄断、寻租与腐败——转型经济的腐败激励分析》，载《经济社会体制比较》，2003年第2期。

[④] 过勇、胡鞍钢：《行政垄断、寻租与腐败——转型经济的腐败激励分析》，载《经济社会体制比较》，2003年第2期。

[⑤] 王俊豪、王建明：《中国垄断性产业的行政垄断及其管制政策》，载《中国工业经济》，2007年第12期。

动创租、主动创租的行为①，所以政府既是"被捕获"的对象，又是创租的主体。

正是由于政府与企业之间的产权关系不明晰，才给了政府产生主动的寻租行为的机会。政企不分还为垄断国企的管理层进行寻租提供了条件。行政性垄断是国有企业经营管理者腐败的主要原因。一些自然垄断行业的国有企业的行政性垄断是政府出于宏观经济调控和国家经济安全的考虑，而进行主动"创租"的结果，当自然垄断边界消失时，国有企业又试图通过"寻租""护租"的行为来维护已经形成的既得利益。国有企业的经营管理者利用政府与企业之间"委托—代理"关系不明晰的弊端进行寻租和护租。国有企业的管理层具有经济人和政治人的双重身份，这种双重身份诱使他们主动地、系统性地利用公权力为个人谋取私利。垄断高管的在职消费就是利用公权为私牟利的具体表现。在职消费也被称为职务消费，企业管理层或经营者在行使职权、履职过程中所发生的应由企业支出的货币消费以及由此派生的其他消费，作为一项隐性收入，属于公司薪酬设计的范畴。② 在公司内控制度不健全的情况下，在职消费极易成为企业管理层隐匿私利的捷径，管理层可以轻易通过这些项目报销私人支出，从而将私人支出转嫁为公司费用。在国有企业产权制度改革过程中，国家渐进式放权的过程，则是管理层对企业的控制权不断增强的过程。特别是原来规模较小，国家几乎没有投入资金，主要依靠管理层努力而发展起来的国有企业。③在国企公司治理机制不健全的条件下，放权让利改革使国企管理层获得了越来越多的控制权，进而导致他们想获得更多剩余索取权的欲望更加强烈，于是他们利用信息对称和谈判优势地位来实现这种欲望。在职消费与内部人控制权密切相关，内部人利用控制权享受在职消费。激励约束机制不健全极易导致管理层在职消费行为的过度扩张，引发严重的治理问题。而薪酬契约的不完全性又

---

① 无意创租主要是政府对经济生活进行干预、管制的结果，是政府为了对经济进行调控而主动采取的行为；被动创租是指政府由于受到既得利益集团的影响，利用其职权，创造和维护其某些利益集团的既得利益；主动创租主要是指政府部门预期到寻租行为为其带来的收益，从而通过行政干预主动创造租金，增加本部门、本地区企业的收益，这些企业向该部门提供部分租金报酬作为回报的行为。参见过勇、胡鞍钢：《行政垄断、寻租与腐败——转型经济的腐败激励分析》，载《经济社会体制比较》，2003 年第 2 期。

② 高明华：《中国上市公司高管薪酬指数报告（2011）》，经济科学出版社 2011 年版，第 75 页。

③ 张文魁：《国有企业改革 30 年的中国范式及其挑战》，载《改革》，2008 年第 10 期。

使在职消费具有不确定性特征。① 在职消费在公司内部会形成"棘轮效应"和"学习效应"。当公司的代理人不以公司价值最大化为目标，其他管理人员也不会通过提高业绩来获得正当的激励，而是通过利用权力寻租的形式，损害公司利益换取个人利益最大化。

垄断行业的国有企业凭借国家产业政策和规模经济优势积累了大量的垄断福利，影响了国企经营成果的社会分享程度。垄断福利加大行业的运行成本，实质上是把较高的生产成本转嫁给社会，减少了社会的公共福利积累，降低了社会公共福利覆盖程度。垄断福利还加剧了收入分配不公的程度。垄断行业极易形成相同劳动量同工不同酬的格局，破坏整个社会财富的转移和分配。

二、自然垄断行业国企产权制度改革方向

（一）继续推进股份制改革、完善公司治理结构

1. 产权多元化

对于垄断行业的国有企业改革，同样需要遵循"渐进式改革"的路径。② 在具体的改革措施上，戚聿东和柳学信认为可以从产权模式、治理模式、规制模式、价格模式、竞争模式、运营模式六个维度进行改革设计。③ 产权模式和治理模式改革是企业层面的改革，是塑造市场主体的改革，是整个改革系统的基础。在具体的改革时序策略安排上，应该是竞争和运营模式改革先行，产权和

---

① 卢锐、魏明海、黎文靖：《管理层权力、在职消费与产权效率——来自中国上市公司的证据》，载《南开管理评论》，2008年第11期。
② "整体渐进性式"是指中国垄断产业改革应该在产权模式、治理模式、竞争模式、运营模式、价格模式以及规制模式等方面进行系统设计，同时在改革速度和次序上采取平稳过渡的渐进方式，即"总体同步配套，渐进分步实施"的改革思路和路径，同时有效控制改革中的各种风险，确保改革达到预期目标。参见戚聿东、范合君：《放松管制：中国垄断行业改革的方向》，载《中国工业经济》，2009年第4期。
③ 运营模式是指依据垄断产业的技术经济特征所选择的产业纵向关系的模式。运营模式主要有纵向分离与纵向一体化两种模式。运营模式是企业发展的技术基础，决定企业经营效率。竞争模式是指垄断产业中已有和潜在的卖方和买方的数量、规模以及相互之间的关系。竞争模式反映了企业的竞争环境。产权模式是指垄断产业中运营企业的产权安排，也就是垄断企业的组织形式——国有独资、国有绝对控股、国有相对控股等形式。治理模式是指垄断产业运营企业的公司治理结构与机制建设，解决垄断企业内部组织结构。规制模式是指对企业垄断产业的规章制度与体系建设，旨在约束垄断企业的行为。参见范合君、戚聿东：《治理模式、规制变迁及其下一步：由5类垄断产业破题》，载《改革》，2011年第1期。

治理模式改革紧随其后，最后着手进行价格和规制改革。① 竞争和运营模式改革相对容易，而产权和治理模式改革次之，价格和规制模式改革最为复杂。依次形成的改革路径为：竞争和运营模式改革→产权和治理模式改革→价格和规制改革模式。② 其中，治理模式改革是与产权模式改革同步进行的，两者相互制约相互推进。

我国垄断行业（石油、电信、电力、航空、铁路等行业）基本都是中央企业。而中央企业多为国有独资或国有控股企业，这类国有企业股权结构比较单一，战略投资者在企业股权结构中所占比重较小，股权多元化的改革明显滞后于一般竞争性领域内的国有企业。③ 股权结构单一与缺乏流动性制约了自然垄断国有企业的产权制度改革。在我国，垄断行业的运营既要保留纯粹的国有制，同时又加强政府规制。这也就形成中央企业的股权多元化速度慢、程度低的现实情况，所以现代公司治理结构不完善，治理机制作用发挥不理想。

自然垄断行业的国有企业改革产权应从中央企业起步，通过重组推进产权结构多元化。可以按照国有独资公司→国有绝对控股公司→国有相对控股公司的产权结构演变来推进产权结构多元化的进程。股权分置改革后，一般竞争性领域内国有企业"一股独大"的情况已经得到一定程度的改观，而自然垄断行业的国有企业的"一股独大"的情况却依然存在，甚至在某些行业还存在"一股独霸"的情况。目前，部分股改条件成熟的中央企业可以通过重组、兼并实现从国有独资公司、国有绝对控股公司向国有相对控股公司形式的转变，通过引进战略投资者，实现产权多元化。产权重组主体可以在具有相同经营业务的中央企业和地方企业之间进行，也可以同地方国有企业和外资企业进行重组。对于涉及国家安全领域不能完全实行产权多元化改革的大型国有企业，可以保

---

① 戚聿东、柳学信：《深化垄断行业改革的模式与路径：整体渐进改革观》，载《中国工业经济》，2008 年第 6 期。

② 戚聿东、范合君：《放松管制：中国垄断行业改革的方向》，载《中国工业经济》，2009 年第 4 期。

③ 截至 2008 年，151 户中央企业只有 6 户是投资主体多元化的公司制企业。一是不少企业的全部资产、业务及其盈利能力等不具备整体改制（包括上市、非上市）的条件，职能剥离优良资产设立新的子公司或以现有子企业改制，母公司则保持国有独资的形式；二是有的企业资产规模很大，一次整体改制很难吸收投资者或证券市场较难承受；三是有的企业业务涉及国防安全、国家机密等，必须采取国有独资形式；四是中央企业母公司改制上市，国资委将直接持有上市公司的股份，成为上市公司的股东，而涉及的相关法律法规也必须随之变动。参见张德霖：《2009 年国有资产监督管理年鉴》，中国经济出版社 2009 年版，第 58 页。

持国家的绝对控股形式,例如军工企业、航天工业。在石油、电力、电信、民航、铁路等行业,这类行业可以重组进行市场整合,并适当引进部分战略投资者。对于社会公共服务的供水、供电、供气行业可以实行国有资本的减持,实现国有相对控股。

推进垄断行业国企的产权多元化改革时,还必须建立国有资本和非国有资本的退出和进入机制。产权市场的建立和完善是国有资本和非国有资本交易的平台。产权的显著特点在于产权成为商品并且可以交易。在国企作为国有资产运作载体的过程中,产权市场的建立、产权的交易都发挥了重要作用,为国企建立现代企业制度、国有资产的保值增值创造了条件。资本市场是发行和交易标准化企业股权的场所,而产权市场是交易非标准化产品的场所。目前,我国产权交易的品种包括企业产权/股权、金融资产、技术产权、知识产权、环境权益、农村产权、实物资产、涉讼资产、文化产权等十多种。

截至 2010 年,我国股票市场只为占全国企业总数不到 0.02% 的企业提供融资服务,99.8% 以上的企业是不能通过股票市场来融资的。[1] 因此,产权市场必须为非上市国有公司提供产权交易平台,使其资本顺利流转。产权交易市场作为非标准化的产品交易和融资平台,与股票市场相比更适合为中小型国有企业提供融资服务。产权市场的发展模式不能复制标准化交易所。从交易统计来看,2006—2009 年基本保持一致,依旧以协议交易为主,按成交宗数比例来看 2009 年为 56.66%,拍卖次之为 25.61%,竞价为 7.83%,招标为 0.49%,其他为 24.87%。从国有和非国有成交额来看,2005—2009 年期间,国有产交易一直处于绝对优势,2007 年以后非国有产权交易处于绝对优势,2008 年非国有产权交易宗数为 21444 宗,国有产权为 13317 宗,2009 年非国有产权为 27967 宗,国有产权为 15460 宗。[2]

产权交易市场能够为中小国有企业,尤其为非上市公司提供国有资本交易和估值的平台,能够为国有产权转让、交易提供技术支持,还可以规避国有企业改制、重组、兼并过程中低价或折价转让和交易国有资产行为。国有企业及

---

[1] 曹和平:《中国产权市场发展报告(2010—2011)》,社会科学文献出版社 2012 年版,第 15 页。

[2] 曹和平:《中国产权市场发展报告(2010—2011)》,社会科学文献出版社 2012 年版,第 13 页。

其他各类产权进场交易的过程，实质就是产权关系明晰化、产权主体多元化、单一所有制企业股份化的过程。① 产权交易市场设立的最初目的是为国有企业改制重组提供交易平台，因此产权交易机构为事业制机构，而将产权交易机构改为公司制产权机构则更适合国有企业产权交易，更有利于实现投资主体多元化，提高交易的效率和交易透明度。

2. 构建治理模式

治理模式改革是与产权模式改革同步进行的，两者相互制约相互推进。利益相关者治理模式主张，股东利益至上不是公司实现价值最大化和创造财富的唯一目的。利益相关者模式更适合自然垄断行业中提供社会公共服务的国有企业。在公司法理上，股东利益至上与所有权绝对密切相关。按照所有权绝对原则，股东作为公司的所有者，其权利不容侵犯。利益相关者是指与公司生产经营行为和后果具有利害关系的群体或个人。从利益相关者的理论看，该理论把企业看作是一个不断演化的利益集合体。利益相关者理论强调弱化股东在公司中的权威，主张相关利益者在公司中应该与股东有对等的利益请求权。从公司的维度出发，利益相关者分为三种类型：一是资本市场的利益相关者，主要是股东和公司资本的所有者；二是产品市场的利益相关者，包括公司主要客户、供应商、公司所在地的社团组织和社区；三是内部的利益相关者，包括本公司的职员和管理人员。OECD 推出的《OECD 公司治理准则》指出：政府、协调主体或所有权实体与国有企业应该承认和尊重银行及其债权人、职工、消费者、供应商、社区等公司利益相关者，由法律或通过相互协议制定利益相关者的权利。国有企业对利益相关者的贡献应给予承认，并应积极地与他们合作共同创造财富。上市的或者大型的国有企业以及从事重要公共政策目标的国有企业应该报告与利益相关者的关系，一方面，有助于国有企业与利益相关者形成相互信任的关系，改善企业的声誉；另一方面，对于那些承担公共政策的国有企业来说能够适度地控制企业的规模，以降低企业运行成本。自然垄断行业的国有企业大多涉及社会公共服务和产品的提供，社会公众对自然垄断产业的国有企业有着极大的利益期望，利益相关者治理模式是适合自然垄断国有企业的公司治理模式。2002 年 1 月，中国证监会与国家经贸委联合制定并颁布《上市公司

---

① 邓路、孙建龙：《中国产权交易市场的创新与发展——从国资流转平台到构建多层次资本市场的跨越》，载《云南社会科学》，2009 年第 3 期。

治理准则》，其中的第六章"利益相关者"规定了"上市公司应尊重银行及其他债权人、职工、消费者、供应商、社区等利益相关者的合法权利"，以及"上市公司在保持公司持续发展、实现股东利益最大化的同时，应关注所在社区的福利、环境保护、公共事业等问题，重视公司的社会责任"。

3. 理顺监管格局

在垄断行业国有企业的公司治理方面还需要对自然垄断行业的国有企业进行监管，对企业的管理层进行监督。王俊豪从政府与企业（政企）和政府与管制机构（政监）的维度，把垄断产业的管制机构分为四种类型。① 中国垄断性产业的现行管制机构实际上只存在三种基本类型：以政企合一和政监合一为特征的"双合一型"，代表产业：铁路运输产业、邮政产业；以政企分离和政监合一为特征的"一分一合型"，代表产业：电信产业、航空产业、城市公用事业；以政企分离和政监分离为特征的"双分离型"，代表产业：电力产业。② 中国垄断性产业监管体制改革方向是由"政企合一"向"政企分离"转变，最后向"政监分离"的方向发展。③ 当前，国资委也同样行使对垄断行业国有企业的监管职能，形成了行业监管和出资人代表监管的现状，这种双层监管会形成监管交叉和重复的情形，造成监管成本过高，监管效率低。

垄断行业国有企业的所有者和代理者之间存在两种"委托—代理"关系：行政"委托—代理"关系和经济性"委托—代理"关系。前者是以企业经营者行政职位定位的，追求的是经营者的政绩；后者是以企业家角色定位的，重点追求经营者的企业家才能在企业中的运用。正是对国有企业代理人的政绩考核和业绩表现的双重考核标准，使得经营管理者经常在企业家和政府官员的角色之间纠缠，这样就限制了经营管理者企业家才能的施展。对国有企业经营管理者考核标准的官员化，其实是对经济性"委托—代理"关系的弱化，造成对国

---

① 1. 双合一型，属于政企合一、政监合一的管制机构；2. 一分一合型，即实现政企分开，同时还是实行政监合一的管制机构；3. 一合一分型，即实行政企合一，但政监分离的管制机构；4. 双分离型，即同时实行政企分离、政监分离的管制机构。见王俊豪：《中国垄断性产业现行管制机构的问题与制度缺损》，载《财经问题研究》，2008年第7期。
② 王俊豪：《中国垄断性产业现行管制机构的问题与制度缺损》，载《财经问题研究》，2008年第7期。
③ 王俊豪：《中国垄断性产业现行管制机构的问题与制度缺损》，载《财经问题研究》，2008年第7期。

有企业经营者的约束软化。①

国有企业经营管理者的选聘机制是解决国企经营者约束软化的出路。目前，在现行的体制约束下不能以业绩标准来衡量经营者的能力，并形成有效的激励约束机制使经理人有积极性为企业工作。政府官员一定程度上不是"称职"的或"合适"的委托人，要有效地解决经营者的选择机制问题，就必须引入委托人，将企业的最终控制权转移到真正承担企业经营风险的出资人手中。②

此外，还必须解决经营者的激励问题和约束问题。激励问题主要通过事业激励和报酬激励来解决。而约束主要是通过公司的董事会和监事会依据《公司法》章程来约束经理人的行为。对于国有企业经营者激励强度和制约的力度应该对称起来，防止激励不足、激励过度。对于经理人的薪酬机制应根据公司或者企业的自身情况和风险适当调整衡量标准，采用长期业绩标准。对于自然垄断行业国有企业管理层的规制方面，还需要规范垄断企业的政治行为和商业行为，限制他们的政治特权和经济特权，使他们从经济人与政治人的双重身份变为纯粹的经济人，是企业家而不是政治家。③

（二）垄断行业国企需要瘦身和转移部分财富

自然垄断行业的国有企业凭借国家进退战略政策的保护和规模经济的优势在资源开发、市场构建的能力和机会上的优势大大超出了一般竞争行业的国有企业，因此，其"捕获财富"的能力也要优于一般竞争行业的国有企业。而自然垄断行业的国有企业"捕获财富"并不意味着它就能够较好地"创造财富"。自然垄断行业的国有企业承载着公用事业的重任，因此就要求其在"捕获财富"之后必须更好地"创造财富"，再通过国有资本经营预算制度"转移财富"来增强整个社会财富积累的能力。自然垄断行业的国有企业需要瘦身，主要是指在企业的经营运行过程中，在减少占用社会资源的基础上实现更多的经营利润，并把更多红利上缴。在涉及国家安全和社会公共服务的自然垄断行业的国有企业可以享受一部分国家政策，但是不能完全依靠亏损补贴、利率补贴、资源补

---

① 戚聿东、柳学信：《自然垄断产业改革国际经验与中国实践》，中国社会科学出版社2009年版，第88页。

② 参见赵世勇：《国有企业的经营者选择机制与效率的背离》，见史正富、刘昶：《民营化还是社会化：国企产权改革的战略选择》，上海人民出版社2007年版，第105—122页。

③ 胡鞍钢、过勇：《从垄断市场竞争到竞争市场：深刻的社会变革》，载《改革》，2002年第1期。

贴等国家政策来实现利润增长，甚至依靠国家政策独霸资源，更多地占有社会资源。利益相关者治理原则要求自然垄断行业的国有企业，必须在"捕获财富"的基础上"创造财富"，将财富更好、更多地转移给利益相关者。

三、强化国有资产监管、防止国有资产流失

强化国有资产管理，防止国有资产流失是实现国企经营成果实现社会共享的前提条件。在国有资产管理体制改革中，国有企业的改革是其中重要的环节，这个环节控制失效会导致大量的国有资产流失，势必影响国有企业产权制度改革的效果，使国有企业改革和国有资产管理的效果大打折扣。[①] 国有企业产权制度改革已经取得了重大成效，国有企业股改实现了产权多元化。现代企业制度建设在政企分开、政资分开、公司制改革、法人治理结构等方面都初见成效。但是，国有企业股改的过程中仍然存在国有资产流失的问题。[②] 导致国有资产流失问题的因素包括制度因素、人的因素和技术的因素。

制度因素是国资管理体制性因素，主要是指国有资产出资人代管职能是否有效履行，管理体制是否健全的问题。国资委既是权力的行使者，又是国资管理规则的制定者，在企业人事任免、国有资产收益、企业重大投资决策等方面拥有决定权。如果其管理职能"越位"和监管"缺位"同时存在，则极易形成国企"内部人控制"问题。国企"内部人控制"问题实质上是由于国有股东地位缺失、股权结构单一造成的，再加上国有资产监督机制与配套改革不完善，国有企业被内部人控制也就成为可能。国有企业"内部人控制"格局是导致国有资产流失的主要原因。从本质上讲，产权交易、重组等都是所有者为获得更高投资收益而采取的行为。由于产权变更涉及多方面的利益关系，利益相关方都会极力维护自身的权益。在涉及国有企业产权重大变更的情况下，国有企业内部人控制权过大的问题不能有效解决，国有资产流失就会成为常态问题。目

---

① 从法学意义上，国有资产流失可界定为：国有资产的投资者、占用者和管理者，出于故意或过失，违反法律、法规及国家有关国有资产管理、监督、经营的规定，造成国有资产损失或者使国有资产处于流失危险的行为。国有资产流失是指国有资产流向非国有资产主体，国有资产的主体权益受到损害或者被侵占。参见顾功耘：《国有资产法论》，北京大学出版社2010年版，第333页。

② 国有资产流失的渠道：一是企业产权变更、改制重组过程中的流失；二是企业在国有资产管理过程中造成的国有资产流失；三是企业决策投资中的国有资产流失；四是国有资产境外投资失败导致的流失。

前，国有企业内部治理结构不健全，形成了事实上的"内部控制人"的顽症，违背了"委托—代理"机制的本质要求，因此在国有企业股改的过程中国有资产隐性流失的问题层出不穷。①

人为因素造成的国资流失包括政府行为和管理者行为。政府行为是指政府出于国有经济的战略调整和地方经济发展需要，对国企调整而产生的国资流失。因为国企产权制度改革中忽视对国家股东权的保护，致使国有产权主体虚置，再加上监管机制不能有效跟进，所以在政府主导的国有企业股改、重组、兼并、上市过程中会经常出现国有资产低价转让流失的情况。

地方政府在追求招商引资提高政绩的诱致下，急功近利地促进企业达成收购协议，忽略被收购企业的整体价值和实际价值，甚至操纵国有资产的评估过程和价格评估。地方政府在国有企业进退战略调整过程中，不顾及地方经济发展需要和民生需求，大肆变卖或者私有化一些本可以引进战略投资者实现产权多元化来减少企业亏损面的中小国有企业。以此加速减负，来体现政府业绩和国企改革的阶段成果，人为地导致了国有资产的流失。

管理者行为是指在国有企业股改、经营管理过程中，因为经营管理者（管理层）的自身素质和其机会主义行为造成的国有产权经营管理和产权交易过程中出现的国有资产流失的现象。国有企业经营管理过程中，经营管理不善、重大投资决策失误、对市场预期出现错误的预判等都会导致国有企业浮亏和市值减低（股价），国有资本保值增值的能力下降，形成了经营性亏损和投资决策失误产生的国有资产流失。这种国有资产的流失主要取决于管理层的资质，即管理经验、个人能力、驾驭市场的能力等。

在国有产权"委托—代理"关系不明晰的情况下，往往产生管理者的投机行为。在国有企业股改和经营管理过程中，管理层以及管理者与政府行政部门领导经常贯以行政权力合谋、寻租、渎职犯罪等形式恶意出售国有资产，破坏国有资产的转让交易程序，来巧取豪夺国有资产，使国有资产进入私人的账户。

---

① 张文魁认为，长时间的激进控制权改革自发地走向长时间的渐进所有权改革，使所有权改革形成较严重的路径依赖特性，导致国有企业从内部人控制转为大规模的内部人持股。从最初的放权让利到国企改制，以管理层为核心的内部人不但获得越来越多的控制权，也获得了越来越多的剩余索取权。在这个过程中，内部人还强化了改革以来所积累净资产的所有权要求，信息对称和谈判优势地位有助于内部人实现这种要求。特别是那些原先规模较小、国家几乎没有注入资本金、主要依靠管理层努力而发展起来的国有企业，管理层要求收购的动力会更强，政府似乎也比较理解和顺应这种要求。参见张文魁：《国有企业改革30年的中国范式及其挑战》，载《改革》，2008年第10期。

国有企业管理层与行政权力合谋导致的国有资产流失是当前国资流失的主要形式。管理层与行政权力合谋导致的国资流失是以直接转移国有资产和管理层收购形式来实现的。管理层收购是国有企业股改、重组、兼并等常用的方式。管理层收购有管理层直接筹资收购、管理层设立壳公司收购、通过职工持股会或工会持股和信托收购。一般而言，管理层收购行为在具备了制度保障和《公司法》法规的前提下，能够实现降低成本、激励管理层与激发企业家的精神的正向作用。我国是在相关法律法规框架没有建立起来的情况下引进管理层收购的。因此，预设前提准备补充情形下，就不能实现管理层收购方式成为提高国有企业股改效果的手段。在国资监管法规不健全的条件下，管理层收购方式使国有资产的完整性与安全性面临机会主义的道德风险。财富转移已经成为国内MBO公司的最大症结，管理层出于自利心的诱使，通过控制权和信息优势，精心策划企业改制方案，通过低估国有资产价值、再通过非法融资手段和非法收购兼并来侵吞国有资本。在国有企业内部形成的这种内部人严重控制的情形下，管理层收购行为近似一种自买自卖。[①] 国有资产所有人的"抽象性"人格特征，使得国有企业股东和经营者之间的利益冲突白热化，而管理层也正是利用这一制度缺陷加速财富向私人手中集中。[②] 在外部治理不完善不健全的情况下，管理层机会主义行为就更加严重。

技术因素导致的国有资产流失问题。在股权分置改革前，管理层收购、国有企业兼并、重组多采用净资产作为国有股权转让的资产评价指标。每股净资产的计算方法主要采用会计的核算方法，这种方法允许评估公司资产的过程中采取不同计提资产折旧的核算方法，因此会导致资产负债表上的资产总额因不同的计提折旧方式而产生差额。净资产方法与目标公司的整体价值关联度低，不能真实反映公司的实际价值。尤其是公司长期经营形成的无形资产，如品牌、商誉等。以净资产为价值基础的管理层收购、国有产权转让、兼并重组，极易导致国有资产流失。作为收购、转让价格基础的公司的真正价值与净资产之间存在溢价或者折价的情况。对于非上市的国有企业来讲，国有股的每股净资产的收购、转让价格往往还会被低估。

---

① 伊利MBO收购案就是典型的国企管理层利用职权自导的一种自买自卖的管理层收购行为。
② 顾功耘：《国有资产法论》，北京大学出版社2010年版，第255页。

（一）继续加强国资委对国有资产的监管职能

国有资产从物权形态转化为债权形态或股权形态，并不必然导致国有资产的价值衰减与不当流失。国家股东权的保护是国有企业公司制改革以后国有资产保值增值的关键和难点问题。在国家参股或者控股的公司中，国有资产能否增值，完全取决于国家股东权的行使与保护。根据股东平等原则，法律应对国家股东和其他民间股东予以同等法律保护。[①] 在市场经济条件下，按照少而精的原则确定国家控股的使用范围十分必要。对于必须由国家控股的重要产业范围，必须由《企业国有资产法》做出明确的规定。这样可以避免国家作为大股东滥用控股权，在分散风险的同时，又可互惠于其他投资者。

国有资产的法制化管理是解决因体制因素造成的国有资产经营管理不到位和国有资产流失的前提和基础。第一，进一步建立和完善国有资产法律规章体系。在《企业国有资产法》的基础上探索更为合规的国有资产管理法律制度，细化国资管理的法律法规；进一步完善国有资产评估管理、完善有关国有资产评估的立法。第二，健全国有资产交易体系，使国有资产的交易和流转法制化、规范化。第三，加强对境外上市国有企业的国有产权股权转让的管理，根据市值管理的方法对境外国有资产进行市值评估和管理。第四，形成整个国有资产管理系统的问责机制，提高国有资产管理的透明度，完善对国资委的监督和考核。第五，以《公司法》和《企业国有资产法》为法律准绳，形成国企经营管理者的激励和约束机制。

国资流失管理的当务之急就是杜绝财富转移。管理层在受让企业国有产权之前，必须对国有企业及其国有股东履行诚信义务，必须始终一贯地以国有企业利益和国有股东利益最大化为自己的行为准则。《企业国有产权转让管理办法暂行办法》第八条规定："企业国有产权向管理层转让后仍保留国有产权的，参与受让企业国有产权的管理层不得作为改制后企业的国有股股东代表。相关国有产权持有单位应当按照国家规定，选派合格人员担任国有股股东代表，依法履行股东权利。"在管理层收购问题上应该严禁不符合资格的管理层收购股权；国家还应建立企业诚信体系和诚信档案体系，对企业的高管诚信状况进行评估；并结合高管的经营业绩来确定其进行管理层收购的资格。明确不能被管理层收

---

① 刘俊海：《现代公司法》，法律出版社2011年版，第794—795页。

购的企业标准。目前，国家只是禁止大型国有及国有控股企业及所属该大型企业主营业务的重要全资或控股企业的国有产权和上市公司的国有股权不向管理层转让，因此，管理层收购的企业范围及标准还需要进一步划分和明确。在管理层收购上，还要严格控制职工持股企业的范围，规范职工持股形式，规范入股资金来源。①

（二）培养合格经理人

经理人素质的高低决定国有企业的经营绩效，而经营绩效直接关系国有企业资产账面价值的多寡。选聘机制的市场化可选聘和培育资质合格的经理人。通过经理人市场可以精选资质合格的经理人管理国有企业，并能使经理人的价值目标、努力方向、努力程度与国有企业整体目标相趋同。

资本市场的发育程度关系经理人的培养和资质的提高，同时也会使国有股权的价值管理方式成为可能。资本市场运行形成的评价机制，可将公司的业绩、公司市场价值的变化与同行业、同规模的企业进行比较，进而形成评价公司的市场竞争力和经营绩效的评价机制和体系。因此，可以建立以公司市值管理为标准的国有企业经理人激励评价机制和评价考核体系，规避国有企业经理人的机会主义行为，减少国有资产的流失。国有企业经理人评价考核体系还可以为国有资产代管者提供评价国有企业的指标体系。

（三）完善国资管理的技术手段

国有资产流失从过去所有权形态的流失演变为股东权形态的流失，从过去的国家不良债权演变为不良股权。利用资本市场评估企业整体价值，尤其是市场价值是解决股东权形态导致国有资产流失的关键。股权分置改革后，国有资产估值手段已经反映到国有资产的业绩考核体制上来，资产的市值管理将取代净资产管理。市值管理和评价方法将与公司的价值升值和股价密切联系。

完善国资管理的技术手段必须完善产权交易市场的建设，强化公有产权交

---

① 《关于规范国有企业职工持股投资意见》规定：国有企业集团及其各级企业改制，经国资委监管机构或集团公司批准，职工可投资参与本企业改制，确有必要的，也可持有上一级改制企业股权，但不得直接或间接持有本企业所出资各级企业、参股企业及本集团公司所出资其他股权。国有企业改制可依据《公司法》等有关法律规定，通过向特定对象募集资金的方式设立股份公司引进职工持股，也可探索职工持股的其他规范形式。《关于规范国有企业职工持股投资意见》规定：国有企业不得为职工投资持股提供借款或颠覆款项，不得以国有产权或资产作标的物为职工融资提供担保、抵押、质押、贴现等；不得要求与本企业有业务往来的其他企业为职工投资提供借款或帮助融资。

易监管,推进公有产权的公开竞价,建立有效的价格发现机制。① 对于非国有上市公司来说,场外交易的渠道格外重要。通过竞争机制形成的产权交易价格将使产权客观价值得到反映,对交易双方都是公允的。公开交易能够赋予参与者参与交易的选择权。竞标买卖双方围绕企业内在价值的博弈结构会形成一个合理的收购价格,在此基础上进行评标,选择最优收购方案。

四、建立国企经营成果共享机制

国有资产归全民所有,因此,国有资产的定位不应该是完全的市场化,而是要在政府与市场之间找到结合点和均衡点,也就是在利润最大化之间和社会福利最大化找到均衡点。国有资产资本化后,其对于经济的作用是通过国有资本运营来实现的。国有资产在市场经济中的能力分工决定了其还担负着政策导向等社会责任,因此国有资本不能成为完全市场化的资本。②

(一) 国有资本经营预算制度

公司的所有者享有对利润的剩余所有权,而国有企业事实上并没有通过分红或其他形式向出资人上缴利润。许多已经上市的二级企业在分红,但这些分红是分配给他们的母公司或集团公司,并没有转移给政府。允许国有企业留存全部利润是20世纪90年代中期国家为了给在股改中的国有企业减负设置的优惠条件,以确保其顺利地进行股份制改造。2002年之后,国有企业进入新的发展时期,国有企业利润逐渐丰厚,而企业利润留存的政策依然未变。2003年中央企业实现利润总额2904亿元,到2010年中央企业实现利润总额已经达到13145亿元。

根据经济学原理和国家惯例,国有企业的所有净利润都属于政府。从逻辑

---

① 产权交易市场是指为产权交易提供的交易场所以及各种交易关系的综合构成广义上的产权交易市场,不仅包括集中的证券交易所和产权交易所,还包括分散的产权协议转让形式的市场。本文所指的是各种区域性的产权交易市场,包括各地的产权交易所、产权交易市场和产权交易中心。产权交易市场兼具要素市场和资本市场的属性,根本上是由产权交易市场为发挥其独特功能而在场内交易的多样性课题所决定的。产权交易市场除一般功能外,还具备防止国有资产流失、预防腐败及为国有企业改革服务的功能和价值取向。

② 国有资产主体的能力分工,是指国有资产应该有何作为,哪些是与国有资产主体而不是其他主体相对承的。参见张晖明:《探寻公有制与市场经济融合之道——从上海国有资产管理体制改革引发的思考》,见史正富、刘昶:《民营化还是社会化:国企产权改革的战略选择》,上海人民出版社2007年版,第69页。

上讲，有关国企利润上缴比例的讨论出发点应该是百分百上缴，不上缴应该视为例外。合理的前提是，国有企业的绝大部分净利润都应该上缴财政，企业可以申请部分留存，如支付特殊的历史成本等，国有企业还可以申请留存部分用于扩大投资。①

国有资本经营预算，是国家以所有者身份依法取得国有资本收益，并对其进行分配而发生的各项收益预算，是政府预算的重要组成部分，是国有资本在一个财政年度内的收支计划，反映了预算内国有资本经营的过程、结果、效率、筹资、投资规划、资金安排和分配等情况。② 国有资本经营预算能够真实、客观反映经营性国有资产在会计期间内的财务状况，是出资人代管者——国资委发挥其基本职能的重要工具。国有资本经营预算制度还是出资人加强对国有资本经营者监管和约束的依据。国资经营预算体制可以增强政府的宏观调整能力，完善国有企业收入分配制度，推进国有经济布局和结构的战略性调整，集中解决国有企业发展中的体制性、机制性问题。

公共预算与国有资本既有联系，又有区别。公共预算是以国家税收为主要收入来源，以满足公共需要为主要支出的预算制度。公共预算主要用于公共支出，包括国防、行政、文化、教育、卫生、科学、经济管理、社会救济，补贴（弥补国有企业亏损的转移支付），利息支出，社保基金，基本建设，等等。国有资本经营预算与公共预算在预算依据、收入来源、管控目标等方面都具有各自的特点。预算依据：国有资本经营预算是一种经营性资本预算，是国家出资人对国有资产的所有权、收益权和支配权。国有资本经营预算以国有资本的宏观运营为目标，反映国家作为资产所有者代表与国有企业之间的收益分配和再投资关系。③ 国有资本经营预算的分配主体是作为资本所有者的出资人。公共预算依据的国家公共权力及对国民收入分配的再分配权，政府以社会管理者的身份出现，在法定范围内给予国民收入的再分配权，参与国民收入的再分配，其目的在于保证财政资金的循环，完成社会公共管理任务，提供公共物品和服

---

① ［英］林重庚、［美］迈克尔·斯宾塞：《中国经济中长期发展和转型：国际视角的思考与建议》，中信出版社2011年版，第111页。

② 国有资本经营预算收取收支范围：《企业国有资产法》规定，包括从国家出资企业分的利润、国有资产转让收入、从国家出资企业取得的清算收入、其他公有资本收入应当编入国有资本经营预算收入。

③ 李曙光：《企业国有资产法释义》，法律出版社2012年版，第267页。

务。① 公共预算最终的目的在于政府能够履行社会管理职能，其分配主体是履行社会管理职能的政府。国有资本经营预算来源于出资人依法获得的国有资本收益（以经营性国有资本收益为主）。政府公共预算的收入主要来源于国家的税收收入。国有资本经营预算的收入也可能来自公共预算拨入的专项资金、公共预算结余和补助收入等。而在公共财政支出与社保基金出现赤字导致资金缺口时，国有资本经营预算资金也可以进行补充。国有资本经营预算是国有资本的管理，以国有资本保值增值为价值取向。公共预算是以实现社会公共服务为最终目标。

国有资本经预算制度的设计必须以国有资本保值增值为最终目标，以强化国有资本经营过程控制为其功能定位②，可以作为国有资本的经营者经营业绩的评价工具。③

国有资本经营收益上缴，即国有企业上缴红利制度是实现国有资本经营预算制度正常运转的必要条件。④ 国有企业上缴红利的标准需要按照行业分类、组织类型、垄断程度来确定。组织类型有国有独资、国有绝对控股、国有参股。垄断程度为垄断行业（包括自然垄断）、部分垄断、一般竞争行业。国有企业红利上缴总应坚持等量资本获取等量收益的原则，而且企业还要考虑使同一行业的企业按同等标准缴纳红利。

确定国有企业经营收益上缴比例时，垄断行业和部分垄断行业的国有企业应该高于一般性竞争性领域国有企业。垄断行业国有企业利润除了国有资本经营获得的收益外，还包括由亏损补贴、利率补贴、资源补贴形成的隐形利润。国家对国有企业的亏损补贴已经从 1992 年的 444.86 亿元，降到 2002 年的 259.41 亿元，再降到 2008 年的 158.89 亿元；占补贴总额的比重从 1992 年的 58.04%，降到 2002 年的 28.70%，再降到 2008 年的 0.05%。鉴于国有企业亏

---

① 李曙光：《企业国有资产法释义》，法律出版社 2012 年版，第 268 页。
② 国有资本经营，即国有资本运营，是指资本运营主体以国有资本为基础，通过采用企业重组、资本扩张和资本收缩等运营方式，对资本存量、资本增量、资本配置及资本收益进行筹划与谋略，提高国有资本营运效率，以实现资本增值最大化。参见顾功耘：《国有资产法论》，北京大学出版社 2010 年版，第 83 页。
③ 国有资本预算为国有资本管理和运营提供了评价考核的技术手段，出资人依其评价受托人（经管理者）的经营业绩和经营行为，约束与控制国有资本经营者的行为。
④ 我国国有资本分红政策曾经采用过的方式：一种是资金占用费政策，国家对企业占用的国有资本收取的占用费，相当于国家作为出资人在国有企业采用固定股利政策。一种是利润分成政策，国家以投资者身份按预先规定的比例从企业的税后利润中取得红利，相当于国家作为出资人在国有企业采用固定股利支付率政策。

损补贴额已经大大减少，因此，对于垄断行业程度较高的自然垄断领域的国有企业上缴红利的比例更应该考虑资源补贴和利率补贴的程度。

对于不同组织类型的国有企业也应采取不同的红利上缴政策和比例。可以借鉴国外股份制运行的经验来确定国有独资和国有控股企业红利上缴的模式和比例。国有独资企业可以采用"国有资本红利＝固定股息＋额外红利＝国有资本占用量×固定股息率＋额外红利"的公式。国有绝对控股和国有相对控股企业可以采用固定股利政策、固定股利支付率政策、固定股利加额外股利政策和剩余股利政策。

（二）建立国企红利年金账户

劳动收入份额下降意味着资本收益的比重上升，资本收益上升意味着国有企业的盈利能力增强，与此同时，国有资本的保值增值能力也随之逐渐增强。国有资本从委托代理上讲，应该被全体国民共享。但我国还未建立国有资本收益的共享机制。

国有企业只交税不缴利，减少了国家理论上的财政收入，积压了社会公共事业的开支和支付能力。国有企业的红利不向政府财政实质性的转移，居民部门所能获得转移收入占其可支配收入的比重也必然会减少。国有企业实现的社会财富不能有效地被转移用于社会公共事业，将会严重地影响社会公平性，不利于整个国民财富水平的提高。国有企业实现的红利可以建立年金账户，通过年金账户积累的资金逐年定期转入公共预算基金或社保基金账户，为国家提高国民社会保障的能力及改善其他社会事业提供充裕的资金，让全体国民公平地享受国有资产带来的收益。国有企业产权制度改革还需要与其他配套改革统筹安排，使国企产权制度改革速度与其他配套改革的速度相协调，为国有资产实现保值增值提供足够的时间。这样一来，国企改革的成果才能惠及全民服务社会。

（三）国有企业红利如何还利于民

国有企业经营成果分配的历史沿革。计划经济时期，国企作为政府的附属及生产单位，实行的是"统支统收"的利润缴存政策，即国家给企业补贴亏损，国企利润全部上缴，而扩大再生产的费用由财政部门审核拨付。改革开放之后，国企扩大了经营自主权，并获得了适当留存利润的权力。在1994年分税制改革前，国企利润上缴模式经历了利润留存、利改税、承包经营责任制等形式。这一时期，企业留存利润是与政府面对面的进行协商后确定的。1994年之后，国企开始实行"缴税留利"的利润缴存方式，即国家对国企征收企业所得税，并开征和恢复一些覆盖国企的其他税种，不再参与国企税后的利润分配。国企在大规模改制前后，还继续承担着大量的企业办社会的职能，落后的管理方式加之计划经济时期积累的历史包袱，使得国企陷入负债经营的状态，反而加重了财政补贴国有企业的负担。国企改革"三年脱困"时期，国家停止国企上缴利润，为国企减压减负。到1999年，中国国有企业的利润总额超过千亿元大关，截至2010年底，国企利润总额超过2万亿元，约等于全国同期财政收入的1/5。① 2007年9月，国务院发布《关于试行国有资本经营预算的意见》规定，国企利润上缴部分包括利润和股利股息、产权转让、清算产生的收益。中央企业开始实行国资经营预算制度，地方国企也随后逐步跟进。2007年国务院下发了《中央企业国有资本收益收取管理暂行办法》，根据行业分类把央企分为三个档次纳入国资经营预算体系，每个档次执行不同的红利上缴比例标准。第一档为烟草、石油石化、电力、电信和煤炭等资源类行业，上缴比例为其年度净利润的10%；第二档为钢铁、运输、电子、贸易、施工等一般竞争性行业，上缴比例为5%；第三档为军工、转制科研院所，实行暂予缓缴政策。两家政策性企业中储粮和中储棉，执行免缴政策。② 2011年，这个分档分别调整为四个档次：第一档比例提高至15%，第二档提高至10%，第三档再加上中国邮政集团和一些新纳入的企业，上缴比例确定为5%，两家政策性企业中储粮和中储棉，继续执行免缴政策。值得注意的是，金融国企长期游离于缴纳范围。③

国企利润是国资作为股权所有者取得收益的最主要渠道，此外还有股利股息、产权转让、清算等其他方式获得的收益。2013年公布的2012年国财政预算中，首次向社会披露了全国国有资本经营预算报表。2012年国有资本经营的总收入是1495.90亿元，在支出方面，主要是两个科目：一是补充全国社保基金，二是划转公共财政；补充全国社会基金为17.21亿元，划转公共财政为56.31亿

---

① 陈中小路、王谦秋、刘悠翔：《"30%"的秘密：国企给大家"交"多少钱》，载《南方周末》，2014年1月9日第17版。

② 陈中小路、王谦秋、刘悠翔：《"30%"的秘密：国企给大家"交"多少钱》，载《南方周末》，2014年1月9日第17版。

③ 陈中小路、王谦秋、刘悠翔：《"30%"的秘密：国企给大家"交"多少钱》，载《南方周末》，2014年1月9日第17版。

元。而当年总支出为1402.80亿元，两项支出合计占比为5.24%。① 2012年，全国国有企业净利润为16068亿元，其中7.2%作为国有资本经营收益上缴国库。2008—2012年，央企缴入中央国有资本经营预算编制范围内的净利润总额为455336亿元，总共上缴的收益是3922.4亿元，与其利润之比为8.61%。这五年国资经营收益转入公共财政和补充全国社保基金的总额只有244.8亿元，与同期所有央企的利润总额相比，仅占到0.40%。② 其他央企收益均返回企业自用，用于兼并重组、境外投资、科技创新、节能减排等支出。财政收支方面，2010年财政收入578亿元，央企利润上缴424亿元，占同年纳入央企利润总额的4.28%；2011年财政收入801亿元，央企利润上缴757亿元，占同年纳入央企利润总额的6.81%；2012年财政收入1001亿元，央企利润上缴950亿元，占同年纳入央企利润总额的8.56%；2013年财政收入1083亿元，央企利润上缴1001亿元。③ 财政支出方面，2010年财政支出542亿元，公共开支占比为25.28%；2011年财政支出770亿元，公共开支占比为5.26%；2012年财政支出930亿元，公共开支占比为7.20%；2013年财政支出1083亿元，公共开支占比为7.20%。④ 国有资本经营收益账目，九成以上用于央企改革脱困、兼并重组、境外投资等国有经济体系内的开支，真正用于公共开支的只有转入公共财政和补充全国社保基金两项账户。

金融国有资本纳入国有资本经营预算的困境。在国有资本经营收入执行情况表中，缺少金融资本的收支项目。2013年国家预算收入总计为970亿元，不仅国有金融资本未在政府预算报告中得以体现，还缺少包括房地产、邮政、军工在内等其他行业的收入。财政部并非不想把这些行业纳入政府预算中，而是在具体操作中存在技术性难题。比如一些大型国有企业常年承担着政策性职能，并长期处于亏损状态。但国资经营收入，只纳入国有资本经营收益的企业，亏损企业自然没有国资经营收益，自然不需纳入其中。这种情况是在国企改制过

---

① 陈中小路、王谦秋、刘悠翔：《"30%"的秘密：国企给大家"交"多少钱》，载《南方周末》，2014年1月9日第17版。
② 陈中小路、王谦秋、刘悠翔：《"30%"的秘密：国企给大家"交"多少钱》，载《南方周末》，2014年1月9日第17版。
③ 陈中小路、王谦秋、刘悠翔：《"30%"的秘密：国企给大家"交"多少钱》，载《南方周末》，2014年1月9日第17版。
④ 陈中小路、王谦秋、刘悠翔：《"30%"的秘密：国企给大家"交"多少钱》，载《南方周末》，2014年1月9日第17版。

程中，政策性职能未有效地剥离而直接产生的后果。另一些大型国企则是由于纳入的口径不同而未在国有资本经营预算中得以体现。一些国企长期承担着政策性的公共服务功能，因此积累了大量的历史包袱，再加上自身盈利能力薄弱，如果再向国库缴纳利润，企业的自我发展能力自然会减弱。这就产生了自身发展与服务社会之间的困境。

长期以来，国有金融机构与政府之间存在着"剪不断，理还乱"的关系，将其利润纳入预算的困难可想而知。计划经济时期，国有银行体系实际充当了从中央向地方政府财政"出纳"的角色，并因此而形成大规模的银行坏账。2008年金融危机之后，国家4万亿的经济复苏政策，直接导致金融机构的巨额呆坏账。所以，到底是金融国有企业自身经营不善，还是因过多地承担了政策任务而引起的则难以厘清。

金融国有资本还存在"双重交叉国资所有者"的问题，即金融国有资本有两个"国有股东"——财政部和中央汇金公司。在2007年的国资管理体制改革中，被纳入中国投资责任有限公司（以下简称中投公司）的中央汇金公司，其分红所获的金融国有资本收益，并未被纳入财政部所制定的国有资本经营预算内。但现行国资管理体系中金融国有资本，也并未完全处于中央政府的管理范围之外，而是形成了与现行国资管理体系并存的金融国有资本管理模式。

在21世纪初国有企业产权制度改革的大潮下，国有银行紧跟潮流，实施了股份制改造，在处理了部分不良资产和充实资本金之后，逐渐在资本市场中上市。"汇金"作为金融国有企业的国资所有者，是以外汇储备注资再造国有银行的政策性的产物，即以"特殊目的载体"（SPV）的角色出现，其通过向央行借入外汇储备并注资中行、建行等国有重点金融企业，随后在国有银行改制上市过程中，成为了获得中央授权的"国有出资代理人"。而财政部所持有的国有银行权益，除了中国工商银行保留50%（计入特别账户）之外，全部被用于冲销坏账，由此形成了对四大国有银行具有控股权的特殊结构。[①] 2003年新的国资监管体系诞生，并将国资金融资产和实体资产做了明确的划分，明确了国资委只负责"实体企业"管理的职能。至此，中国的国资管理体系中便形成了国资委负责管理实体企业，汇金管理金融国有企业的"双轨监管的运行体制"。这样

---

① 黄河：《金融资本难入国账》，载《南方周末》，2015年4月9日第15—16版。

一来，原本作为外汇注资过渡性载体的汇金，也因此而变成了国有银行的实质性的控股股东。

"汇金国资管理模式"已经成为中国金融体制改革创新的重要实践成果，也值得肯定，但延续多年的国资管理双轨管理体制并未得到真正的解决。虽然财政部参照国资委管理模式，设立了由财政部金融司所管辖的金融国资监管部门，其对国有金融企业具有"管人管事管资产"的职责，但在面对复杂的预算内外资金管理和央地财政博弈关系中，能否有效行使对金融国资的出资人管理职能，还有待创新管理模式。

金融国有企业以及国有资本在市场制度设计中"国资经营者"和"市场监管者"的角色混淆，是导致其市场管理机制混乱和利润难以划入国有资本经营预算中的关键原因之一。因此，财政部应尽快落实包括"口径政府预算报告、地方债置换、金融国资在内的国企资产产权登记、国资经营预算编制以及央企海外资产调查"等多个领域的工作，逐渐改变金融国资"双轨制"的管理模式，理顺国资经营与市场监管的关系，明确出资人与管理人的责权分工。此外，国有金融机构应该逐步剥离政策性功能，实行市场化运作，逐步纳入国有资本经营预算体系。

（四）迈进"管资本"和国有资本授权经营的新时代

公共财政理论认为，政府应担当提供公共产品和公共服务的角色，并履行其职责，而不是以投资主体的角色出现。诚然，具有公共属性的非经营性国有资产应纳入政府公共管理范围之内，那么经营性国有资本需要由独立于国家之外的出资人代表政府进行运行和监管。"委托—代理"理论则认为，只有成立国有资产管理部门，替国家统一履行出资人职责，才能更有效地解决国有企业所有者长期缺位，对国资管理长期不到位的问题。国资监管机构的设立，可以规避所有者和国企之间信息不对称的风险，进而规避道德风险、内部人控制、利益输送、国资流失、国企经营管理者激励不足等问题。两种理论基于不同的价值取向，进而产生的效果也就不同。委托代理理论注重解决公司治理问题，涉及国企财产安全和国有资本的增值与回报，侧重效率的提高。而公共选择理论关注的是公众利益的实现程度，其侧重点是公平问题。在我国，国有资产和国有资本具有社会主义经济制度的属性，属于全民所有，因此，二者既要体现公共性（公平），又要保证效率。而效率和公共性之间存此消彼长的矛盾。这就是国资监管和国资运营的难题所在。部分学者认为，从能力和风险管控的角度来看，国资监管机构应该作为监管机构存在。而履行出资人角色则是要适应市场化的运作规则，掌握商业化的运作能力，而国资监管机构是政府部门的行政性机构，存在职能冲突。因此，需要建立中间层公司履行出资人的职能。

国有资本投资公司和运营公司的改组是对国有资本授权经营体制的有益探索。"政企不分"和"政资不分"制约了国有企业治理结构的改善。2003 年后，虽然建立了国有资本统一监管的体制，但国有资本布局分散、运营效率低的问题仍是国有资本做强做优做大的掣肘。一方面，国企供给侧结构性改革所需的资金过度依赖债务融资，财务负担过重，不能满足国家战略的需要；另一方面，国有资本处于闲置状态，流动性低，影响其保值增值的效果。建立国有资本投资运营公司，可以对存量的国有资本进行统筹规划，激活闲置的国有资本，提高国有资本的运营效率，调整国有经济布局。2013 年 11 月，党的十八届五中全会通过的《中共中央关于全面深化改革若干重大问题的决定》提出将"改革国有资本授权经营体制，组建若干国有资本运营公司，支持有条件的国有企业改组为国有资本投资公司"，并明确改革主要目的：一是坚持"以管资本为主"完善国有资本监管，提高国有资本监管的实效性；二是加快国有经济布局结构，避免重复建设、恶性竞争，以提高资源配置效率。2015 年 8 月，《关于深化国有企业改革的指导意见》作为新时期国企改革的"顶层设计"纲领，设计了国有资本投资公司和运营公司的运营模式，即发挥国有资本投资公司和运营公司的作用，通过开展投融资、产业培育、资本整合，推动产业集聚和转型升级，优化国有资本布局结构；通过股权运作、价值管理、有序进退，促进国有资本合理流动，实现保值增值。之后，《关于改革和完善国有资产管理体制的若干意见》具体细化了国有投资公司和运营公司的具体模式：国有资本运营公司主要是通过划拨现有商业类国有企业的国有股权，以及国有资本经营预算注资组建，以提升国有资本运营效率、提高国有资本回报为主要目标，通过股权运作、价值管理、有序进退，促进国有资本合理流动，实现保值增值。国有资本投资公司则是通过选择具备一定条件的国有独资企业集团改组设立，以服务国家战略、提升产业竞争力为主要目标，在关系国家安全、国民经济命脉的重要行业和关键领域，通过开展投资融资、产业培育和资本整合等，推动产业集聚和转型升级，优化国有资本布局结构。

国有资本运营公司的主要业务是运营资本和不投资实业，运营的对象是持有的国有资本，包括国有企业的产权和公司制企业中的国有股权，以资本市场作为运作媒介，一方面在资本市场中以发行股票的方式募集资金，另一方面通过股权买卖来改善国有资本的分布结构和质量。国有资本运营公司主要按照财务管控的方式管理控股和参股企业，不直接参与控股和参股企业的市场运营，主要是在资本市场通过资本运作实现配置国有资本，推动国有资本在流动过程中增值。可以看出，国有资本运营公司存在的目的就是追求和实现国有资本保值增值。

国有资本运营公司功能在于培育产业核心竞争力，在企业技术创新、管理创新、商业模式创新方面发挥功能，更好地发挥国有资本的联动效应，国有资本运营公司的目的是推动国有资本合理流动，改善国有资本的分布结构，提高国有资本的质量效益，提高资源配置效率，促进涉及国家安全、国民经济命脉的国有企业有效地推进国企混改。

国有资本投资公司主要业务是产业资本投资，以投资实业为主，以投资融资和项目建设为主。投资实业拥有股权，对所持有的资产进行经营和管理。国有资本投资公司通过产业与金融资本融合的形式，提高国有资本流动速度，开展资本运作，进行企业重组、兼并与收购。国有资本投资公司主要侧重于矫正和弥补市场失灵，在信息不对称和自然垄断领域、市场无暇顾及且不愿意投资但又涉及国计民生的重要领域以及涉及国家安全和国民经济命脉的重要领域发挥重要作用。这样才能实现公共服务和公共政策目标，通过资本的运作发挥国有经济的控制力和影响力。通过国有资本的有序进退引导产业结构调整，支持产业升级，把产业竞争与国有资本保值增值有效结合。

两类公司的设立主要有新设和重组两种方式，即以新设方式组建国有资本运营公司和以重组方式组建国有资本投资公司。新设是指各级政府通过划转国有资本经营预算支出设立国有资本运营公司。在国有资本运营公司设立后，中央政府还可以分次把一些产业属性不强、国有相对控股与参股公司的国有股权直接划转给国有资本运营公司。重组是指依托现有条件成熟的国有企业集团，通过资产重组和少量国有资本增量注入而组建国有资本投资公司。①

---

① 文宗瑜：《未来3-5年可设立2-3家国有资本运营公司》，http://www.cs.com.cn/sylm/js-bd/201808/t20180801_5851142.html（访问时间：2018年8月1日）。

新时期国资监管和国有资本授权经营体制改革意义重大,是国资改革迈进的重要一步。改革前,国资委的职能是"管人、管事、管资本"三权合一,改革后国资委将注意力集中到"管资本"上,国有资本投资运营公司则是侧重持股,国有企业成为独立的市场经营主体,实现政企分开、政资分开,实现国资的保值和增值。全新的国资及国有资本运营体系由三个层次构成:第一层次为国资的监管机构,其主要履行国资管理的行政管理和监管职能;第二层次为国有资本的产权层次,主要是国有资本运营公司与国有资本投资公司依托市场从事国有资本的专业运营;第三层次为国有企业或国有公司的经营层次,主要是通过改革改制成为混合所有制企业公平参与市场竞争而增加利润与创造价值。①产权纽带链接三个层次的国资管理和国有资本运营体系。第一层次与第二层次之间是国有资本授权经营的关系,国有资本运营公司与国有资本投资公司逐步成为国资运营的市场主体,两类公司受到国有资本经营预算的规制,并向国家上缴红利。第二层次与第三层次之间是控参股的关系,国有资本运营公司与国有资本投资公司对国有企业实行控股参股,并逐步发展成为混合所有制企业。②

国有资本投资和运营公司是市场化的出资人和国有资本运营机构,直接持有国有股权,以出资额为限度对国企行使出资人的权力。国有资本投资公司和运营公司是国有出资人及监管人(国资委)和国企之间建立的国有独资、从事国有资本投资运营的法人,在国资委和国企之间形成的隔离墙,以厘清政企关系和政资关系为目的,起到了承上启下的功能。两类公司还作为控股企业国有股权的代表行使了国有股权的权力,实现了国有资本保值增值。与此同时,还要将两类公司纳入国有资本经营预算管理当中,及时上缴红利,逐年提高上缴红利的比例,积极服务国家战略安排。国有资本运营公司与国有资本投资公司设立后可以有3—5年的过渡期,力争在过渡期满后上缴利润的百分比达到30%左右,甚至高于30%而达到35%~40%,支持国有资本经营预算收入的逐年持续增长。③

---

① 文宗瑜:《未来3-5年可设立2-3家国有资本运营公司》,http://www.cs.com.cn/sylm/js-bd/201808/t20180801_5851142.html(访问时间:2018年8月1日)。
② 文宗瑜:《未来3-5年可设立2-3家国有资本运营公司》,http://www.cs.com.cn/sylm/js-bd/201808/t20180801_5851142.html(访问时间:2018年8月1日)。
③ 文宗瑜:《未来3-5年可设立2-3家国有资本运营公司》,http://www.cs.com.cn/sylm/js-bd/201808/t20180801_5851142.html(访问时间:2018年8月1日)。

（五）国有企业经营成果全民共享机制的探索

中共十八届三中全会决定："完善国有资本经营预算制度，提高国有资本收益缴存公共财政比例，2020年提到30%，用于改善民生。"国企主体资本化以后，国有资产对经济的作用是通过国有资本运营来实现的。[①] 鉴于国资必须实现社会福利最大化的目标，因此，国有资本在国民经济中所扮演的角色就不能完全的市场化，有别于市场资本的运行模式。国有资本体现社会主义性质，其在国民经济中要起到支持国家集中资本办大事的功能，在国民经济中的分工应该是从国家整体宏观战略目标的角度出发，在国家涉及安全领域、民生领域、科研教育、医疗卫生领域发挥功能。国有资本需要以宏观经济发展战略目标为调整依据，来实现其市场化的程度。国有资本的需要保值增值的部分可以通过市场化运作来实现，鉴于国有资本的特殊属性，必须控制国有资本市场化运作的比例来实现部分国有资本的保值增值，实现增加国有资本的存量比例的目标。国有资本具有逐利性、社会性和公益性三种属性，逐利性体现为资本属性，是资本的本质属性。社会性和公益性则可以归结为国有资本的国有属性。如何处理国有资本的国有属性和资本属性使国有资本与国家宏观经济战略调整相适应，需要结合国家经济社会发展阶段，以社会不同利益主体之间分工关系及在国民经济中所承担的角色来调配国有资本的分配比例，既要考虑效率优先，又必须顾及分配的公平性。

我国的社会主义性质决定了国有企业既要体现社会主义全民所有制的性质，又要为全民的福祉做贡献。目前，国家还没有一个完整的关于国有企业红利分享的机制。因此，国家应根据经济发展阶段中社会不同利益主体之间关系和国家公共服务目标，设计国企红利分享机制。

史正富和刘昶在《现代企业的产权革命》中设计了国企红利社会分享的框架。通过国企产权改革建立国家理财体系，并将国有企业实现的红利纳入资产型公共财政预算系统中——管理，将国企实现的红利视作国家财富，其管理要不同于公共财政的管理。国企产权制度改革可以建立起社会共享的产权体系，

[①] 参见张晖明：《探寻公有制与市场经济融合之道——从上海国有资产管理体制改革引发的思考》，见史正富、刘昶：《民营化还是社会化：国企产权改革的战略选择》，上海人民出版社2007年版，第63—93页。

以此为契机可以构建整个国家的财富管理体系①，国家财富管理体系是针对国有财富的运行和增值的，其内容是国有资产的资产和负债的管理。② 史正富和刘昶认为，国有资本社会化将国企产权分为三种资本形态：社会公益资本、国有股权资本和国家年金资本。③ 而国有资产管理也应该相应的发生变化，国资委下设专门的国资经营机构，将国有资本收益分别转入社会公益机构、国有股权资本经营公司、国有年金资本经营公司。这些机构也同样需要健全公司治理结构，设立股东会、董事会和经营管理者。其中，国有资本转入社会公益资本部分专门用来投入社会公益事业，目的在于减轻财政负担，增加全民福利；国有股权资本委托给资产经营公司进行资本运作，这部分国有资本获得的收益最终转入国家公共财政预算，国家和资产经营公司还可以按合同比例分红；国家年金资本是通过将国有企业实现的红利投入投资收益率较低的固定资产等行业，获得稳定的回报。这种关于国有企业实现经营成果分享的机制为进一步地探索适合我国国有企业经营成果分享机制开拓了思路，也为进一步完善国资的授权经营和资本化运作提供了方法。

以下为本书关于国企经营成果分享机制的构想。财政部可以作为国有资本经营预算的专门管理者，并设立国有资本经营预算账户管理国有企业经营成果，也就是国有企业实现税后利润的经营预算。国有资本经营预算账户的资金来源主要是国企每年实现的税后利润后上缴给国家形成的存量资金和每年新增的资金的总和。国有资本经营预算账户分别下设三个账户：国企经营成果公共事业金账户、国企经营成果充值账户、国企经营成果理财账户。国企经营成果公共事业金账户是将国企实现的税后利润定期（按年）转入公共财政资金，这部分转入资金按照国家公共财政预算分配，用于教育、医疗卫生、公共事业投资，这个账户的资金来源是国企税后利润的存量和每年国企经营成果理财账户实现的国有资本理财的增值部分转入的资金之和。国企经营成果充值账户是每年转入的部分国企税后利润和每年国企经营成果理财账户实现的国有资本理财的增值部分转入资金之和；这个账户专用于国企自身发展的资金投入，包括改革成

---

① 史正富、刘昶：《民营化还是社会化：国企产权改革的战略选择》，上海人民出版社 2007 年版，第 146 页。
② 史正富、刘昶：《民营化还是社会化：国企产权改革的战略选择》，上海人民出版社 2007 年版，第 148 页。
③ 史正富、刘昶：《现代企业的产权革命》，上海人民出版社 2012 年版，第 137—138 页。

本、国企重大工程建设、企业重大技术创新和技术改造等。国企经营成果理财账户是将国企上缴的部分税后利润专门用于理财管理，通过资本化和市场化运作来实现保值增值，为了规避市场风险确保其保值增值，这部分资本化运作的国企经营成果必须投向资本收益率较为稳定的（5%～10%）投资项目和理财产品上。国企经营成果理财账户实现的资本收益留存资本金后，剩下部分分别定期转入（根据投资的回报期）国企经营成果公共事业金账户和国企经营成果充值账户。国企经营成果公共事业金账户资金存量的比例应占国企上缴税后利润的60%～70%，以此来达到国企经营成果服务全民的目标，用于公共服务事业支出。国企经营成果充值账户资金存量的比例应占国企上税后缴利润的10%左右；国企经营成果理财账户存量的比例占国企上缴税后利润的10%～20%之间。国企经营成果理财账户形成的资本收益是国家作为出资人授权资产经营公司进行国企经营成果的资本化运作形成的资本收益，出资人与资产经营公司可以按照签订合同约定的投资收益分配比例获得各自的收益，但出资人获得绝大部分资本运作收益。

现在已经形成的各地区国有资产大部分都是在计划经济时代"统一所有"，由国家以拨款方式、政策优惠方式形成的。而正是由于各种国家政策目标及各地区资源禀赋的差异，导致了国有资产在各个地区是分布不均匀的。国家在进行财产权利分割时，必须依照宪法和法律的要求执行，以便使不同地区能够获得公平的财产权利，否则国有资产历史存量较少（主要是经营性国有资产）、要素优势不明显的地区将会缺少必要的发展资金的原始积累资金。因此，国有资本经营预算账户的资金纳入范围必须根据各地区经营性国有资产存量及运行情况来确定。

第四节 "做强、做优、做大"国有企业和国有资本

一、国有企业"做强、做优、做大"的逻辑

（一）国有企业"做强、做优、做大"的理论逻辑

自中华人民共和国成立以来，国有企业作为"共和国之子"，见证了新中国

的成长。国有企业作为国家发展的发动机,既沐浴过温暖的阳光,也经历过改革洗礼。国企随着新中国成长而不断发展壮大,与此同时自身也经历了改革的历练。从某种程度上讲,新中国的成长史,也是国有企业的改革发展史。从计划经济到市场经济,从统购包销到现代企业制度,国有企业的发展一直站立在改革的潮头浪尖之上,不断地迎接新的挑战和改革,国有企业改革的步伐也一直没有停歇。国企在中国的经济体制改革中扮演了极其重要的角色。因此,国企是改革的参与者、见证者和推动者。

"做强、做优、做大"国有企业符合巩固社会主义基本经济制度的内在要求。我国是社会主义国家,坚持将公有制作为社会主义经济制度的基础具有决定性意义。公有制经济是我国社会主义现代化建设的支柱和国家进行宏观调控的主要物质基础,是社会主义经济性质的根本体现。党的十八届三中全会进一步指出,以公有制为主体、多种所有制经济共同发展的基本经济制度是中国特色社会主义制度的重要支柱,也是社会主义市场经济体制的根基。国企"做强、做优、做大"有利于巩固公有制的主体地位,发挥国有经济的主导作用,不断增强国有经济活力、控制力、影响力。经过三轮的国有企业改革和国有经济战略布局的调整,国有企业已集聚在国家安全、自然垄断、重要公共产品、高新科技等重要领域和行业。国有企业是国家进行宏观调控和弥补市场失灵的一种手段。国企存在的意义在于超越利润而实现国家和社会发展的一些特定目标,服务于全民的特殊功能。国有企业作为公有制的实现形式之一体现了社会主义国家对国民经济的战略调节。国有企业是公有制经济的重要组成部分和实现形式,是赋予国有经济对国家重要行业和关键领域实行控制、影响的重要手段,是发挥国有经济主导作用的重要手段。

"做强、做优、做大"国有企业有利于国家抵御和化解经济危机产生的外部风险。国有企业是国民经济和国家安全的重要控制力量之一。2008年金融风暴席卷全球之时,国有企业成为保护中国经济的重要屏障,缓冲了经济危机的冲击,发挥了"维稳"的功能。在抵御金融危机的过程中,国企成为国家应对突发事件和防御重大经济风险的坚强后盾。四大国有商业银行凭借其合理的资产结构,协助国家实施宏观调控措施,积极参与扩大内需,将国际金融危机的负效应降低至国家可承受的范围之内。与此同时,中国资本也成为抵御国际经济系统风险,打赢贸易战的重要利器。进入2018年以来,中美贸易战的风暴迅速刮起,中美贸易风暴的中心直指高新科技(航空、高铁、新能源、工业机器人、新材料、新一代信息技术)、金融领域、公共产品领域,而这些领域正是国有企业产业聚集的领域。因此,国有企业把维护国家经济安全和利益作为其自身应尽的职责则显得尤为重要。国有企业经过中国改革开放大潮的洗礼,具备维护国家经济安全的能力。在航空航天、轨道交通、海洋装备、电力设备等领域国企已经取得重大进展,成为支撑国家安全的中流砥柱,成为中国资本走出去的重要支点。在复杂多变的国际政治经济环境下,发展与壮大国有经济,有利于保持国家对关键行业和领域的控制力、有利于防范和化解国际金融风险、有利于降低贸易摩擦的成本、有利于降低境外资本对国内经济的冲击与破坏,更好地维护国家经济安全。在走出去、参与国际竞争以及"一带一路"沿线国家的基础设施建设与互联互通方面,国有企业发挥了资本纽带和主力军的作用。在"一带一路"国家顶层倡议的背景下,国企"走出去"的步伐不断加快,成为中国与"一带一路"沿线国家交往的桥梁和中国名片,使中国资本在国际市场中逐渐获得竞争优势。

"做强、做优、做大"国有企业有利于促进国家财富的公平分配。国有经济的控制力是国有经济作为一种综合性的经济力量对整个国民经济发展进行控制、调节、导向、保障、带动等支配力量的总和,是一种综合性的社会经济力量。[①]国有经济作为国民经济的主体,在国民经济中发挥了支柱作用。国有企业是基础产业和基础设施的主要供应者,国有企业保证了国家安全和社会的稳定,提供了国计民生所需的公共产品和基本的公共服务。因此,国有企业兼营利与社会责任于一身。国有经济有助于弥补市场经济的固有缺陷,促进社会公平正义的实现,国有企业创造的利润可以调节国民财富的均衡分配,防止出现两极分化,成为调节收入平衡的稳定器。国企"做强、做优、做大"有利于推进国家财富的公平分配,实现经济发展成果的社会共享,福祉普惠于全民。

(二)学会做好"加减乘除法"实现国企"做强、做优、做大"

以供给侧结构性改革引领中国经济向好、向优发展,既是建设现代化经济体系的基本方法,也是推动国有企业强身塑体、优质发展的必由之路。"加减乘除法"是习近平总书记关于"供给侧结构性"改革方法论的总结。新时期国有

---

① 金碚、刘戒娇、刘吉超、卢文波:《中国国有企业发展道路》,经济管理出版社2013年版,第66页。

企业需要通过学会做好"加减乘除法",来实现"做强、做优、做大"的目标。

供给侧结构性改革的"加法"是指补齐短板,扩大要素供给,力主发展新兴产业,提高经济增长质量与效益。培育经济增长的新动能,拓展经济发展的新空间,增加有效人力资本供给、提升人力资本素质、提升企业和全民的创新能力、提升政府公共产服务供给能力、加强政策制度的协调性,为经济增长提供有力支撑。供给侧结构性改革的"加法"关键在补齐短板的同时,扩大有效供给,提高生产力,增加经济发展新动力、新能量,确保经济可持续增长。供给侧结构性改革的"加法"还要求加大对人力资本的可持续投入,优化劳动力配置结构。做好供给侧结构性改革的"加法",政府还要通过国企的公共服务功能不断地增加公共产品的优质增量供给,做好公共服务。国有企业做好"加法"就是国企实施人才战略,加大对人力资本的可持续投入,优化企业的人才结构。在管理层面,国有企业需要发挥企业家精神,培养合格的职业经理人,优化企业的管理。国有企业要实现塑身强体还要继续优化股权结构、强化资产管理。国企作为一种特殊的企业具有一定的社会责任,这要国企积极地促进国有资本收益和存量形态的转移,在坚持"资产全民所有,收益全民所用"的原则下,完善国有资本经营预算管理体制,提高国有企业利润上缴的比例,上缴利润充实社会保基金和公共服务支出,纳入全口径预算体系筹使用,为全民提供公共产品和公共服务。

供给侧结构性改革的"减法"主要是指企业化解和淘汰过剩产能,政府简政放权、通过顶层设计为企业降低成本,给企业松绑和减负,激发微观经济主体的活力。国企做好"减法"就是国企淘汰过剩产能、去杠杆、降风险,剥离历史包袱实现瘦身健体。国有企业在供给侧结构性改革的要求下,用存量资产减去过剩产能,逐步实现瘦身健体,即在国企改革过程中"降要素成本、做大产业",引入市场机制激发企业活力。国有企业去产能是优化存量资源配置的根本途径。国企为了顺利地实现产业转型,就必须忍痛割爱减掉过剩产能,然后转向新型战略产业,服务国家大战略。这样才能不断地调整结构,不断地优化结构,不断把好企业培育起来,瘦身健体就是轻装上阵,更好地服务于国家的战略。国企做好减法还要求国企逐渐甩掉历史包袱,优化资产结构,减负增效。国企还要强化资产负债管理和投融资的风险管控,以此来降低企业的运行风险。简政放权,是政府层面的减法运算,最大限度减少政府对微观经济行为主体的行政干预，为经济运行打通最后一公里。正确处理好政府与市场的关系，充分发挥好市场在资源配置中的决定性作用。此外，政府还要通过运用减法运算法则降低企业成本，主要包括交易成本、各种税费、融资成本、社会保障成本等。

供给侧结构性改革的"乘法"是指以创新发展为理念，挖掘经济发展新动力，开拓新空间，创造新产业，培育经济增长的"乘数因子"，以新产业的"几何式的增长"推动经济发展。充分释放新兴行业的供给端活力，以达到乘数效应。当前中国经济正处于新旧动能的换挡时期和经济增长速度的换挡时期，以前那种依靠要素成本优势驱动、大量投入资源和消耗环境的经济发展方式已经难以继续为继。中国经济需要转向创新驱动，充分释放新兴行业的供给端活力，从供给端入手着力提高全要素生产率，以达到乘数效应。国有企业做好"乘法"就是积极利用政府引导资金吸引和吸收社会资本，进而向高新科技领域进军，服务国家战略。政府引导资金去乘上社会资本，就等于服务国家战略。国有资本和社会资本合力服务于国家战略，去创新发展，去解决我们国家和国企在创新领域的瓶颈。国企进入创新领域需要迎难而进，放弃传统行业带来的微利，突出主业目标，减少非主业的投入，把精力集中于核心竞争领域，通过创新，破除体制机制的障碍，承担大国重器的责任。国有企业要打造新动能引领的高地，培育若干世界级先进制造业的产业集群。

供给侧结构性改革的"除法"主要是指剥离产能过剩、清除经济发展路上的"拦路虎"，为中国经济列车稳速前行清除障碍。淘汰过剩产能是供给侧改革的重点措施之一。当下，中国经济进入"三期叠加"的转型升级阶段，在工业领域产能过剩问题日益突出，工业领域增长乏力，产能过剩普遍存在，部分行业甚至出现了产能的绝对过剩。化解过剩产能可以通过价格机制、企业兼并重组、拓展外部市场等主要方式实现。"僵尸企业"的存在一方面占用流动性，挤占市场信用，另一方面拖累了产业转型和换代升级。对此，政府要洁身自好，做有为政府，要利用市场的力量强行去杠杆，让"僵尸企业"破产退出市场，改善产业供给结构。国有企业做好"除法"就是在剔除过剩产能的基础上，降低国企改革的制度成本。国有企业因改革不彻底也存在产能过剩的问题。从要素投入的角度看，国企拥有和消耗比其他企业交易成本低的资源，但是资源利用效率低效，导致了资源配置不平衡；从要素产出角度看，国企资源利用效率不高，导致其利润和资产回报率也随之下降。2008 年金融危机之后，国家将 4

万亿巨额资金投向基础设施领域,以实现经济复苏,而承接这部分资金的正是国有企业,因此在基础设施领域等产生了大量的过剩产能,主要分布在基建项目、煤炭、钢铁等领域。所以,国企做强、做优、做大就必须加速剔除和淘汰过剩产生,在这一过程中淘汰僵尸企业。政府应在承认和尊重总体资源配置中"有效市场"的决定性作用的前提下,更好发挥"有为有效政府"的作用,运用财政政策、货币政策等宏观调控手段为国企创造优质外部市场环境,并运用法治手段监管市场运行,降低国企改革的制度成本。

(三)综合运用"加减乘除法"实现"做强、做优、做大"的目标

1. 公式一:(国企 - 过剩产能 + 战略新兴产业)× 放大社会资本 = 服务国家战略目标和公共服务

新时期国有企业应在"强身塑体"的基础上,积极地引导社会资本,以"国民共进"的方式进入新兴战略产业,提高资本的运行效率,服务于国家战略,使国有资本发挥宏观调控的职能,让国有资本流入国家战略产业,在控制国民经济命脉的基础上,更好地服务于民,体现国企的公共服务职能,履行国企的社会责任。

2. 公式二:(国企战略 - 风险 + 人才战略)× 创新 ÷ 制度成本 = 大国重器和产业引航者

国企在降低风险和制度成本的基础上,强化人才战略和管理创新,实现国企做强、做优、做大。国企的做强、做优、做大,首先要降低风险,也就是降低企业的财务风险,强化企业的内部审计,降低资产负债率。其次就是减少国企的制度成本,从内部降低企业的制度成本就是提高运行效率,实行集约化管理,从外部降低制度成本主要是国家实施积极的财政政策和稳健的货币政策,优化市场机制和企业监管机制,完善企业法律制度建设。积极的财政主要通过减税和税收优惠为国企减负。而稳健的货币政策则是为国企提供良好的投融资渠道,为国企提供资本持续流动的环境,并且通过对资本市场的监管降低资本市场的杠杆风险,保障国企投融资的安全。强化人才战略需要国企制订中长期的人才培养计划,发挥企业集聚人才的功能,储备人才,用好人才,发挥国企的人力资本优势。创新是企业存活的动力,是一个可以无限放大的乘数因子。国企要利用人力资本丰厚的优势培育企业的优势竞争力,实现产业引领,承担大国重器的责任。

3. 公式三：（国企－包袱＋补短板）×创新÷时间＝中国名片和打造中国资本的发动机

国企要想轻装上阵就必须剥离企业办社会的职能，卸掉历史包袱。与此同时，国有企业还需要补齐产业短板，尤其是创新不足的短板，在管理体制、人才战略、商业模式上实现创新。国企要借着国有资本运营公司和国有资本投资企业改革的契机，提高企业运行效率和国企资本运行效率，实现从管资产到管资本的转变。只有国有资本质量和国企创新能力实现双提高，才能使国企真正地成为中国名片，中国资本才能借着"一带一路"的国家战略平台真正地走出去，成为引领中国资本走出去的发动机。

二、"做强、做优、做大"国有资本是巩固和发展公有制经济的必然要求

巩固和发展公有制经济，坚持公有制经济的主体地位，主要体现在两个方面：一是公有资产在社会总资产中占优势；二是国有经济控制国民经济命脉，对经济发展起主导作用。公有资产既要有量的优势，更要注重质的提高。公有资产是指国有资产。国有资产的规模取决于国有经济的体量和分布情况。而国有资产的体量和质量，尤其是质量又决定了国有经济的质量。那么，国有资本的强大与否，其前提是一个国家拥有规模适中和优质的国有资产做基础。

鉴于我国经济制度的社会主义公有制属性，规定了国有资本与国有资产均属全民所有，并都以货币形式计量。资本流动性决定了国有资本的动态价值属性，以货币形态为介质体现其存在。而国有资产是实物形态、货币价值形态、无形价值形态集合体，是相对静态的存在形式，其增值保值是由国有资本运营效率决定的。国有资本本身是实物形态和价值形态的统一体，实物形态是国有资产，主要是国家对各类企业以各种形式出资形成的所有者权益部分，是国有企业中的国有资产。价值形态是反映社会主义全民所有制经济关系的国有资金。[①] 经营性国有企业以盈利为目标，其税后利润形成国有资本，因此这类企业也被称为"资本账户项目"类国企。

中央国有资产主要分布在关系国民经济命脉和国家安全的领域，包括能源、

---

① 赖明：《做好国企改革的"加减乘除"》，载《人民论坛》，2015年第24期。

基础原材料，邮政通信与交通运输、军工和金融等行业；省级国资主要分布在地方基础设施、能源资源、装备、交通航运等行业；地市国资则主要分布在房地产经营、区域开发、商贸商业、物业管理等行业和领域，主要以基础设施建设和服务区域经济发展为主。中央国有资本经营收入主要来自烟草、石油石化、电力、电信、煤炭等行业企业；省市国有资本经营收入主要来自机械、煤炭、电力、贸易和房地产等行业企业；地市国有资本经营收入主要来自土地增值、物业经营。中央国有资本的主要功能是保障国家安全和实现战略目标，控制关系国民经济命脉的重要行业和关键领域，实现国有资本收益全民共享的目标；省市国有资本的主要功能是为地方提供公共服务以及发展重点产业促进地方经济发展；地市一级国有资本则是为地方政府实现区域发展提供保证金。①

不仅国有企业要"做强、做优、做大"，而且国有资本也要"做强、做优、做大"。国有经济起主导作用，主要体现在控制力和竞争力上。控制力和竞争力取决于国有资本的存量、增值能力、国有资本调控宏观经济的能力、抵御系统经济风险的能力。中央经营性国有资本要通过简政放权释放企业活力，还要通过提升经营效率，增强营利能力，减少由国家补贴的非必要损失；省市国资主要是要健全现代企业制度，激发活力和动力，服务区域经济转型；地市一级国资要更多地集中在公共服务领域，强化地方投融资平台的建设与转型，提升公共服务效率。②

国有资本做强做优做大的逻辑首先是完善国有资产监管。庞大的国有资产和关系国计民生的大型国有企业，构筑了国有经济安全、市场经济秩序的微观基础。国有资产监管自然是国家监管能力的重要组成部分，体现了国家治理现代化的能力。国有资产监管得当，会提高国有资产的保值增值能力和资源配置效率，提高国家维护经济安全的能力，协调不同社会群体的利益，增加国家税收，为社会保障事业提供物质基础。

其次是完善国有资本授权经营。党的十八大明确了国有资本战略布局调整的方向，要求国有资本在"国家安全、国民经济命脉的重要行业和关键领域，

---

① 上海国有资本运营研究院：《国资内参》2016 年合订本，上海国有资本运营研究院 2016 年版，第75 页。

② 上海国有资本运营研究院：《国资内参》2016 年合订本，上海国有资本运营研究院 2016 年版，第76 页。

重点提供公共服务、发展重要前瞻性战略性产业、保护生态环境、支持科技进步、保障国家安全"。党的十九大报告提出："要完善各类国有资产管理体制，改革国有资本授权经营体制，加快国有经济布局优化、结构调整、战略性重组，促进国有资产保值增值，推动国有资本做强做优做大，有效防止国有资产流失。"国务院印发了《关于推进国有资本投资、运营公司改革试点的实施意见》，明确表示将通过改组组建国有资本投资、运营公司，构建国有资本投资、运营主体，改革国有资本授权经营体制。国有资本授权经营体制的改革已经进入具体实施的阶段。可以看出，国有资本授权经营体制改革已经从"管资产"进入到"管资本"的新阶段、新时代。为了更有效地推进国有资本授权经营改革，国家分别成立了国有资本运营公司和国有资本投资公司。国有资本投资和国有资本运营公司是国有资本市场化运作的专业平台，不从事具体的生产经营活动，以产权为基础，开展国有资本的市场化运作，对所持股企业按照规范的法人治理结构管理，按照国家确定的目标任务和布局领域设立，目的是优化国有资本布局，促进国有资本合理流动，实现国有资本的保值和增值。国有资本投资公司兼具产业经营和资本投资运营职能，投资和开发国民经济重要行业、关键领域、战略新兴产业和优势支柱性产业，推动产业聚集和转型升级，优化国有资本布局结构。[1] 国有资本运营公司则专门从事国有资本投资运营，以提升国有资本运营效率、提高国有资本回报为主要目标，通过股权运作、价值管理、有序进退等方式，投资、持有和运营国有股权，促进国有资本合理流动，实现保值增值。[2] 进入国有资本授权经营的改革关键阶段，要积极利用国有资本投资运营公司调整存量国有资本，促进产业结构调整和产业升级，做强做优做大国有资本。

国企做大并不意味着真正的做强和做优。如果国企盲目追求做大体量，会出现产能过剩、低效运行、挤出效应，进而导致国有经济控制力下降。如果盲目追求做大企业规模，并超出自身的资金实力，会导致企业背负沉重的债务负担，引起资产质量恶化。国企做强做大做优必须按照供给侧结构性改革的目标

---

[1] 中信建设证券发展部：《中国国有企业改革实录（2013—2016）——"国改君"国企改革系列》，http://reserch.csc.com.cn（访问时间：2016 年 9 月 12 日）。

[2] 中信建设证券发展部：《中国国有企业改革实录（2013—2016）——"国改君"国企改革系列》，http://reserch.csc.com.cn（访问时间：2016 年 9 月 12 日）。

推进，有节奏地推进国有企业瘦身健体，提质增效。在供给侧结构性改革的背景下，逐步优化国有经济布局，收缩国有经济的分布范围。2010—2016 年，中央企业总户数从 123 家降到 104 家。通过兼并重组解决国企资源配置过于分散的问题，通过加快产业结构优化升级化解过剩产能，通过剥离国有企业办社会职能和有效解决历史遗留问题，通过提升财务管理水平优化资本质量。

第五节　以混合所有制把脉国企产权制度改革

一、深入和切实推进国企混合所有制改革

（一）混合所有制经济的产权属性

混合所有制包含两种内涵：一方面是就国民经济的所有制结构层面而言，国民经济所有制结构不是单一的全民所有制、集体所有制构成的单一结构，还存在其他非公有制的经济成分。二是就企业产权结构层面而言，公有制与非公有制并存，甚至是非公有制可以成为大股东，形成公有制与非公有制交叉持股的股权结构。[①] 建立社会主义基本经济制度的目标，就是在国民经济的所有制结构层面要逐步地形成混合所有制，而在企业的产权结构层面实现产权结构多元化。混合所有制经济的核心是多种所有制资本之间的融合，即公有资本和非公有资本的融合才构成混合所有制企业。混合所有制经济不单单是股份制，是不同所有资本融合而成的多元产权结构的界定，混合所有制企业的组织形式可以是股份制，也可以是公司制。根据企业工商注册登记口径规定，混合所有制企业是指国有资本和非国有资本共同出资的企业。在全部工商登记注册企业中，按有无国有资本出资分为国有投资企业和非国有投资企业；国有投资企业中，按无非国有资本分为国有非全资企业和国有全资企业；国有全资企业中包括仅有一个国有出资者的国有独资企业和有两个及以上国有出资者的国有合资企业、国有非全资企业除国有投资外，至少还包含自然人、私营企业、外资中的任一

---

① 黄速建：《国有企业改革和发展：制度安排和现实选择》，经济管理出版社 2014 年版，第 95 页。

种投资。①

(二) 国有企业混合所有制制度设计及改革路线图 (1994—2018 年)

1. 理论准备阶段 (1994—2012 年)

国企混合所有制改革经历了近20年的理论准备阶段。党的十四大以后，国企混合所有制改革就进入了国企产权制度改革的理论视野。党的十四届五中全会决定指出："国有大中型企业尤其是优势企业，宜于实行股份制的，要通过规范上市、中外合资和企业相互参股等形式，改为股份制企业，发展混合所有制经济。"党的十六大报告指出："除少数必须由国家独资经营的企业外，积极推行股份制，发展混合所有制经济。"党的十六届三中全会提出："大力发展国有资本、集体资本和非公有资本等参股的混合所有制经济，实现投资主体多元化，使股份制成为公有制的主要实现形式。"可以看出，混合所有制并不是一个新的提法，早在中共十五大时，这一名词就已进入国有企业产权制度改革的视野。党的十六届三中全会通过的决议更是对混合所有制经济有了明确的阐述，强调要大力发展混合所有制经济，实现投资主体多元化，使股份制成为公有制的主要实现形式。

2. 制度设计和改革试点阶段 (2013—2018 年)

党的十八届三中全会后，混合所有制改革制度框架形成，并进入改革试点阶段。党的十八届三中全会通过的《中共中央关于全面深化改革若干重大问题的决定》进一步明确指出："国有资本、集体资本、非公有资本等交叉持股、相互融合的混合所有制经济，是基本经济制度的重要实现形式，有利于国有资本放大功能、保值增值、提高竞争力，有利于各种所有制资本取长补短、相互促进、共同发展。允许更多的国有经济和其他所有制经济发展成为混合所有制经济。国有资本投资项目允许非国有资本参股。允许混合所有制经济实行企业员工持股，形成资本所有者和劳动利益共同体。"

党的十八届三中全会开启了国企产权制度改革的新征程。党的十八届三中全会明确了积极推进混合所有制改革、完善国有资产管理体制、推动国有企业建立现代企业制度、准确界定不同国有企业功能等多项具体改革目标和任务。混合所有制改革是发挥国有资本功能、保值增值、提升核心竞争力的重要手段。

---

① 上海国有资本运营研究院：《国资内参》2016 年合订本，上海国有资本运营研究院 2016 年版，第 66 页。

国有企业进行混合所有制改革是当前国家推进经济体制改革的重要方向。《关于深化国有企业改革的指导意见》和《关于国有企业发展混合所有制经济的意见》成为混合所有制改革的纲领性文件：鼓励非公有资本参与国企改革，有序吸收外资参与国有企业混合所有制改革；要分类、分层推进国有企业混合所有制改革，在电力、石油、天然气、铁路、民航、电信、军工七大领域改革，开展竞争性业务试点示范。国企分类改革是国企混合所有制改革的具体措施，以"国混民，民参国"为总目标。在重要的基础设施、战略资源、先进技术、军工领域，国有资本保持控股地位，发挥引领作用。在这些关系国计民生的重要领域和行业，民资、外资可以参股或以特许经营的形式参与经营。而中央企业推进混合所有制是以上市、引入战略投资者为主要手段。引入战略投资者的目的在于借鉴和利用外部投资者的丰富经验，以及在人、财、物、技术、管理等方面的经验提升国企的经营效率。混合所有制改革可以改善国有企业公司治理结构：通过向企业的管理人员进行控制权分配的授权，员工持股，以及国企整体上市、引进战略投资者改善公司治理结构。

（三）国企混合所有制改革的制度设计需要统筹兼顾

一是优化国有经济布局。优化国有经济布局是混合所有制改革的总目标。通过混合所有制改革实现国有经济的有序进退，实现国有企业战略布局的调整，做到"有所为、有所不为"。以混合所有制改革为契机，发挥国有资本调控宏观经济的潜能，提升国有资本保值增值的能力，提高国企的竞争能力。

二是以国企分类改革作为国企混合所有制改革制度设计的蓝本。只有将国有企业进行功能和行业分类，才能为不同功能的国有企业和不同行业的国有企业，设计不同类型的混合所有制改革的具体办法和实施细则，这些细则包括战略投资者的引入、股权结构的调整、公司治理结构的调整。

三是国企混合所有制改革需要统筹兼顾。国企混合所有制改革需要统筹安排，统筹安排首先就是要把握改革的节奏，注意总结改革的试点经验，不能急于求成，允许试错，并从试点经验的基础上，形成规范性的指导规则。实现制度协同。协同推进公司治理、产权和资产交易、资本管理、人力资源管理等方面的制度建设。

四是产权改革和供给侧结构性改革的协同推进。产权改革是混合所有制改革的核心问题。产权改革和供给侧结构性改革的协同推进又是混合所有制改革取得成效的关键。中国经济发展进入新常态，要以新发展理念为指导，要以供给侧结构性改革为主线，重在调整经济结构，转变经济发展方式。党的十九大报告明确要求，坚持去产能、去库存、去杠杆、降成本、补短板，优化存量资源配置，扩大优质增量供给，实现供需动态平衡。

结构调整和体制改革是供给侧结构性改革的两大任务。结构调整需要调整现有的产业结构，使产业结构适应当前经济发展阶段的要求。而体制改革则是以制度供给，深化改革来解放生产力，化解累积的矛盾和矛盾累积与叠加的隐患，引领新常态，形成中长期可持续发展的动力。化解过剩产能，处置"僵尸企业"。供给侧结构性改革要求激发各类经济主体，尤其是企业的活力和市场竞争力，以便以更高的效率实现产业发展的变化。对于国有企业而言，不能再依靠政府兜底政策和坐等政策红利，而应积极获取市场信号，进行适应性调整。国有企业降低资产负债率是去杠杆的重点工作。国有企业可以出让低回报、非核心的业务，来优化国企的资产结构，化解过剩产能，提高核心资产回报率以及降低债务杠杆，鼓励战略投资者进入国企。为降低资产负债率要建立国有企业资产负债约束机制，加强企业自身债务杠杆约束。[①] 去杠杆还要在资产处置、债务清偿、破产清理等方面完善法律法规，为处置"僵尸企业"提供法制保障，防止在"去产能、去杠杆"的过程中产生国有资产体制性流失。把去杠杆同推动国有企业混合所有制改革结合起来，盘活存量资产，优化增量资产。通过资本市场和产权交易市场转让存量国有股份和引入增量非国有资本，补充企业资本金、降低企业的负债率。

五是国企混合所有制改革的模式选择。从功能微观操作层面来看，按照混合途径的不同，发展混合所有制可以分为合资混合模式、合作混合模式和配股混合模式；按照资本属性的不同，发展混合所有制可以分为公有资本与私有资本混合模式、公有资本与外资混合模式、公私资本与外资共同混合模式；按照控股主体的不同，发展混合所有制可以分为公有资本控股型混合模式、私有资本控股型混合模式和外资控股型混合模式，或者分为公有资本控股型混合模式和公有资本参股型混合模式；按照混合程度的不同，发展混合所有制可以分为

---

① 李锦：《深化国企供给侧改革：推动经济高质量发展》，载《紫光阁》，2018年第7期。

整体混合模式和部分混合模式。① 在混合所有制的顶层制度设计层面,应注意将宏观层面与微观层面相结合,将发展混合所有制分为存量改造型模式和增量发展型模式。存量改造型模式主要是鼓励非公有制经济参与国有企业和集体企业改革,实现国有企业和集体企业存量产权的多元化,即"国混民"。存量改造型模式是当前发展混合所有制的重点,其微观实现方式主要包括公司制股份改革、开放性市场化双向联合重组、股权激励和员工持股。② 增量发展性模式主要是在新的投资项目中推动公有资本与非公有资本的共同参与,实行国有企业和集体企业增量产权多元化,这种模式以引进战略投资者为主。增量发展型模式主要包括在新设混合所有制企业或新投资项目中推动公有资本与非公有资本的共同参与。③ 在国有资本布局明确和相对成熟的产业中,可以更多地采取存量"国混民"模式;在资本属性不确定性较大的新兴产业中,可以采用引入战略投资者进行混改。发展混合所有制需要综合考虑国有企业的分类、产业性质、企业组织形态、企业发展历史、市场环境等多方面因素。就混合所有制改革的行业和领域准入程度问题,2015年9月发布的《关于国有企业发展混合所有制经济的意见》确定了混合所有制改革行业和领域准入的一揽子清单。该文件指出,对主业处在关系国家安全、国民经济命脉的重要行业和关键领域、主要承担重大专项任务的商业类国有企业,要保持国有资本控股地位,支持非国有资本参股。重要通信基础设施、枢纽型交通基础设施、重要江河流域控制性水利水电航电枢纽、跨流域调水工程等领域,实行国有独资或控股,允许符合条件的非国有企业依法通过特许经营、政府购买服务等方式参与建设和运营。重要水资源、森林资源、战略性矿产资源等开发利用,实行国有独资或绝对控股,在强化环境、质量、安全监管的基础上,允许非国有资本进入,依法依规有序参与开发经营。江河主干渠道、石油天然气主干管网、电网根据不同行业领域特点实行网运分开、主辅分离,除对自然垄断环节的管网实行国有独资或绝对控股外,放开竞争性业务,允许非国有资本平等进入。核电、重要公共技术平台、气象

---

① 黄群慧:《非公企业参与国企改革仍需谨慎——访中国社会科学院工业经济研究所所长黄群慧》,载《经济参考报》,2014年9月29日第8版。
② 黄群慧:《非公企业参与国企改革仍需谨慎——访中国社会科学院工业经济研究所所长黄群慧》,载《经济参考报》,2014年9月29日第8版。
③ 黄群慧:《非公企业参与国企改革仍需谨慎——访中国社会科学院工业经济研究所所长黄群慧》,载《经济参考报》,2014年9月29日第8版。

测绘水文等基础数据采集利用等领域，实行国有独资或绝对控股，支持非国有企业投资参股以及参与特许经营和政府采购。粮食、石油、天然气等战略物资国家储备领域保持国有独资或控股。国防军工等特殊产业，从事战略武器装备科研生产、关系国家战略安全和涉及国家核心机密的核心军工领域实行国有独资或绝对控股。其他军工领域，分类逐步放宽市场准入，建立竞争性采购体制机制，支持非国有企业参与武器装备科研生产、维修服务和竞争性采购。国防军工等特殊产业，从事战略武器装备科研生产、关系国家战略安全和涉及国家核心机密的核心军工领域，实行国有独资或绝对控股。对其他服务国家战略目标、重要前瞻性战略性产业、生态环境保护、共用技术平台等重要行业和关键领域，加大国有资本投资力度，发挥国有资本引导和带动作用。公益类国有企业规范开展混合所有制改革。文件还对非国有资本的准入领域，以及可发展混合所有制的领域做出了规定：涉及基础设施、交通运输、部分公共设施服务等领域，实行国有独资或绝对控股，在此基础上允许非国有资本以特许经营、竞争性采购、政府购买服务等方式进入。涉及国家安全、国家战略目标、重要前瞻性战略性产业、生态环境保护、共用技术平台等领域，均实行国有独资或绝对控股并加大国有资本控制力度，发挥国有资本引导和联动效用。而公共服务领域是开展混合所有制改革的主要阵地，可以更多地引入非国有资本。

二、新时期国企混合所有制改革的逻辑与路径

（一）国民共进与国民融合

发展混合所有制经济，不仅可以提高国有资本的配置效率，同时还可以同步推进公有制经济与非公有制经济共同发展，共享改革红利，实现国民共进与国民融合。发展混合经济的目的就是要实现国有资本和民营资本的优势互补，发挥国有资本和民营资本的积极性。鉴于公有资本的产权属性，要致力于体现国家利益和提供公共服务。而非公有资本要更好地发挥市场机制作用。社会主义初级阶段的基本经济制度确立以来，非公有制经济在我国获得了正当性，与公有制经济享有同样的国民待遇。因此，我国非公有资本获得了巨大的发展空间，犹如雨后春笋。经过30多年的发展，非公有资本已经具备规模效应。由于其缺少投资渠道，外流趋势明显，因此要防止这部分资本外流，为国家的宏观

战略所用，国家需要加快推进混合所有制改革。党的十八届三中全会以来，国企混合所有制改革在电力、石油、天然气、铁路、民航、电信、军工七大领域有序推进，但改革的进度还远未达到预期的联动效果。截至2018年上半年，中央所属企业中，超过2/3的企业实现了国有资本和社会资本在产权层面的混合，多途径的改革也有序展开。中央企业及央企控股上市公司利用股票市场实施增发、资产重组项目18项，融资618.78亿元，注入资产476.39亿元；利用产权市场开展转让部分股权、增资扩股项目100项，引入社会资本319.34亿元。①要切实地推进国企混合所有制改革，让社会资本公平参与中央企业的所有制改革，基础性的工作是扎实推进股权结构改革。张文魁认为，股权结构改革就是从名义性混合所有制到实质性的混合所有制改革，即达到股权结构拐点和跨越股权结构拐点。② 这个拐点是依据《公司法》中相关条款关于股东大会权力的规定，股东大会做出决议，必须经出席会议的股东所持表决权过半数通过，而股东大会做出修改公司章程、增加或者减少注册资本的决议，以及公司合并、分立、解散或者变更公司形式的决议，必须经出席会议的股东所持表决权的2/3以上通过。也就是说，只有非国有股东至少持有33.4%股权，具有了重大决策权，或者说是话语权，到达了这个股权结构拐点的股权结构，对于混合所有制改革才具有实际意义。非国有资本跨越这一拐点要比以国企整体上市、国企员工持股的方式推进国企混合所有制改革的效果更为明显。③ 国企混合所有制改革所需达到的阈值，对于优化公司治理和提升企业的绩效，都能够起到事半功倍的效果。

跨越股权结构拐点需要逐渐地降低国有资本的比重，减持国有股份。首先，降低国有资本的比重，就需要引进战略投资者，通过战略投资者增持国企股份而使国有股份实现减持。其次，转让存量国有股份，在企业增补资本与企业股权结构之间寻找平衡点。再次，国企可在资本市场中以出售存量国有股和发行新股相结合的方式降低国有股比重。④

---

① 李可愚：《超2/3央企实现混改 国资运营公司设立基金总规模近9000亿》，http://www.nbd.com.cn/articles/2018-08-31/1250791.html（访问时间：2018年8月31日）

② 张文魁：《混合所有制与现代企业制度——政策分析及中外实例》，人民出版社2017年版，第92页。

③ 张文魁：《混合所有制与现代企业制度——政策分析及中外实例》，人民出版社2017年版，第94页。

④ 张文魁：《混合所有制与现代企业制度——政策分析及中外实例》，人民出版社2017年版，第92页。

合适的股比关系，对于混合所有制成为市场化的现代企业制度，具有至关重要的意义。股权结构拐点与中国公司法所规范的公司股权结构相匹配，有利于在公司内部形成制衡力量，减少过高的代理成本、摩擦成本、协调成本。跨越这个拐点，意味着将逐步调整国企内部国有股东和非国有股东（战略投资者）的关系，逐渐地实现地位平等互换。①

跨越混合所有制的股权的拐点必然要求国有股比重下降。国有股下降的比重要依据国有企业分类改革的要求具体而定。比如，在涉及支柱产业、高新技术产业等行业的重要国有企业，可以保持国有相对控股。对国有资本不需要控制、可以由社会资本参股的国有企业，可以采取国有参股的形式，或者全部退出。

（二）改善和优化国企公司治理结构

推进国企混合所有制改革的一个重要目的就是优化国企的公司治理结构。公司治理结构的良莠是检验国企混改成败的一个关键性指标。从资产的角度讲，国家作为一个持有非大多数股份的所有者，能够促使保持或增加国有企业的总价值。从资本的角度讲，混合所有制改革引入非国有资本可以让私人部门承担所有制改革的风险，并使这些风险最小化，把国有资本控制的国有企业转变为一个资本混合形态的公司，至少可以让政府收回一些资本增值收益。从宏观的角度讲，公司治理的改善和优化在于国有资本与非国有资本比例结构，应将其调整到适度的构成比例。从国有资本控制力的角度考量，放开国有资本的绝对控股权，使不同资本之间形成相对资本形态，更有利于完善国企治理结构。国有资本与非国有资本形成的股权比例关系，决定了非国有股东的话语权。因此，在混改的过程中，首先要根据国企分类改革的要求，科学设置股权比例，在企业内部形成主导性股东和挑战性股东。积极改组董事会，引入战略投资者进入国企管理层或董事会，引入的战略投资者不仅是财务投资者和投资人，还可以担任公司的董事。此外，引入的战略投资者不仅要具有长期性投资意愿，还需要具备相关行业技术管理经验，这样才能降低企业的治理成本。因此，选择和引入能够提升公司长期价值和竞争力的战略投资者是优化国企公司治理结构的关键措施。与此同时，混合所有制国有企业董事会还要加强党委领导为核心的监管和运行机制，积极地将党组织嵌入公司治理结构当中。充分发挥党组定方

---

① 张文魁：《混合所有制与现代企业制度——政策分析及中外实例》，人民出版社2017年版，第98页。

向、管大局、保落实的作用。还要将董事会依法合规产生、董事会依法合规选聘职业经理人与党管干部原则相契合。对于涉及企业的重大经营管理事项，董事会还要将党组织研究讨论的前置结果作为重要的决策依据，形成最终决策结果。坚持党管干部与董事会合规选聘相结合的原则。充分发挥党组织的政治保障功能，在选聘程序操作方面，严格选聘程序，由董事会提名，再由党委进行审定，再报上级党委组织部门和国资监管机构进行备案提名，最后由董事会聘任和进行过程管理及考核，从而建立有效的国企高层管理人员选拔和激励机制，从制度上保障国有董事和非国有董事行为的规范化和长期化。① 借混合所有制改革的东风完善国企职业经理人选聘制度，优化和规范国企公司治理结构。混合所有制改革是完善国企职业经理人制度的重要契机。借力混改的激励机制，推动国企股份制改革、投资主体多元化、实现整体上市、引入战略投资者，以此来带动资本所有权与经营权的分离，推动资本所有者自主选择职业经理人。强化董事会选聘职业经理人的职能，引导董事会向经理人进行规范和有效地授权，为职业经理人切实履职提供制度保障。在市场化选聘的基础上，实行职业经理人的契约化管理。

赋权监事会，提升监事会的监督职能，切实完善监事会制度，也是以混改促进公司治理结构优化的配套性制度的一个重要方面。混合所有制改革过程中要想有效防止内部人控制、利益输送、管理层贪腐，监事会的制度设计优良与否，及其功能的发挥极为重要。提升监事会在"新三会"中的地位和权力，赋予监事会一定人事任免权、董事和职业经理人的薪酬决定权。

（三）构建公平和运转协调的市场环境

国家既是制度的供给者，又是制度的保护人、修正者。优化国有企业混合所有制改革的顶层设计是体现国家治理能力现代化的重要标志。构建公平、运转协调的市场环境是国家治理能力现代化的重要内容之一。政府在尊重市场、培育市场的前提下，必须积极有效地建设市场、组织市场，建构现代市场体系。"混合所有制"可以成为建立现代市场体系的产权基础，进而使"现代市场体系"在中国成长壮大。国企混合所有制改革有利于构建公平、运转协调、有序地市场环境。反之，公平、运转协调、有序的市场可以降低国企混改的交易成

---

① 黄群慧：《非公企业参与国企改革仍需谨慎——访中国社会科学院工业经济研究所所长黄群慧》，载《经济参考报》，2014年9月29日第8版。

本。在营造公平的市场环境方面，要完善产权流动的市场机制，完善产权保护的法律体系，这样才能为国有资本与非国有资本"混合得当"提供制度保障。混改的目的是要通过不断地优化公司治理结构和调整股权结构，改变国企一股独大、政企不分、政资纠缠的现状，把国企变成遵循市场运行机制的市场主体，在有效竞争的环境中提升自身的产业效率。

国企混改涉及企业改制重组、产权交易及变更、股权结构调整、员工持股、企业整体上市、国有资产管理等问题，在"改"的过程中法律纠纷不可避免，这要求国家一方面在《公司法》的制度框架内合规处理上述问题，另一方面还要及时修订《公司法》以及相关法律法规，以适应混改的节奏，保护各利益相关者的权益，尤其是注重保护战略投资者的权益。在国企混合所有制改革的过程中，积极引导各利益相关者进行平等对话和协商，使国有资本与非国有资本不仅实现资本的融合，还要实现感情的融合，使非国有资本有序进出国有资本控制的领域和行业，发挥战略投资者的积极性，变战略投资者为积极股东。在混改的过程中，还要发挥产权交易平台的信息功能、监督功能，严格规范产权交易行为。统一产权管理，建立统一、开放、规范、高效的产权交易市场，严格执行产权交易的市场准入制度，加强产权交易的监管力度，确保验资公开公正、资本融合合规、资本管理效率科学。

混合所有制改革还需明确"负面清单"机制，即哪些关键领域，非国有资本不得进入。明确混改"负面清单"可以降低非国有资本进入相关领域的成本。与之相同步的则是，要逐步打破非国有资本面临的各种隐性壁垒、市场准入限制和地方政府设置的"特别条款"，让民营企业在项目审批、土地、税收等方面同样能够分享"政策红利"，而不是在体制之外无所作为地等待。

（四）优化国有资产监管的法律制度设计

国企混合所有制改革要防止国有资产流失，以及由此引起的新私有化。在此前国企改制和"三年脱困"过程中，国有企业改制因"摸着石头过河"，缺少制度设计和法律护航，国有资产流失的现象屡有发生。而国有资产流失也部分抵消了改制的成效，成为人们诟病国企的痛点问题。2003年国资委成立，关于国有资产的相关法律法规也相继出台，以此加强监管，防止内部人控制、关联交易以及不规范的MBO等交易方式，避免了国有资产的再次流失。

国企产权制度改革进入混合所有制改革的新时期，利益相关者担心是否会因混合所有制改革不到位和监管缺位，再次引起国有资产流失。因此，既要切实推进国企混合所有制改革，又要坚决打好防止国有资产流失的攻坚战。发展混合所有制过程中的国有资产流失最可能发生在一些资产优良的企业，国有资产流失可能通过内部人控制、关联交易、利益输送、资产评估、同业竞争、国有股东与非国有股东合谋等渠道引致。① 首先，要以国有企业分类改革为切入点进行国资分类监管，防止国有资产流失。统一政策标准，根据国企分类标准进行审批，即制定统一政策标准，使国有企业混合所有制改革的一些重要事项在政策上有据可循，同时每个国有企业混合所有制改革的具体方案，必须上报国资监管部门审批。② 其次，国企混合所有制改革必须依法执行改革方案，规范改革程序，完善信息披露制度。混合所有制改革方案、改革程序要严格遵照《公司法》和《企业国有资产法》的各项法律规范展开。混改过程中涉及定向增发、资产注入、企业整体上市等业务时还须遵循《证券法》《信托法》等相关法律法规依法依规展开。完善信息披露制度，在涉及股权转让、员工持股、管理层持股过程中保持信息公开透明。

就国资监管的宏观层面，国资监管部门的职责是依法履行出资人职责，维护所有者权益，落实国有资产经营，督促企业依法经营，从而防止国有资产流失。首先，国资委要加强国有资本预算管理，规范预算编制程序，对国有资本预算实行分类分级管控。其次，国资监管部分还要加强企业风险管理制度。企业的风险管理需从财务监督、财务预算、内部审计切入。一方面，加强企业自身财务杠杆约束，合理安排债务融资规模，进而有效控制企业杠杆率，形成合理的资产负债结构③，加快建立国有企业资产负债约束制度。另一方面，区分不同行业企业类型，设置资产负债率预警线和重点监管线，强化对企业及相关负责人的考核，限制高资产负债率企业过度融资。④ 此外，国资监管部门还要统一产权管理，建立统一、开放、规范、高效的产权交易市场，严格执行产权交易准入制度，加强产权交易监管。

---

① 黄群慧：《非公企业参与国企改革仍需谨慎——访中国社会科学院工业经济研究所所长黄群慧》，载《经济参考报》，2014 年 9 月 29 日第 8 版。
② 黄群慧：《非公企业参与国企改革仍需谨慎——访中国社会科学院工业经济研究所所长黄群慧》，载《经济参考报》，2014 年 9 月 29 日第 8 版。
③ 李锦：《让国企去杠杆驶入快车道》，载《中华工商时报》，2018 年 9 月 25 日第 3 期。
④ 李锦：《让国企去杠杆驶入快车道》，载《中华工商时报》，2018 年 9 月 25 日第 3 期。

（五）用好资本市场推进混合所有制改革

资产证券化是以特定资产组合或者特定现金流为支持，发行可交易证券的一种融资形式。① 混合所有制需要融资平台支撑，这就涉及如何利用资本市场这个融资大平台。混合所有制改革的目标就是把国有股"一股独大"的股权结构，转变为公有制经济与非公有制共同参股的股权形式。混合所有制改革就是要盘活存量资产，优化增量资产，资本市场能够激活存量，引入战略投资者是激活存量的重要举措。引入战略投资者是优化国企股权结构和改善公司治理结构的重要手段，也是激活资本市场的关键。引入战略投资者进入国有上市公司涉及在资本市场进行股权定价、资产定价等问题，若是非国有上市公司则需要产权交易市场或平台进行资产定价。因此，资本市场是实现"混改"的最佳工具和平台。战略投资者进入国有上市公司的一个重要程序是利用资本市场进行资产定价和股权转让定价。资本市场的信息公开、价格发现功能可以规避关联交易、暗箱操作等引起的资产流失、腐败等问题。用好资本市场推进混合所有制改革可以使国资管理以资本升值为主，向强化股东利益和提高投资回报率转变：一方面使战略投资者进入国有上市公司的股权实现保值和增值，另一方面使国有股东更加重视国有上市公司的市值管理。市值管理是国有上市公司用好资本市场推进国企公司治理结构优化、完善职工持股、提升职业经理人契约化管理、实现国资保值增值、落实国资社会责任的国资管理模式。

以混合所有制改革实现国企做强做优做大和国民财富的全民共用共享。防止因混合失当而造成国有资产流失，防止新私有化的回流。以混改推进自然垄断行业的国企改革，推动自然垄断性行业向可竞争性市场结构转变。通过混改实现国企战略布局的调整，优化国有经济的布局，提升国有资本保值增值的能力，提高国有资本运行效率。实现国有资本用于全民的福利目标。国有资本的制度属性，主要体现在资本回报贡献国家，为实现国家财富的增长，社会财富均衡分配打基础、调控节奏。

---

① 宋文阁、刘福东：《混合所有制的逻辑——新常态下的国企改革和民企机遇》，中华工商联合出版社 2014 年版，第 166 页。

第六章 以国有企业产权制度变革实现国民财富共享

一、对马克思主义所有制理论的继承和创新

(一) 对马克思所有制理论的继承和创新

国有企业产权制度改革理论联系实际,将马克思主义经济学产权理论与中国国有企业改革的具体实践相结合。所有制是经济体制的基础,调整和完善所有制结构是建立社会主义市场经济的根本条件。马克思主义的所有制理论为中国的国企产权制度改革提供了理论依据。国有企业产权制度改革只有坚持马克思的所有制理论才能保持社会主义国家的性质,只有继承和创新马克思所有制理论才能使国有企业产权制度改革在实践中对其进行"与时俱进"的实践和发展。所有制理论是马克思政治经济学的核心,也是中国国有企业产权制度改革的理论起点。任何所有制必然具有多种实现形式,公有制经济也不例外。所有制包括一般形式和实现形式。所谓所有制实现形式,是指一定的所有制一般形式的财产在经济运行过程中的具体经营方式和组织形式。任何所有制的实现形式都必须以其一般形式为依据,任何所有制一般形式都必须通过一定的实现形式来体现。只有将所有制的一般形式与实现形式结合起来,才能构成一定社会经济条件下具体的生产经营活动,从而实现生产资料所有者的经济利益。[①] 所有制的一般形式和实现形式是两个不同层次的经济范畴。前者属于经济层次的范

[①] 葛杨:《经济转型期公有财产制度的演化与解释》,人民出版社2009年版,第49页。

畴，表明的是所有制性质的问题。后者则属于经济运行的范畴，表明一定的所有制一般形式在经济运行中的制度安排与运行机制及其运作方式。① 所有制一般形式比较稳定，而所有制实现形式是变动的。所有制决定经济基础的性质及演变。

从马克思主义中，作为历史唯物主义之范畴的"所有制"和作为经济学范畴的"产权"是联系在一起的，后者是前者的展现。"产权"作为法律上层建筑的概念，其基础或者说实质性内涵是经济关系特别是生产资料所有制关系。马克思主义政治经济学严格区分作为客观的经济关系的生产资料所有制和作为其法律上的表现的产权关系。产权的本质不能从它自身去寻找，而应从它的实际内容和客观基础去寻找，即产权是生产关系的法律表现。一般地来说，所有制实现形式本身不具有制度属性。② 而所有制的实现形式是由产权的权能分解的具体情况决定的。③

在马克思关于所有制的理论研究看来，私有制和公有制是一种同时并存的状态，因此，产权结构也可以是一种各种形式的产权同时并存的状态，即私有产权同时并存的关系和各种形式的私有产权、各种形式的公有产权同时并存的关系。④ 股份制就是一种能够实现私有产权和公有产权同时并存的所有制实现形式。股份制是一种实现以股票形式集中或联合社会资金的社会集资和投资的企业制度，以财产所有权和经营权分离的企业法人财产制度为前提。股份制为公有制与市场经济的结合提供了条件。在市场经济条件下，国有企业的产权结构可以实现多元化，即国有企业的股权结构的多样化，在国家作为第一大股东的条件下进行控股或者参股，其他非国有资本和社会资本进入国有企业。从优化资源配置的角度出发，股份制优化了公有制资产配置。在现代企业条件下，国有企业是独立生产的核算单位，具有依照《公司法》规定进行集资和融资的权利，同样还具有自主投资的权利。中国国有企业产权制度改革的实践证明，股份制已经发展成一个中性概念。作为参与股份制的国有产权或合作产权是公有产权，而作为公有产权控股的股份制企业在整体上也是一种公有产权。⑤ 现代企

---

① 葛杨：《经济转型期公有财产制度的演化与解释》，人民出版社2009年版，第49页。
② 葛杨：《经济转型期公有财产制度的演化与解释》，人民出版社2009年版，第51页。
③ 葛杨：《经济转型期公有财产制度的演化与解释》，人民出版社2009年版，第50页。
④ 陆剑杰：《广义经济结构论》，社会科学出版社2005年版，第261页。
⑤ 陆剑杰：《广义经济结构论》，社会科学出版社2005年版，第261页。

业的产权组织制度是对马克思的财产权理论的时代发展，极大地丰富了马克思企业理论和财产权理论。国有企业的股份制组织形式有利于产权的重组、流动和改造，能够有效地实现国家所有权与企业法人财产权的分离，有利于保障国家作为出资人及其他出资人的权益，实现国有企业利益的公平分配，也能够有效地保护企业行使法人财产权。国有企业的公司制实现了从"私人资本"到"社会资本"的扬弃和转化，实现了"资本的社会化"。这种大规模资本社会化是马克思的时代无法看到的。资本社会化的第一阶段是私人产权和公有产权共时态的初级阶段，资本家私人资本组合成为完全是资本主义性质的社会资本，劳动者和其他社会资本在资本主义企业中所占的股份比重较小。第二阶段是私人产权和公有产权共时态的集中体现。表现为越来越多的劳动者通过股票等投融资产品，介入了社会资本结构，参与企业管理，使之变成既有资本家投资一元的、又有劳动者投资的一元的社会资本。第三个阶段是私有产权和公有产权相互渗透和深化的阶段。在发达资本主义国家，表现为整个社会股份高度分散，利益相关者越来越多地参与到企业的事务当中；公营企业法人机构持股所占比重较大，资本社会化程度进一步深化。而在社会主义国家，国有企业通过国有产权的股份制改造，变成了股份制企业，形成了国有企业产权多元化的产权结构，即在国家作为出资人的国有企业当中，国家作为终极所有权人控股或参股，其他非国有股份参股。资本主义公营企业和社会主义国家国有企业的资本社会化不断深化，尤其是资本主义国家的公营企业既不归国家所有或者国家控股，也不归资本家私人所有或控股，而是形成"产权的社会化"。国家企业产权制度变迁的过程中公有财产权"优位化"政策，并不是以对私有财产权造成实际损害为条件的。而是通过"优先"发展公有制来排除私有财产发展的困难和促进私有财产权的可持续发展。私有财产权与公有财产权裂变后又在同一所有制下走向融合，这成为推动国有企业产权制度改革的一个重要因素。

(二) 国企产权制度改革实现了公有制与市场经济的结合

中国的所有制改革就是要建立社会主义市场经济体制。所有制是经济体制的基础，调整和完善所有制结构是建立社会主义市场经济的根本条件。以公有制为主体、多种所有制经济共同发展的基本经济制度为社会主义与市场经济的结合奠定了制度基础。国有经济及其代表国有企业存在的产权关系、人力资本的经营收益权都需要通过市场机制来调节。公有制与市场经济的兼容是一个复杂长期的任务。在构建社会主义市场经济的改革中，将公有产权与市场经济有效地结合在一起能够实现一种以法人型联合劳动为基础的"市场社会主义"。① 国企产权改革取得成功必须坚持两个前提条件：一是使公有经济特别是国有经济与市场经济相结合，这是顺利实现产权改革的关键问题；二是产权（所有制）改革引起的经济关系的变革必须是以不改变社会主义的基本性质为前提的。② 因此，在考量国有企业的性质和作用时，不能漠视其体现社会主义的意识形态意义和社会主义经济制度保障功能。我国国有经济作为社会主义全民所有制的实现形式不是一个政治经济学"教条"，而是中国特色社会主义经济制度的基本标识。③

马克思和恩格斯以经典的公有制为起点分别从三个层次分析了社会主义与市场经济的对立关系，即从生产关系本质层次上、从经济运行层次上、从生产力层次上。④ 私有制与公有制两种经济关系的对立表现为市场经济与计划经济的对立。市场调节与计划调节的对立根源在于商品经济（市场经济）与产品经济的不相容性，商品经济与产品经济的对立归根结底是私有制与公有制两种制度属性不同导致的矛盾。马克思主义联系生产资料的所有制形式，来讨论产权的形式。私有产权与公有产权的融合是因为私有产权与公有产权都是作为实现各自目标的手段而与具体经济体制结合在一起的。私有产权往往与商品经济结合，公有产权服务于国家的公共职能并常与自然经济或产品经济相伴。社会主义与市场经济的结合不会改变社会主义的经济性质，因为商品关系是内在于社会主义公有制的。社会主义与市场经济的结合，其实质在于市场在资源配置中起基础性作用，本身不具有制度属性，不属于社会基本制度的范畴，不会改变社会经济性质。⑤

社会主义市场经济既可以单向结合也可以双向同社会主义基本制度结合在

---

① 程恩富：《资本主义和社会主义怎样利用股份制——兼论国有经济六项基本功能》，载《经济学动态》，2004 年第 10 期。
② 陆剑杰：《广义经济结构论》，社会科学出版社 2005 年版，第 336 页。
③ 谢地：《国有经济的身份与地位：法经济学的视角》，载《政治经济学评论》，2010 年第 7 期。
④ 顾钰民：《社会主义与市场经济结合的再研究》，载《学习与探索》，2011 年第 1 期。
⑤ 顾钰民：《论公有制与市场经济的关系》，载《学术界》，2005 年第 4 期。

一起。① 公有制企业成为符合市场经济运行的市场主体和法人实体是公有制能够与市场经济结合的关键问题。②

以现代公司制为主要形式的企业，基本特征都是混合所有制。中国发展混合所有制是要解决好公有制与市场经济融合的问题。由于社会主义基本经济制度决定了不同所有制经济的并存和混合是一个从宏观到微观的演变过程。混合所有制包括两层含义：一是宏观层面的混合经济，是指整个社会的多种不同所有制形式和经济成分并存的格局；二是指微观层面的不同所有制性质归属的资本在同一企业中的"混合"。③ 在企业微观运行层面上，混合所有制的运行机制是建立在真正的企业基础之上的市场化运作，也就是遵循市场经济运行规则办事。混合所有制经济实现了个人所有制、股份所有制和国家所有制的相结合。国有企业的股份制或公司制改造在微观层面上实现了国有企业产权的多元化。在企业层面，国有资本可以通过控股，也可以通过参股体现对国有经济的控制力，体现公有制的实现形式。而各种非国有经济成分也可以以多种途径进入国有企业，实现国有股与其他非国有经济成分的混合。国有企业股份制改造推进了这一进程，实现了国有企业产权的多元化结构。

财产权是一种与经济体制结合在一起的资源配置手段，其本身与所有制的性质无关，取决于其支配和受益主体的性质。现代公司制度消除了公有制企业与私有制企业的所有制性质，作为独立的市场主体和法人实体，都符合市场经济运行的要求。因此，公有制企业能够实现与市场经济的实质性结合，同样具有充分的动力和高效率。④ 财产组织形式的社会化使现代私有制资本社会化程度继续提高，打破了所有制的限制，因此也符合社会化生产力发展的要求。公司制是现代公有制经济和现代私有制经济的共同实现形式。公有制实现形式理论的发展，解决了公有制与现代经济发展基本要求相融合的问题。⑤ 公司制度的确立，为现代公有制和现代私有制的共同发展和融合发展提供了微观制度条件，

---

① 单向结合是指从市场经济"手段化"的角度来论证市场经济与社会主义的结合，是指市场经济作为资源配置方式可以和社会主义结合即可以单向结合。双向结合是指社会主义公有制作为一个经济主体也能够和市场经济结合。

② 顾钰民：《社会主义与市场经济结合的再研究》，载《学习与探索》，2011年第1期。

③ 葛扬、林乐芬：《市场理论、国家理性与现代混合经济发展》，中国经济出版社2008年版，第39页。

④ 顾钰民：《马克思主义所有制理论的时代发展》，载《经济学家》，2012年第11期。

⑤ 顾钰民：《马克思主义所有制理论的当代发展》，载《高校理论战线》，2008年第10期。

同时也为在整个社会中实现多种所有制经济共同发展提供了具体的载体。①

混合所有制的股份制是公有制企业产权结构多元化（投资主体多元化）的财产组织形式。各种所有制成分之间在功能上具有互补性，相互之间无法完全替代。②经过股改后的国有企业里，有国有股、集体股、外资股、法人股等，各类所有制的资本按照《公司法》的法律规定和约束，享受平等的地位，按照股权的结构享有相应的权益。在微观层面上实现各种所有制及经济成分并存和共同发展，可以充分发挥市场机制的协调作用，促进各种经济成分形成充分的竞争和协作，促使公有制经济成分注重产权关系的调整以此提高运行效率和经济效益，同时也使私有制经济能够更好地理顺产权和利益关系。国有企业的产权多元化对于巩固和发展现代企业制度，健全和完善市场体系，强化市场机制对资源的优化配置作用具有重要作用，也因此顺利地实现了公有制与市场经济的结合。

二、渐进式改革可以实现从"国富"到"民富"的转变

经济转型的本质是公有产权市场化和多元化的过程。经济学家根据各国制度变迁的速率和国有产权性质的改变，将经济转轨的方式分为两种典型的类型：激进式改革和渐进式改革。两种改革方式是相对的概念：以俄罗斯为代表的"休克疗法"和以中国为代表的"渐进式改革"。激进式改革还可以称为"大爆炸方法"，是一种一步到位的经济转型方案，旨在在较短的时期内打破旧体制的"存量"，以最快的速度取得最终的效果，并避免转型的不确定性和可逆转性。激进式改革的基础是西方经济学中占主流地位的新古典经济学和哲学的构建理性主义，强调改革的逻辑一致性和资源配置效率。激进式改革的三个核心内容是：市场化、经济自由化和私有化。激进式改革的主要方式是整个国家推动公有产权在短期内迅速私有化。"休克疗法"以西方自由主义及新自由主义经济思想为操作工具，迷信私有化的神圣力量，否定公有产权制度的相对优势，认为国有经济效率低下，迅速改变国有产权能够实现国家的经济转型。在西方国家国有化浪潮后，国有经济开始出现低效率的情形，为了实现国家经济效率和公

---

① 顾钰民：《马克思主义所有制理论的时代发展》，载《经济学家》，2012年第11期。
② 葛杨：《经济转型期公有财产制度的演化与解释》，人民出版社2009年版，第59页。

共部分服务水平的提高，英国率先实行私有化，以提高经济效益，促进经济增长。而在西方大多数国家实行以货币主义理论为基础的政策工具，推行治理通胀和社会稳定化和制度化的改革理念。随后，"休克疗法"被大面积地移植到东欧社会主义国家。以"华盛顿共识"和"休克疗法"为指导思想的私有化政策并没有使东欧社会主义国家经济得到提振，由于国有经济的基础被破坏，反而使国家政局陷入混乱，原有的业已形成的经济体制和机构被破坏和瓦解，经济受到重创，经济转型也未达到预期效果。

渐进式改革是指在保持根本经济制度不变的前提下，对经济发展过程中限制或者阻碍经济发展或转型的经济体制进行渐次的边际增量改革。渐进式改革是在旧体制已经不适应经济的发展并开始消耗已有的发展成果，但对经济增长的作用还未完全失去功能的情况下进行的。已经形成的改革的物质基础是在不破坏原有体制框架内具体时间、速度和次序选择上的渐进性地展开的改革。

渐进式改革理论以演进理性主义为哲学基础，注重规范性政治问题特别是社会变化方式，认为做出政治选择时必须考虑到人们无力把握社会变革完整过程这一事实。渐进式改革理论认为，一个社会的成就主要取决于它对外部条件做出的反应和进行建设性社会性变革的实力。对于经济系统，革新和适应是成功的关键，所以渐进式改革的第一步是通过鼓舞新生的私有部门成长来取代旧的体制。改革应是进行小规模实验，即使出现失败，也不会影响大多数经济领域，它强调市场过程，市场本身是创新社会经济联系的最成功的工具。随着改革的进行，市场过程既能破坏又能组织与个人之间的联系。市场过程的特征是，现存体制应该被逐渐地缓慢代替，现存政府企业的迅速私有化并不符合经济规律。①

中国的渐进式改革具有三个特征：一是增量改革，即在资产增量的配置上引入越来越多的市场机制改革方式；二是试验推广，中国经济体制的改革是边际增量改革，每项改革措施都从较小范围内的试验开始，逐渐消化改革的阻力成本，在新的改革成果或新体制的生存空间形成后再推广至全局；三是非激进改革。通过充分利用已有的组织资源，保持制度创新过程中制度的相对稳定性，尽量避免社会大的震荡和资源浪费，避免资产存量分配过程中出现的不公平以

---

① 伍装：《中国经济转型分析导论》，上海财经大学出版社2005年版，第61页。

及由此产生的冲突。说其是渐进式改革的特征是因为，它强调新旧体制的关联性，强调信息的接续性。正是因为存量对增量的制约，才使得中国渐进式改革虽然具有明显的增量改革的特点，但实际上这种增量改革未完全脱离存量改革的配合。存量与增量是相互转化的，因此在存量资源中还存在大量的旧体制的因素，存量问题制约增量改革的效果，从而最终阻碍市场经济体制形成的速度和程度。

国家经济转型最基础也最关键的是产权制度变革。渐进式方式是从一个国家的实际出发，逐步调整产权结构，充分发挥各种产权安排的相对优势的过程。① 中国的公有产权的渐进式改革是在利用旧体制"存量"的基础上进行的，因而能够减少在改革过程中的阻力成本。阻力成本是时间变量的反函数，一旦新的制度适应经济体制的要求时各种产权关系也就逐步被理顺，改革的推动者就会从产权制度的改革中获得转型的收益，积极支持改革。

国有企业产权制度改革就是这种增量改革模式的典型表现，旨在通过调整所有制结构和形成适合所有制的实现形式。国有企业产权制度改革作为公有制产权制度变革的组成部分，实际上是对原有公有产权制度的局部变革。国有企业产权制度的渐进式改革采取了分阶段有步骤、允许试错、先试验再推广国有企业改革基本方法论，并没有实施一步到位的激进式转变。国有企业的改革从总体上说是按照先易后难、由浅入深的原则来进行的，改革是随着时间的推进而不断深入的。改革分别在国有企业的分配制度、经济制度和产权制度方面实现了创新，并显著地提高了国有企业的经济活动效率。②

中国企业改革的政策演变过程是务实的和经验主义的。并且在整个改革过程中，并没有一个统一的能够统领全国的企业改革方案，不同的阶段出台不同的政策，很多政策的出台是由走在前面的地方改革实验诱导出来的。③ 国有企业未建立现代企业制度之前的产权制度改革均未涉及国家与企业之间产权关系的变革。放权让利的改革主要是集中在国家对企业让利多少的问题上。而"两权分离"的改革所实行的承包制，则是围绕承包基数国家与企业之间如何分配利

---

① 葛杨：《经济转型期公有财产制度的演化与解释》，人民出版社2009年版，第69页。
② 顾钰民：《马克思主义制度经济学——理论体系·比较研究·应用分析》，复旦大学出版社2005年版，第298页。
③ 张军：《中国企业的转型道路》，上海人民出版社2008年版，第23页。

润的问题。这一逻辑核心就是要给经济活动主体以合理定位,并且科学界定不同经济主体之间的利益关系,形成权责利对称约束相容的良性循环机制,从而使体制构造功能与效率目标要求相一致。① 党的十四届三中全会提出国有企业改革建立现代企业制度的改革目标,才把产权改革的核心问题聚焦到国有企业的产权问题上来。以现代企业制度为目标的改革不是像前期那样的增量的改革,而是触及传统体制中深层次的矛盾,对传统体制下的既定权力和利益结构进行调整。②

现代企业制度是在产权关系的深层次上寻找经济主体利益关系的依据。企业改革最终的目标就是在法律制度形式上对企业法人财产权加以明确。而产权约束的企业改革是从根本上改变政企关系,寻找企业独立利益的产权依据,将政企利益关系转到现代企业的法律制度构架中来。产权约束的企业改革既是以契约约束致力追求规范为目标,又是把已承认的企业既得利益作为前提的。③ 而在三种约束形式的演进中,后一种约束形式都包含了前一种形式。④ 从改革逻辑演化的进程来看,企业体制改革的不断深化,最终必然要求在深层上理顺企业运行中的产权关系,要求对企业的独立利益在产权关系上寻找依据。⑤

在党的十四届五中全会之前,国有企业改革的基本思路是"单个搞活",各项改革措施的出台都是基于单个企业的角度,倾向于从"微观"的改革思路出发。⑥ 国有企业实行战略性改组(1993年以后)的初始阶段,只是阐述了现代产权制度的性质和特征,并没有提供实现该制度的具体途径,现代企业制度目标更多的是方向上的,缺少实际操作的可能。⑦ 宏观经济的目标需要通过微观组织企业这个载体来实现。正是有了企业的性质、功能的定位,才能为整个经济体制找到落脚点和基础,围绕着它的运行,经济体制的其他各项内容才有了服务对象,从而建立起经济体制运行的系统功能,因而企业体制成为整个经济体

---

① 张晖明:《中国国有企业的逻辑》,山西经济出版社1998年版,第49页。
② 张军:《中国企业的转型道路》,上海人民出版社2008年版,第35页。
③ 张军:《中国企业的转型道路》,上海人民出版社2008年版,第97页。
④ 张军:《中国企业的转型道路》,上海人民出版社2008年版,第28页。
⑤ 张军:《中国企业的转型道路》,上海人民出版社2008年版,第60页。
⑥ 参见黄速建、黄群慧、王钦、肖红军:《中国国有企业改革三十年回顾与展望》,见陈佳贵:《中国企业管理研究会会议论文集》,中国财政经济出版社2008年版,第13—61页。
⑦ 张军:《中国企业的转型道路》,上海人民出版社2008年版,第35页。

制的中心环节。① 党的十四届五中全会提出"要着眼于搞好整个国有经济，通过存量资产的流动和重组，对国有企业实施战略性改组"以后，国有企业的改革思路开始转向从国有经济整体的战略性调整角度来考虑国有企业改革②，也就是从提升整个国有企业经济地位、国有经济控制力的角度推进国有企业改革。建立现代企业制度之前国企改革依据的是一种边际性的增量改革基本思路。建立现代企业制度和国有企业战略性改组的产权制度改革则是一种深刻的利益主体转移问题，突出了存量调整思路。

中国的市场化改革是在工业化和社会主义制度双重约束中进行的，仅从市场化的角度是无法全面认识中国的改革的经验的。只有从中国特殊的经济结构、政治结构和特殊的历史文化传统中，才能比较深入全面地把握中国渐进式改革的内在逻辑。从中国国有企业产权制度改革的政策导向和制度变迁可以看出，国有企业改革的多个步骤或措施之间并不是完全割裂的，具有很大程度上的继承性。③ 国有企业产权制度改革的继承性和创新性体现其渐进式改革方式的主旨，这种渐进式的推进有利于巩固国有经济的主体地位，有利于提升国有经济增加社会财富的能力，实现国企经营成果全民共享，从而实现从"国富"到"民富"的转变。

"国富"优先是计划经济的重要特征。改革开放以来，"国富"优先的发展方式在促进经济快速增长上具有明显优势。国富优先在集中力量办大事、扩展经济总量、反贫困上都发挥了重要作用。④ 从"国富"到"民富"的经济发展目标的转型是社会主义的本质要求。我国由生存阶段向发展阶段的历史性提升，在本质上要求把经济发展的目标定位于人的全面发展。经济发展的最终目的不是简单地追求经济总量，不是简单地追求一部分人的富裕，而是要把提高全民福祉作为发展的根本目标。全民福祉，就是全体社会成员可行能力的提高，即提高个人过自己愿意追求的生活的能力。全民福祉取决于两个重要变量：一个是经济总量指标，经济总量越大，全民福祉就越大；二是一个国家国民收入分

---

① 张晖明：《中国国有企业改革的逻辑》，山西经济出版社1998年版，第60页。
② 参见黄速建、黄群慧、王钦、肖红军：《中国国有企业改革三十年回顾与展望》，见陈佳贵：《中国企业管理研究会会议论文集》，中国财政经济出版社2008年版，第13—61页。
③ 参见黄速建、黄群慧、王钦、肖红军：《中国国有企业改革三十年回顾与展望》，见陈佳贵：《中国企业管理研究会会议论文集》，中国财政经济出版社2008年版，第13—61页。
④ 迟福林：《民富优先：二次转型与改革方向》，中国经济出版社2011年版，第46页。

配结构，国民收入分配越公平，全民福祉越大。①

现代经济财富增长和收入分配机制是双重的，一是劳动收入的增长，二是资产性收入增长。资本市场、现代公司制度、各种资产性收入等改变了中国国民收入的分配格局。"国富"不一定国强，只有"民富"才能国强。从国富到民富实际上是一个产权问题。制度决定着一国收入和财富的流向和结构。中国是一种国家主导型的市场经济，表现为政府控制的资源多、政府的管制多、政府的干预多。政府的"三多"优势必然导致收入、资产、财富易于向政府手中转移和集中。② 中国需要通过产权制度改革转移和分配国民财富，更公平、有效地将国有企业创造的财富转移到其委托人的手中，让全民获得更多财产性收入。

国有经济是公有制经济的一种特殊形式，它的社会经济属性取决于其执政的功能和服务的目的。社会主义经济的本质要求是增进全民福利。国有经济作为公有制经济的一种形式当然也必须以增进全民福利为目标，否则就违背了公有制的内在要求。③ 目前，国有资本需要在强调保值和增值的基础上进行战略性调整。国有资本的战略性调整旨在发挥其间接调节经济的作用和调节收入分配的功能。因此，形成国有资本的全民共享机制才能真正地实现从"国富"到"民富"转变。这就要求国有资本既要强调经济性也要强调社会性，并在经济性和社会性之间做出较为均衡的安排。因此，国有资本作为调节经济的手段可以直接进入国家认为的关键领域和重要行业。

私有化不能实现从国富到民富的转变。部分学者坚持主张私有化才能改良中国的财富结构和经济增长模式。私有化论者还认为政府干预过多和国有企业主导的模式是造成中国社会矛盾频发和不公平的原因。

私有化的特别进程涉及财政支出，会给财政预算资金紧缺的发展中国家带来严重的财政问题，因此不利于财富转移支付。推动私有化的另一个动因是特殊利益（贪婪），大量的潜在收益最终流入了私人手中，而不是用于藏富于民的公共服务。在转型国家私有化过程中被滥用，很多国家的少数人通过国有资产的巧取豪夺而成为百万甚至亿万富翁。④ 在国有企业管理的过程中，代理人通过

---

① 迟福林：《中国：历史转型的"十二五"》，中国经济出版社2011年版，第56页。
② 卢现祥：《从国富到民富》，载《社会科学战线》，2011年第3期。
③ 周冰、郭凌晨：《论国有企业的功能定位》，载《财经科学》，2009年第1期。
④ 约瑟夫·E. 斯蒂格利茨：《私有化更有效率吗》，载《经济理论与经济管理》，2011年第10期。

与国家进行博弈，并利用手中的经营垄断权，或者与其他非国家资产所有者联合起来充当企业的实际所有者，把国有资产用于私利聚集，形成了"寄生在国有财产之上和获得不符合自己资本规模收入"的私人资本积累机制。

现代企业制度约束下，以股份公司为主要形式的私人资本社会化已经成为现代社会中私有制的主要形式。现代企业制度的财产组织形式弱化了出资人的权利，强化了企业法人的权利。在现代企业中，企业发展的动力如何，主要取决于公司治理结构如何安排及其效率。国有企业也可以通过合理的公司治理结构实现企业效率的提高。无论从理论上还是实践上看，都不能说明只有私有制经济才具有最充分的动力。[①] 因此，私有化不是提高经济的原动力。

国有资本在市场经济中的能力分工决定了其具有承担社会福利分配的社会责任，因此国有企业改革的成果必须体现和惠及全体国民的利益。国有企业虽然具有私法人和公法人的双重身份，但作为全民利益的"代言者"必须履行公法义务，服务于全民福利最大化，其产权制度改革也需要以全民福利最大化为终极目标，并以此目标做出具体的制度安排。

经济转型中的收入分配制度和福利制度的重新构建对产权制度改革的成功起着至关重要的作用。因为收入分配制度和福利制度涉及多方利益群体获得经济福利的权利，因而在产权关系中具有特殊的敏感性。在收入分配和福利分配过程中资本要素已经起到决定性作用，包括"物化的资本"和"人格化的资本"以及"权力资本"。"权力资本"的存在容易扭曲按劳分配和按要素分配的机制，扭曲公平分配的理念。国有企业产权制改革过程中要体现"起点平等"和"机会平等"，即通过法律机制保证参与产权改革的利益群体获得平等权利的机会。因此，在产权制度变革过程中要处理好财富增长效应和财富分配效应的辩证关系。如果脱离广大社会公众的参与和支持，国有产权改革是不可能取得成功的。国有企业产权制度的渐进式改革实践并实现了公有制和市场经济的有效结合，同时保证了公有制的社会主义的方向。私有化论无端指责国有经济侵蚀非公有制经济的发展空间，并将二者歪曲为国富与民富、国家与人民的对立关系，宣扬"国进民退"会造成国富民穷和社会不公。[②] 而国有企业产权制度

---

① 顾钰民：《私有制是经济发展最充分的动力吗？——评新自由主义的经济发展理论》，载《当代世界与社会主义》，2004年第3期。

② 崔学东：《当代西方私有化理论的谬误》，载《政治经济学评论》，2011年第4期。

改革的实践证明，国有经济效益是竞争力不断地提高而不是依靠产权制度变革过程中的"权力资本"积累而成的。

制度变迁是人们追求自己利益时的一种规则的改变，因此制度变迁必须符合大多数人提高福利的要求，否则制度变迁就缺乏绝大多数人的支持。国家作为一种强制力，能够在宪法秩序内提供制度供给，解决制度供给持续性不足的问题，以此来解决阶级差别造成的分配不公问题。国有企业自生能力的增强未必会使国有经济作为全民所有制的一种实现形式全然地代表全体人民的利益，增进全民的福祉。① 宪法约束是实现外部收益内部化的根本制度条件，宪法秩序直接决定了参与国企改革的利益主体的成本和难度，以及参与主体的获益程度。国家可以通过宪法秩序促进有利于提高全体人民福利的制度的形成。

社会贫富差距扩大主要体现在"资富劳穷"，而从"国富"到"民富"也必须解决这个问题。

产权制度改革的绩效主要依它对国民财富的影响而定。国有企业的低效率不在于所有者缺位的问题，而在于所有者代表太多，在存在多层委托代理人的情况下，出资人代管者与出资人目标函数冲突，导致国有资本经营管理不能达到预期目标。因此，国有企业产权制度改革亟待解决如何整合所有者的代表问题，找到一个适合市场经济制度的产权制度框架，在这种产权制度框架内实现国有资本惠及全民，保障国家所有权权益。国有企业只有处理好财富增长与财富分配的关系，实现"国富"向"民富"过渡，才能实现国有资本增量公平分配，并在此基础上不断提升国有资本扩大财富分配效应的功能。

国有企业退出竞争性行业必然影响社会创利功能，而国有企业的社会创利功能受到削弱，必然影响国富到民富的实质性转变。因此，要发挥国有资本对国民经济的调控作用。国有企业主体资本化以后，国有资产对于经济的作用是通过国有资本运营来实现的。国有资本可以通过控制进入社会公益性事业的资本数量来实现服务于全民福祉的目标，提高全民福利。

---

① 谢地：《国有经济的身份与地位：法经济学的视角》，载《政治经济学评论》，2010年第7期。

参考文献

一、专著

《资本论》（第1—3卷），人民出版社1975年版。

《马克思恩格斯全集》（第46卷），人民出版社2003年版。

车卉淳、周学勤：《芝加哥学派与新自由主义》，经济日报出版社2007年版。

陈佳贵、金碚、黄速建：《中国国有企业改革与发展研究》，经济管理出版社2000年版。

陈鸿：《国有经济布局》，中国经济出版社2012年版。

曹和平：《中国产权市场发展报告（2010—2011）》，社会科学文献出版社2012年版。

迟福林：《民富优先：二次转型与改革方向》，中国经济出版社2011年版。

迟福林：《中国：历史转型的"十二五"》，中国经济出版社2011年版。

段文斌：《企业的性质、治理机制和国有企业改革：企业理论前沿专题》，南开大学出版社2003年版。

冯苏京：《企业1000年：企业形态的历史演变》，知识产权出版社2010年版。

费方域：《企业的产权分析》，上海人民出版社1998年版。

顾钰民：《马克思主义制度经济学——理论体系·比较研究·应用分析》，复旦大学出版社2005年版。

顾功耘：《国有经济法论》，北京大学出版社2006年版。

顾功耘：《国有资产法论》，北京大学出版社2010年版。

顾功耘：《当代主要国家国有企业法》，北京大学出版社2014年版。

高谦：《资本结构与公司控制权安排研究》，中国金融出版社2009年版。

高明华：《中国国有企业公司治理分类指引》，东方出版中心2016年版。

葛扬：《经济转型期公有产权制度的演化与解释》，人民出版社2009年版。

葛扬：《中国特色社会主义基本经济制度》，经济科学出版社2018年版。

郭金林：《国有及国有控股公司治理研究》，经济管理出版社2008年版。

郭世辉：《国有股权结构变革：资本权利与重置研究》，中国社会科学出版社2012年版。

国务院国有资产监督管理委员会研究中心：《做强做优世界一流：中央企业改革发展新目标》，中国经济科学出版社2012年版。

何家成：《公司治理结构、机制与效率》，经济科学出版社2004年版。

胡汝银：《中国资本市场的发展与变迁》，格致出版社2008年版。

胡汝银：《中国公司治理：当代视角》，上海人民出版社2010年版。

胡永泰、陆铭、[美] 杰弗里·萨克斯、陈钊：《跨越"中等收入陷阱"：展望中国经济增长的持续性》，格致出版社、上海人民出版社2012年版。

胡庆龙：《罗纳德·哈里·科斯：新制度经济学创始人》，人民邮电出版社2009年版。

洪银兴：《市场秩序和规范》，上海人民出版社2007年版。

黄新华：《当代新政治经济学》，上海人民出版社2008年版。

黄速建：《国有企业改革和发展：制度安排与现实选择》，经济管理出版社2014年版。

华生：《万科模式：控制权之争与公司治理》，东方出版社2017年版。

纪坡民：《产权与法》，上海三联书店2005年版。

纪新伟：《国有企业红利分配研究》，山西经济出版社2014年版。

季晓南：《寻找有效结合》，经济科学出版社2010年版。

金碚、刘戒骄、刘吉超、卢文波：《中国国有企业发展道路》，经济管理出版社2013年版。

经济合作与发展组织：《OECD国有企业公司治理指引》，中国财政经济出版社2005年版。

经济合作与发展组织：《中国经济调研》，中国人民大学出版社 2006 年版。

刘小玄：《转轨过程中的民营化》，社会科学文献出版社 2005 年版。

刘小玄：《奠定中国市场经济的微观基础：企业革命 30 年》，上海人民出版社 2008 年版。

刘汉民：《企业理论、公司治理与制度分析》，上海人民出版社 2007 年版。

刘俊海：《现代公司法》，法律出版社 2011 年版。

刘淑莲：《公司理财》，北京大学出版社 2012 年版。

李强：《自由主义》，吉林出版集团有限责任公司 2007 年版。

李由：《公司制度概论》，经济科学出版社 2010 年版。

李国平：《中国经济出路在哪里》，浙江大学出版社 2012 年版。

李曙光：《企业国有资产法释义》，法律出版社 2012 版。

李广子：《中国国有企业民营化改革：理论与实证》，中国社会科学出版社 2013 年版。

吕政、黄速建：《中国国有企业改革 30 年研究》，经济管理出版社 2008 年版。

林毅夫、蔡昉、李周：《充分信息与国有企业改革》，上海人民出版社 1997 年版。

林光彬：《私有化理论的局限》，经济科学出版社 2008 年版。

罗新宇：《国资新思维》，上海交通大学出版社 2008 年版。

罗新宇：《国资大变革》，上海交通大学出版社 2012 年版。

陆剑杰：《广义经济结构论》，社会科学出版社 2005 年版。

陆军荣：《国有企业的产业经济学分析》，上海人民出版社 2014 年版。

蓝定香：《大型国企产权多元化改革研究》，人民出版社 2012 年版。

廖理：《股权分置改革与中国资本市场》，商务印书馆 2012 年版。

马俊、张文魁：《国有资本管理体制改革研究》，中国发展出版社 2015 年版。

闵乐：《中国国有资产管理体制改革研究：基于国有资本性质和特点的视角》，经济科学出版社 2017 年版。

戚聿东、柳学信：《自然垄断产业改革国际经验与中国实践》，中国社会科学出版社 2009 年版。

钱伟荣：《国有企业产权改革研究》，经济管理出版社2003年版。

苏小芳、程保平：《马克思企业产权结构模式及应用研究》，经济科学出版社2006年版。

吴易风、关雪凌：《产权理论与实践》，中国人民大学出版社2010年版。

吴宣恭：《产权理论比较：马克思主义与西方现代产权学派》，经济科学出版社2000年版。

上海证券交易所：《中国公司治理报告（2006）：国有控股上市公司治理》，复旦大学出版社2006年版。

史正富、刘昶：《民营化还是社会化：国有企业产权改革的战略选择》，上海人民出版社2007年版。

史正富、刘昶：《现代企业的产权革命》，上海人民出版社2012年版。

史正富：《30年与60年中国的改革与发展》，上海人民出版社2009年版。

盛洪：《现代制度经济学（第二版）》上卷，中国发展出版社2009年版。

宋文阁、刘福东：《混合所有制的逻辑：新常态下的国企改革和民企机遇》，中华工商联合出版社2014年版。

唐朱昌：《从叶利钦到普京：俄罗斯经济转型启示》，复旦大学出版社2007年版。

汪同三、郑玉歆：《发展报告（2010）》，社会科学出版社2010年版。

王一江：《国家与经济：关于转型中的中国市场经济改革》，北京大学出版社2007年版。

吴越：《公司治理：国企所有权与治理目标》，法律出版社2006年版。

吴刚梁：《国资迷局》，中国人民大学出版社2010年版。

伍装：《中国经济转型分析导论》，上海财经大学出版社2005年版。

王福重：《公平中国：开启未来十年、新奇迹的钥匙》，东方出版社2013年版。

王雨本：《股份制度论》，中国社会出版社2009年版。

汪平：《基于价值管理的国有企业分红制度研究》，经济管理出版社2011年版。

夏雅丽：《有限责任的法经济学的分析》，法律出版社2006年版。

席月民：《国有资产信托法研究》，中国法制出版社2008年版。

徐传谌、郑贵廷：《国有经济资源优化配置系统论》，经济科学出版社 2006 年版。

徐传谌：《国有经济评论》（2009 年 9 月第 1 卷第 1 辑），经济科学出版社 2009 年版。

徐传谌：《国有经济评论》（2010 年 3 月第 2 卷第 1 辑），经济科学出版社 2010 年版。

徐传谌：《国有经济评论》（2011 年 3 月第 3 卷第 1 辑），经济科学出版社 2011 年版。

徐传谌、郑贵廷：《国有经济资源优化配置系统论》，经济科学出版社 2006 年版。

晓甘：《国民共进：宋志平谈混合所有制》，企业管理出版社 2014 年版。

余菁：《国有企业公司治理问题研究：目标、治理与绩效》，经济管理出版社 2009 年版。

余汉抛：《国有企业产权多元化的边际分析》，世界图书出版公司 2011 年版。

严汉平：《国有经济逻辑边界及战略调整》，中国经济出版社 2007 年版。

杨桦：《公司再造：中国上市公司治理的新路径》，中信出版社 2011 年版。

杨卫东：《国企工具论》，武汉大学出版社 2012 年版。

中国证券监督管理委员会：《中国资本市场发展报告》，中国金融出版社 2008 年版。

中国证券监督管理委员会：《中国上市公司治理发展报告——OECD—中国：公司治理共同评估项目自评估》，中国金融出版社 2010 年版。

中国证券监督管理委员会：《中国资本市场二十年》，中信出版社 2012 年版。

张宇：《市场社会主义反思》，北京出版社 1999 年版。

张宗益：《公司治理：热点透视与实证分析》，法律出版社 2006 年版。

张才国：《新自由主义意识形态》，中央编译出版社 2007 年版。

张军：《中国企业的转型道路》，上海人民出版社 2008 年版。

张建君：《论中国经济转型模式》，中共中央党校出版社 2008 年版。

张薰华：《资本论脉络》，复旦大学出版社 2010 年版。

张文魁：《中国国有企业产权改革与公司治理转型》，中国发展出版社2007年版。

张文魁：《解放国企：民营化的逻辑与改革路径》，中信出版社2014年版。

张文魁、袁东明：《国有企业改革与中国经济增长》，中国财政经济社2015年版。

郑海航、戚聿东、吴冬梅：《国有资产管理体制与国有控股公司研究》，经济管理出版社2010年版。

赵乃斌、姜士林：《东欧中亚国家私有化问题》，当代世界出版社1995年版。

赵立卫：《企业人力资本生产：对企业教育功能的相关研究》，中国财政经济出版社2010年版。

周其仁：《改革的逻辑》，中信出版社2013年版。

[西] 德索托：《奥地利学派：市场是秩序与企业家创造性》，朱海就译，浙江大学出版社2010年版。

[美] 道格拉斯·C. 诺斯：《制度、制度变迁与经济绩效》，杭行译，上海人民出版社2008年版。

[美] 道格拉斯·C. 诺斯：《经济史上的结构和变革》，厉以平译，商务印书馆1992年版。

[英] 费雷德里希·奥古斯特·哈耶克：《自由宪章》，杨玉生、冯兴元、陈茅译，中国社会科学出版社1998年版。

[英] 林重庚、[美] 迈克尔·斯宾塞：《中国经济中长期发展和转型：国际视角的思考与建议》，余江译，中信出版社2011年版。

[美] 热拉尔·罗兰：《私有化：成功与失败》，张宏胜、于淼、孙琪等译，中国人民大学出版社2011年版。

[美] 约瑟夫·R. 布拉西、玛雅·克罗莫娃、道格拉斯·克鲁斯：《克里姆林宫的经济私有化》，上海远东出版社1999年版。

[美] 路易斯·普特曼、兰德尔·克罗茨纳：《企业的经济性质》，孙经纬译，上海财经大学出版社2009年版。

[英] 马林：《公司治理：国际案例精选》，宋增基、李春红译，北京大学出版社2011年版。

［澳］迈克尔·温考普：《政府公司的法人治理》，高明华译，经济科学出版社2010年版。

［美］米尔顿·弗里德曼：《资本主义与自由》，张瑞玉译，商务印书馆1988年版。

［美］奥利弗·E. 威廉姆森：《资本主义经济制度》，段毅才、王伟译，商务印书馆2010年版。

［法］皮埃尔·皮卡尔：《20年后：中国和世界》，陈昊源译，江苏人民出版社2012年版。

［英］罗纳德·哈里·科斯、王宁：《变革中国：市场经济的中国之路》，徐尧、李哲民译，中信出版社2013年版。

［美］Y. 巴泽尔：《产权的经济分析》，费方域、段毅才译，上海人民出版社2008年版。

二、论文

（一）中文期刊论文

程恩富：《国有经济的功能定位于发展战略——国有经济的主导功能与制度创新》，载《当代经济研究》，1997年第10期。

程恩富：《资本主义和社会主义怎样利用股份制——兼论国有经济的六项基本》，载《经济学动态》，2004年第10期。

程恩富、鄢杰：《评"国有经济退出竞争领域"论》，载《管理学刊》，2012年第6期。

崔学东：《当代西方私有化理论的谬误》，载《政治经济学评论》，2011年第4期。

顾钰民：《论国有企业改革的战略定位——兼论"国退民进"的质疑》，载《高校理论战线》，2005年第2期。

顾钰民：《马克思主义所有制理论的时代发展》，载《经济学家》，2012年第11期。

顾钰民：《私有制是经济发展最充分的动力吗——评新自由主义的经济发展理论》，载《当代世界与社会主义》，2004第3期。

过勇、胡鞍钢：《行政垄断、寻租与腐败——转型经济的腐败激励分析》，载《经济社会体制比较》，2003年第2期。

郝书辰、蒋震：《国有资本产业分布：理论界定及其演变逻辑》，载《经济社会体制比较》，2011年第3期。

胡鞍钢、过勇：《从垄断市场竞争到竞争市场：深刻的社会变革》，载《改革》，2002年第1期。

胡鞍钢：《"国进民退"现象的证伪》，载《国家行政学院学报》，2012年第1期。

金碚：《国有企业是特殊企业》，载《求是》，2002年第5期。

金碚：《再论国有企业是特殊企业》，载《经济体制改革》，1999年第3期。

金碚：《三论国有企业是特殊企业》，载《中国工业经济》，1999年第7期。

金碚：《论国有企业改革再定位》，载《中国工业经济》，2010年第4期。

刘小玄：《国有企业改制模式选择的理论基础》，载《管理世界》，2005年第1期。

刘得杨、杨征：《国家利益与国有企业的"进与退"》，载《财经问题研究》，2012年第1期。

林毅夫、李志：《中国国有企业与金融体制改革》，载《经济学》（季刊），2005年第7期。

卢现祥：《从国富到民富》，载《社会科学战线》，2011年第3期。

戚聿东、柳学信：《深化垄断行业改革的模式与路径：整体渐进改革观》，载《中国工业经济》，2008年第6期。

戚聿东、范合君：《放松管制：中国垄断行业改革的方向》，载《中国工业经济》，2009年第4期。

钱津：《论国有企业与公营企业之异同》，载《中州学刊》，2006年第1期。

钱津：《改革的关键是区分国有企业与公营企业》，载《经济纵横》，2009年第2期。

吴易风：《用马克思的产权理论指导国有企业改革》，载《财经研究》，1997年第4期。

吴易风：《不能让新制度经济学产权理论误导我国国有企业产权制度改革》，载《理论研究》，2004年第11期。

吴宣恭：《国有经济改革及其指导思想》，载《理论视野》，2007年第11期。

王俊豪、王建明：《中国垄断性产业的行政垄断及其管制政策》，载《中国工业经济》，2007年第12期。

王俊豪：《中国垄断性产业现行管制机构的问题与制度缺损》，载《财经问题研究》，2008年第7期。

卫兴华：《坚持和完善中国特色社会主义经济制度》，载《政治经济学评论》，2012年第1期。

徐传谌、刘凌波：《我国国有企业特殊社会责任研究》，载《经济管理》，2010年第10期。

严汉平：《国有经济逻辑边界及战略调整》，载《福建论坛（人文社会科学版）》，2008年第2期。

宗寒：《产权三论》，载《东岳论丛》，2005年第3期。

宗寒：《质疑"国退民进"论》，载《当代经济》，2001年第6期。

张文魁：《国有企业改革30年的中国模式及其挑战》，载《改革》，2008年第10期。

张文魁：《改革开放以来国有资产管理体制演进及走向评估》，载《改革》，2008年第12期。

张晖明、张亮亮：《对国资职能和定位的再认识——从新加坡淡马锡公司的全称说起》，载《东岳论丛》，2010年第4期。

张维迎：《市场的逻辑与中国的变革》，载《探索与争鸣》，2011年第2期。

周淑莲：《关于国有企业产权的几个问题》，载《中国工业经济研究》，1993年第4期。

周淑莲：《再论国有企业产权问题》，载《经济体制改革》，1994年第5期。

周冰、郭凌晨：《论国有企业的功能定位》，载《财经科学》，2009年第1期。

［美］约瑟夫·E.斯蒂格利茨：《私有化更有效率吗》，载《经济理论与经济管理》，2011年第10期。

［英］张夏准：《国家发展战略视角的公共投资和国有企业改革》，周建军译，载《中共中央党校学报》，2010年第6期。

（二）学位论文

1. 丁小强：《中国国有企业产权制度设计研究》，武汉大学2004年博士学位论文。

2. 余卫平：《国有企业产权制度改革的效应分析与评价》，中南大学2004年博士学位论文。

3. 施少华：《产权与中国国有企业改革》，复旦大学20043博士学位论文。

4. 李建春：《国有企业国际比较研究》，吉林大学2010年博士学位论文。

5. 王希：《国有企业产权与最优产权安排——基于交易费用视角的研究》，华中科技大学2009年博士学位论文。

6. 吕大忠：《国有企业改革的方向——反垄断和市场化》，南开大学2010年博士学位论文。

7. 李亚瑞：《国有企业为何倾向于边界扩张》，复旦大学2011年博士学位论文。

8. 袁媛：《经营性国有资产管理体制改革问题研究》，财政部财政科学研究所2010年硕士学位论文。

9. 张婧：《新加坡国有企业公司治理模式研究》，厦门大学2009年硕士学位论文。

10. 逯东：《政府控制视角下的国企公司治理与公司价值研究——基于国有上市公司的经验证据》，西南财经大学2010年博士学位论文。

11. 于池：《中国国有企业权利委托代理关系研究》，中央民族大学2011年博士学位论文。

12. 曹雪松：《中国国有企业制度变迁及目标模式探索》，吉林大学2015年博士学位论文。

三、参考网站

1. 国务院国有资产监督管理委员会：http://www.sasac.gov.cn/
2. 国研网：http://www.drcnet.com.cn/
3. 中国证券监督管理委员会：http://www.csrc.gov.cn/pub/newsite/
4. 中国国企改革网：http://www.guoqi.org/

5. 中国企业家调查系统：http://www.ceoinchina.com/
6. 中华人民共和国国家统计局：http://www.stats.gov.cn/
7. 中国人民银行：http://pcb.gov.cn/
8. 《求是》理论网：http://qstheory.cn/zxdk/

后 记

对于经济转型国家来说,产权制度改革是一项非常重要的改革,关系到经济转型的成功与否以及转型的最终效果。而企业改革始终是转型过程中的一个热点和难点问题,如果处理不当则会直接影响国家的整体利益。因此,继续推进国有企业产权制度改革必须要做出"合意"的制度设计,相机调整现实举措,通过"合意"的制度安排确保国有企业沿着社会主义基本经济制度的方向健康成长。

国有企业产权制度改革关系着国有经济的控制力和影响力,关系着国家利益,关系着全民的利益。因此,国有企业产权制度改革必须持续推进,并形成适合中国特色的国有企业改革模式。国有企业改革又是一个系统工程,产权制度改革仅是其中的一个内容。而本文仅仅是关于国有企业改革的初步研究,若想更为全面深入地了解国有企业的改革,就必须不断地积累相关的知识,形成更为系统的关于国企改革的知识结构。

国企产权改革对于马克思主义政治经济学理论的传承与创新极其重要,是我国在新时期运用、继承和创新马克思主义政治经济学理论的重要路径,是阐释和坚持中国特色社会主义道路的重要理论依据。自十八届三中全会以后的相当一段时期内,国有企业改革(包括产权制度改革)都将是所有制改革的重要议题,是我国深化社会主义基本经济制度改革的重要内容之一。当前,中国已经进入全面建成小康社会以及全面开启建设社会主义现代化强国的新时代和新征程。在新时代,国有企业改革需要优化顶层制度设计,十八届三中全会通过的《中共中央关于全面深化改革的若干重大问题的决定》、2015年国务院出台的《关于深化国有企业改革的指导》、2015年国务院出台的《关于国有企业发展混合所有制经济的意见》等一系列关于国有企业改革的纲领性文件,为新时期国企产权制度改革提供了顶层设计,为"十三五"时期国企改革明确了目标和方向。党的十九大指出:"经济体制改革必须以完善产权制度和要素市场化配置为重点。要完善各类国有资产管理体制,改革国有资本授权经营体制,加快国有经济布局优化、结构调整、战略性重组,促进国有资产保值增值,推动国有资本做强做优做大,有效防止国有资产流失。深化国有改革,发展混合所有制经济,培育具有全球竞争力的世界一流企业。"国有经济及国有企业也将成为我国在新时期国内外经济领域中应对重大挑战、抵御重大风险、克服重大阻力、解决重大矛盾的"支柱力量"。因此,我们必须秉承改革的精神、实干的精神、创新的精神切实地推进国有企业的混合所有制改革,真正地使国企"做大、做强、做优",成为领航中国经济发展的"中国名片"。

  本书是在我博士学位论文的基础上修改而形成的文稿。非常荣幸能够借着中央编译出版社"马克思诞辰200周年纪念文库"出版之际推出。对文稿的修改让我仿佛又回到了攻读博士学位那短暂而又忙碌的燃情岁月。在对文稿的修改过程中,我愈加发现过去积攒的理论难以更好地支撑国有企业产权改革这一理论问题,因此修改过程中,因学识的浅薄总是感到一些焦虑和不安,所以也感觉书中尚存在诸多不足之处。

  在此,我要向我的导师顾钰民老师表示敬意!在我攻读博士期间,顾老师以其严谨的学风和真诚待人之道给我以前进的动力。老师以他的人格魅力和治学风范感染着我。当我在求学之路上遇到困惑的时候,顾老师都会孜孜不倦地为我答疑解惑,提出一些建设性的意见,拓展我治学和写作的思路。我在博士论文的写作过程中、在提纲的修正上、在文章的整体逻辑把握上都得益于顾老师耐心和精心的指导,这才能够使我顺利地完成论文的写作。顾老师严谨的思维逻辑让我获益匪浅,这也是我需要继续努力的方向。

  在此,还要感谢中央编译出版社的同仁,正是你们的孜孜不倦的工作和辛勤付出,确保了本书能够顺利出版。

最后，我还要感谢我的家人，尤其是我的妻子，感谢她所承担的文字校对工作。在此期间，不论是在物质上还是精神上，家人都无私地给予了我极大的支持和无微不至的关怀，使我能够安心地完成工作，在此，向你们表示敬意和谢意！

刘明越

2018 年 10 月 30 日